北京教育学院"协同创新学校计划"项目成果

以学生为本的课堂：教师学习指南丛书

丛书主编◎余新

以学生为本的教学设计

（高中卷）

主　编◎余　新　李春艳
副主编◎李　冬　刘莉娟

教育科学出版社
·北　京·

丛书序

余新教授团队编写的《以学生为本的教学设计（初中卷）》和《以学生为本的教学设计（高中卷）》即将由教育科学出版社出版，余新教授希望我为该套书作序。作为多年的同事，我比较了解他和书稿的相关背景，故可以从另外一些角度来谈谈这套书，以帮助读者理解和借鉴。

先说这两本书的诞生背景。北京教育学院从2016年开始实施创新性培训项目"协同创新学校计划"，由学院的培训教师深入到中小学，与中小学教师一道，围绕学校管理和教育教学中的问题与需要，协同进行实践研究，以提升学校的管理水平和教育教学水平。学术界称之为"行动研究""学校改进"。这一创新把培训的课堂、研究的场所由院校搬到了中小学，由培训者主导设定内容改为由实践者主导设定内容，由以学习研修为主转变为以实践研究和解决问题为主。借用一个词，这是培训中的"颠覆性创新"。3年来，200多所学校，110多个主题都取得了程度不等的积极成效。2018年年底，北京教育学院对项目进行了总结和展示交流，获得了多方好评。余新教授也主持了一个主题的项目，即"以学生为本"的教学。他选择了3个不同地区、不同层次的学校，开展实践研究，取得了突出成果。在总结展示会上，余新教授团队的汇报，特别是参与项目的学校教师代表呈现的巨大变化和发展成果，引起了大家的高度关注。在项目设计之初，我就建议他设计出版理论和实践、文字与视频等不同层面的成果。这两本书即属于以实践为主的文字性成果。见到该项目实践成果的出版，我们感到由衷的高兴。

再来说说这个主题的含义和价值。"以学生为本"是个教育理念，每个人可能有不同的理解。我们的理解主要有：从教育目的的角度看，"以学生为本"实际是"以人为本"的科学发展观在学校教育的具体体现,是促进人的全面发展的一种表达。我们的目的就是要促进学生的全面发展,以学生的发展为本。它往往是与以分数为本、以知识为本相对立的。当然,"以学生为本"并不否认通过人的发展来实现社会的发展,要把人的全面发展与社会发展统一起来。从教学活动中的教学关系来说,"以学生为本"是一种新型关系的体现。具体体现在教学活动要从学生的实际出发,以学论教,因材施教,而不是从教师的主观设计出发;要调动学生自主主动学习,而不是被动接受;要落实到学生掌握知识技能,实现思想和能力的发展上,而不是只问耕耘不问收获。总之,在处理教学关系时,要以学生为本,学生既是出发点,又是落脚点。在教学中,教师起主导作用,学生起主体作用,都很重要。但从哲学原理关于内外因的观点看,从教育要实现的最终目的看,还是学生最关键、学生是根本。为什么要倡导这种理念?可以说,"以学生为本"的理念是对我国长期重教轻学的一种校正和纠偏,是新时代需要的教育理念,对更新学校教育观念、提高教育质量、改变教育模式都有特别的意义和价值。

那么,什么是"以学生为本"?如何体现和操作?国外对此有许多研究和探索。余新教授的团队也邀请了国外专家来进行培训。此前看到的一份资料,提出"以学生为本"的教学法有九条具体原则。后来我想,九条太多太复杂,不便记忆与操作。我把它简化为三点,即根据教学的前、中、后时序提出"三原则"。一是教学之前要了解和把握学情,即从学情出发原则;二是教学中要调动学生积极主动参与学习活动,即学生主动原则;三是教学之后要通过测评等方式检查学生的学习效果和实际获得,即学生有得原则。余新教授在本书中将其具化为六个原则,这是在吸收各方面研究和观点的基础上形成的重要理论观点,是本套书的核心理论成果。当然,原则好说,如何操作并结合具体学科、具体内容、具体学生去落实,却是需要大量实践探索的。

本套书是项目学校教师实践研究的成果汇集，值得一线教师学习和参考。

再说说这套书的特点。这套书的特点很突出。第一，主题鲜明，落地见效。书中所有的教学设计是在新的理念下进行的设计，不是传统的设计，体现了"以学生为本"的主题特点。此外，这些设计都经过了教学检验，见到了成效。先进教育理念很多，但在教育教学中落实并不容易，有许多影响因素。一线教师可贵的地方就在于能够把一种好的理念变成行动，而行动首先体现在新的设计上。有了新的设计，课堂必定会有新的模式、新的气象。好的设计并不容易，它是一个教师综合素质的体现，而做出新的设计往往还需要很多的思考、创新，同时也离不开专家的点拨。书中的每个设计都有专家的分析，既肯定了优点，又指出了可完善的地方。第二，涵盖面广，借鉴处多。这些设计涉及初中、高中两个学段，也涉及诸多学科，对各科老师具有重要的参考借鉴价值。第三，专家引领，团队合作。本套丛书主编余新教授是教师培训领域的专家，对教师培训有深入的研究和切实、丰富的经验。他的培训教学本身就是以学员为本的，课堂气氛活跃，注重体验、参与、实践，学员都有很强的实际获得感。他在这个项目中更是深入课堂，与师生互动交流。在余新教授及其团队的引领下，项目学校教师的教学设计和实施水平也达到了较高的水平。本套书即是团队合作的成果。在此既要祝贺余新教授及其团队，也要感谢他们的贡献！

最后说说对读者的希望和期待。我本人在 20 世纪 80 年代就开始研究学习科学和学习指导，在许多中小学开展了学习指导的实验和实践，效果是明显的。学习科学对教育的主要贡献，就是形成"以学论教"的新观念和"以学生为本"的新模式。我一直倡导"以学论教"，对学习方式变革、学情研究、学习方法指导、学习风格等进行了一些研究和实践指导，得到了教师的肯定。我对学习科学的研究和实践怀有特殊的感情。因此，我也希望本套书的出版，能够引起更多教师的关注，希望更多的教师不仅形成"以学论教"的信念，而且掌握"以学生为本"的教学模式和策略，为大力推进教学模式的变革、真正促进学生的学习和发展做出贡献。

北京教育学院副院长　钟祖荣教授

前　言

课堂教学要"以学生为本"。如果你问教师是否同意这个观点,那么想必有90%以上甚至100%的教师举手认同。如果你再一次问举手的教师:大家平时在设计教学方案时是否有意识地秉承"以学生为本"的教育理念?那么可能有一部分人会把手放下。如果你继续问那些仍然举着手的教师:诸位是否已经理解"以学生为本"的教育理念并能有效付诸课堂实践?那么可能又有更多的人把手放下,剩下仍举着手的人寥寥无几。

对广大一线教育工作者来说,通常教育政策和理论所包含的一些教育理念从"认识"到"实践"需要跨越多级鸿沟。"知道"与"理解"、"理解"与"应用"、"应用"与"行动反思"、"行动反思"与"迭代创新"等之间,都存在着发展目标落差。教师们在践行"以学生为本"专业理念过程中也是如此。教师教育者如何在理念与实践之间搭建桥梁,促进教师们将"以学生为本"的专业理念有效落地,渗透到课堂教学实践中呢?针对这个问题,北京教育学院教师培训项目团队在《中学教师专业标准(试行)》的指导下,持续5年,通过开发与实施一系列教师培训项目,助力教师顺利跨越对"以学生为本"的"认识"与"实践"之间的"鸿沟"。

2013—2014年,项目团队引进英国哈德斯菲尔德大学(University of Huddersfield)的"以学生为本的学习"(Student-centred Learning,简称SCL)培训课程,将其嵌入到"2013年北京市中小学教师培训者培训——'以学生为本'的教学设计与体验"和"2014年北京市中小学教师培训者培训——'以学生为本'的教学设计与体验"两个项目中,以院本培训的方式首先培训教师培训者,使他们掌握"以学生为本"的教学设计及培训课程开发方法，为将这种理念推广到中小学课堂做好准备。2015年，项目团队以学院支持校本研修的委托合作培训方式，通过"××中学'以学生为本'的课堂教学改革与创新实验校本研修委托项目"，培训若干学校骨干教师掌握"以学生为本"的教学设计及实施方法，开始尝试将"以学生为本"教学设计的培训转化到中学课堂教学改革实践中。2016—2018年，项目团队为进一步提高培训转化效果，探讨学院与学校协同创新教师学习方式，本着北京教育学院"协同创新学校计划"提出的"把培训课堂建到学校，让教师研修真正发生"的培训宗旨，在原来项目基础上开发并实施了"北京市'以学生为本'教学设计与实施的行动学习项目"。该项目在北京市高家园中学、北京市顺义区第一中学和北京师范大学附属中学平谷第一分校连续3年同时推进。3个项目学校共有131名教师、干部参加了集中培训，并在项目团队的指导下通过校本研修活动将培训成果转化应用到课堂教学设计与实施活动中。该项目覆盖了初中和高中多个学科，"以学生为本"的课堂教学改革包括上课、观课、磨课、复盘等多种形式，近1500人次的中学生参与到课堂现场活动中。

《以学生为本的教学设计（高中卷）》是"2016—2018年北京教育学院协同创新学校计划——'以学生为本'教学设计与实施的行动学习项目"的部分研修成果。本书阐述了"以学生为本"的教育理念，从高中语文、数学、英语、物理、化学、生物、思想政治、历史、地理等9个学科中，分别精选了富有代表性的"以学生为本"课例。这些课例包含了一线教师在研修后学以致用的实践经验与深度反思，具有理念先导性、内容真实性、学习启发性和实践应用性等特征，可为广大中学一线教师创新课堂教学抛砖引玉，也可为中小学教师培训者的培训工作提供借鉴参考。此外，读者还可阅读《中学教师专业发展标准（试行）》《中共中央 国务院关于深化教育教学改革全面提高义务教育质量的意见》《国务院办公厅关于新时代推进普通高中育人方式改革的指导意见》三个文件,理解"以学生为本"的政策依据。

这里特别强调的是,本书中的课例绝不是完美无缺的,其中一些课例甚至还存在着明显缺陷和尚待改进之处。尽管每个课例都经过培训项目团队的精心指导、教研组的多次研磨和授课教师们的反复揣摩,但是作为一节真实的课,每次教师上完课后总会既有成功的喜悦与宝贵的收获,又有或多或少的遗憾。怀着对"以学生为本"教学设计进行交流学习和共同探索的愿望,本书呈现的教学设计都源于真实的常态课堂,并没有对已经上过的课的细节进行改动。在编写教学反思部分时,作为"局外人"的指导教师也没有刻意"美化"或对授课教师的反思内容"添油加醋",而是单独以"专家箴言"和"专家点评"的形式表达个人观点。因此,希望读者不要将此书作为"以学生为本"的课堂"标杆",而是作为"靶子"加以完善,进而找到自己课堂创新的灵感与方法。需要特别指出的是,为了方便读者理解,书中的案例配有教学视频片段,扫描相应位置的二维码即可观看教学视频。

本书撰稿分工如下:第一章第一、二、四节由北京教育学院余新撰写,第三节由北京教育学院李宝荣撰写;第二章案例1由北京师范大学附属中学平谷第一分校彭蕾撰写,案例2由北京市顺义区第一中学申英利撰写;第三章案例3由北京师范大学附属中学平谷第一分校蔡赟撰写,案例4由北京市顺义区第一中学董晓光撰写;第四章案例5由北京师范大学附属中学平谷第一分校唐京京撰写,案例6由北京市顺义区第一中学夏晶莹撰写;第五章案例7由北京师范大学附属中学平谷第一分校卜晓霞撰写,案例8由北京市顺义区第一中学李永超撰写;第六章案例9由北京师范大学附属中学平谷第一分校李佳霖撰写,案例10由北京市顺义区第一中学王起超撰写;第七章案例11由北京市顺义区第一中学唐蓓蓓撰写,案例12由北京师范大学附属中学平谷第一分校薛蕾撰写;第八章案例13由北京师范大学附属中学平谷第一分校许崇娜撰写,案例14由北京师范大学附属中学平谷第一分校任巍巍撰写;

第九章案例15由北京师范大学附属中学平谷第一分校莫亮撰写；第十章案例16由北京师范大学附属中学平谷第一分校刘冬青撰写，案例17由北京市顺义区第一中学刘进波撰写。本书主编为余新和李春艳（北京教育学院），副主编为李冬（北京市顺义区第一中学）和刘莉娟（北京师范大学附属中学平谷第一分校），本书由李春艳负责统稿。

本书的顺利出版要感谢很多专家同行的专业支持和关心帮助。首先要感谢英国哈德斯菲尔德大学张勋博士、Carmel Gibbons、Neil Denby、Alison Ryan等培训师组织的SCL培训工作坊，为我们探讨"以学生为本"的课堂教学打开了视野。感谢北京教育学院张亚新教授（语文）、王长沛教授（数学）、袁昌寰教授（英语）、龚燕江副教授（物理）、朱家泰教授（化学）、李慎英副教授（生物）、齐宪代副教授（思想政治）、何妮妮教授（地理）及北京市顺义区教育研究和教师研修中心赵艳兵教研员（历史）等教师培训专家分别为各学科课例进行专业指导，并撰写了"专家箴言"和"专家点评"，为课例反思画龙点睛。感谢北京师范大学附属中学平谷第一分校董长华副校长、北京市顺义区第一中学辛加伟主任和陈曦主任等领导在组织、协调老师们撰写案例工作中的无私奉献，他们是学院集中培训和校本研修之间的顶梁柱。感谢北京教育学院何劲松院长、钟祖荣副院长，以及基础教育人才研究院、数学与科学教育学院、外语与国际教育学院、教务处、科研处、国际合作与交流处等部门领导和同事对该项目实施及本书成果出版的大力支持。感谢教育科学出版社教师教育编辑部刘灿主任和殷欢编辑的关心帮助。

余 新

目　录

第一章　"以学生为本"的教育理念　/ 001
　　第一节　"以学生为本"教育理念的提出背景　/ 003
　　第二节　"以学生为本"教育理念的基本观点　/ 009
　　第三节　"以学生为本"的教学原则　/ 017
　　第四节　"以学生为本"的教学设计　/ 029

第二章　"以学生为本"的教学设计：高中语文　/ 039
　　案例1：高三语文复习课"'真正的英雄'论证语段写作"　/ 040
　　案例2：高一语文新授课《与韩荆州书》　/ 054

第三章　"以学生为本"的教学设计：高中数学　/ 067
　　案例3：高一数学新授课"等比数列"　/ 068
　　案例4：高一数学新授课"几何概型"　/ 081

第四章　"以学生为本"的教学设计：高中英语　/ 095
　　案例5：高一英语新授课"The Empty Seat"　/ 096
　　案例6：高二英语新授课"Mind Your Manners"　/ 111

第五章　"以学生为本"的教学设计：高中物理　/ 123
　　案例7：高一物理新授课"测匀变速直线运动的加速度"　/ 124
　　案例8：高二物理新授课"安培力"　/ 135

第六章　"以学生为本"的教学设计：高中化学　／145
　　案例9：高二化学新授课"酯的合成与水解"　／146
　　案例10：高二化学新授课"原电池"　／156

第七章　"以学生为本"的教学设计：高中生物　／167
　　案例11：高二生物新授课"免疫调节"　／168
　　案例12：高一生物新授课"细胞中的糖类和脂质"　／176

第八章　"以学生为本"的教学设计：高中思想政治　／189
　　案例13：高二思想政治复习课"社会再生产的四个环节及供给侧改革"　／190
　　案例14：高三思想政治复习课"社会主义市场经济——解读共享单车的兴与困"　／200

第九章　"以学生为本"的教学设计：高中历史　／209
　　案例15：高一历史新授课"两极对峙格局的形成"　／210

第十章　"以学生为本"的教学设计：高中地理　／221
　　案例16：高一地理新授课"农业的区位选择"　／222
　　案例17：高一地理新授课"热力环流"　／233

参考文献　／247

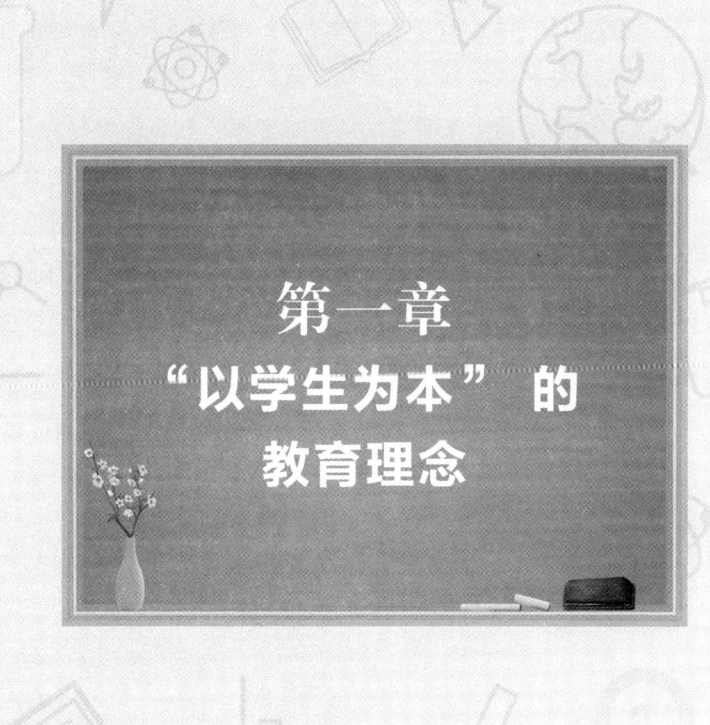

第一章
"以学生为本"的
教育理念

美国学者劳伦斯·彼得（Laurence Peter）曾经提出过"职业性机械行为"现象。对职业性机械行为者而言，他们不把自己作为服务对象来看待，相反，他们把服务对象作为维持自己职业生存的依赖，忘记了工作的初心、根本目的和要获得的结果。同样的事情也会发生在我们的学校和课堂。一部分教师常常只关注这节课的教学内容是否按计划完成或自己的PPT（演示文稿）播放进度如何，学生是否迟到早退，是否遵守课堂纪律，作业有没有按时上交，班级期末考试成绩在全校排名多少，等等，工作的主战场成为解决诸如此类问题的场所。

这势必导致最重要的问题被忽视：教育的终极目的是什么？学校和教师究竟为谁而存在，为什么而教？如何满足学生的差异性和个性化需求？哪些学生掌握了教学内容？哪些学生还没有掌握？教师采用的教育方法适合所有的学生吗？教学内容如何联结学生的生活经验？如何关注学生的学习效果？如何达成学业成绩以外的学生发展目标？

第一节 "以学生为本"教育理念的提出背景

古今中外的教育思想家们一直在提醒我们：教育要以学生为本，理解学生、尊重学生、激发学生、信任学生、发展学生，才是教师的天职。

在西方教育思想中，从古代苏格拉底的"精神产婆"术，到近代卢梭的自然主义和蒙特梭利的自由教育思想，再到现代杜威的"儿童中心说"、罗杰斯的人本主义心理学和皮亚杰的建构主义学习观，乃至后现代主义教育思想，虽然"以人为本"教育被赋予了不同的时代内涵，但是，教育思想家们都把学生置于教育优先关照的位置。

在我国古代，孔子的"不愤不启，不悱不发""因材施教"，对后世"以学生为本"教学思想的发展产生了深远的影响。明代思想家李贽十分推崇"童心"，黄宗羲、王夫之、颜元等人的教育思想都体现出了对儿童的重视。到了五四运动时期，教育先驱们积极倡导平等的师生关系，后来，陶行知提出了著名的"解放儿童"教育观。

20世纪90年代，"以学生为本"的教育理念在素质教育中初见端倪，全体学生发展观在素质教育中得到大力倡导。1993年，中共中央、国务院在总结广大教育工作者改革实践经验的基础上制定发布的《中国教育改革和发展纲要》指出："中小学要由'应试教育'转向全面提高国民素质的轨道，面向全体学生，全面提高学生的思想道德、文化科学、劳动技能和身体心理素质，促进学生生动活泼地发展。办出各自的特色。"针对应试教育的弊端，素质教育强调我国教育的根本目的是全面提高人的基本素质，要尊重人的主体性和主动精神，注重开发人的智慧潜能，注重形成人的健全个性。在"以人为本"素质教育理念引导下，"以学生为本"的教育理念逐渐在中小学教育实践中得到响应与贯彻。

2001年,经国务院同意,教育部颁发了《基础教育课程改革纲要(试行)》,启动了新一轮基础教育课程改革,"以人为本"的素质教育理念日益深入人心,"以学生为本"的教育理念在课程改革中得到有力体现,特别是大力倡导学生的个性发展。此次课程改革强调教师在教学过程中应与学生积极互动、共同发展,要处理好传授知识与培养能力的关系,注重培养学生的独立性和自主性,引导学生质疑、调查、探究,在实践中学习,促进学生在教师指导下主动地、富有个性地学习。教师应尊重学生的人格,关注个体差异,满足不同学生的学习需要,创设能引导学生主动参与的教育环境,激发学生的学习积极性,培养学生掌握和运用知识的能力,使每个学生都能得到充分的发展。此次课程改革全面体现"以学生为本"的教育理念,包括"以学生为本"建立课程标准、"以学生为本"编写课程教材、"以学生为本"改进课堂教学、"以学生为本"评价教学与学习成绩等。

明文提出并倡导"以学生为本"教育理念的是2012年教育部颁布的《幼儿教师专业标准(试行)》《小学教师专业标准(试行)》和《中学教师专业标准(试行)》。《中学教师专业标准(试行)》提出中学教师要具备"师德为先""学生为本""能力为重""终身学习"四大专业理念。其中,"学生为本"的含义界定为"尊重中学生权益,以中学生为主体,充分调动和发挥中学生的主动性;遵循中学生身心发展特点和教育教学规律,提供适合的教育,促进中学生生动活泼学习、健康快乐成长,全面而有个性地发展"。

《中学教师专业标准(试行)》的内容贯穿着"以学生为本"的理念,从不同维度对教师提出专业发展要求。

在"对学生的态度与行为"方面,要求教师"关爱中学生,重视中学生身心健康发展,保护中学生生命安全。尊重中学生独立人格,维护中学生合法权益,平等对待每一位中学生。不讽刺、挖苦、歧视中学生,不体罚或变相体罚中学生。尊重个体差异,主动了解和满足中学生的不同需要。信任中学生,积极创造条件,促进中学生的自主发展"。

在"教育教学的态度与行为"方面,要求教师"树立育人为本、德育为先的理念,将中学生的知识学习、能力发展与品德养成相结合,重视中学生的全面发展。尊重教育规律和中学生身心发展规律，为每一位中学生提供适合的教育。激发中学生的求知欲和好奇心，培养中学生学习兴趣和爱好，营造自由探索、勇于创新的氛围。引导中学生自主学习、自强自立，培养良好的思维习惯和适应社会的能力"。

在"教学设计"方面，要求教师"科学设计教学目标和教学计划。合理利用教学资源和方法设计教学过程。引导和帮助中学生设计个性化的学习计划"。

在"教学实施"方面，要求教师"营造良好的学习环境与氛围，激发与保护中学生的学习兴趣。通过启发式、探究式、讨论式、参与式等多种方式，有效实施教学。有效调控教学过程，合理处理课堂偶发事件。引发中学生独立思考和主动探究，发展学生创新能力"。

在"教育教学评价"方面，要求教师"利用评价工具，掌握多元评价方法，多视角、全过程评价学生发展。引导学生进行自我评价。自我评价教育教学效果，及时调整和改进教育教学工作"。

《中学教师专业标准（试行）》是国家对合格中学教师的基本专业要求，是中学教师开展教育教学活动的基本规范。"师德为先""学生为本""能力为重""终身学习"四大专业理念成为中学教师自身专业发展的行动航标。

我国教育界在对"以学生为本"的教育理念达成共识的同时，在教育教学实践领域也开展了有意义的创新探索，其中包括山东省茌平县杜郎口中学和江苏省泰兴市洋思中学等学校，均为"以学生为本"的实践典范。

杜郎口中学坚持"以人为本，关注生命"的教育理念，自主创新"三三六"课堂教学模式，挖掘学生的学习潜能，促进学生全面发展。"三三六"课堂教学模式，即课堂自主学习的三个特点——立体式、大容量、快节奏；自主学习的三大模块——预习、展示、反馈；课堂展示的六个环节——预习交流、明确目标、分组合作、展现提升、穿插巩固、达标测评。为了适应学生的发展，教育教学环境也做了一些改变：撤掉讲台，搬走讲桌；取消插秧式课桌排放，变为以小组为单位对桌摆放；增加黑板，提高板面利用次数，短平快地实现课堂效益的最大化；把课堂的时间、空间还给学生；形式多样，自主发展。

江苏省泰兴市洋思中学在教学中采用"先学后教、当堂训练"的教学模式，很好地培养了学生的自学能力，减轻了学生的负担，解决了"后进生"的问题。"先学后教、当堂训练"课堂分为三个环节（先学、后教、当堂训练）和九个步骤。其中"先学"环节包括"激学""导学""自学"三个步骤；"后教"环节包括"互教""班教""导教"三个步骤；"当堂训练"环节包括"自练""互练""导教"三个步骤。每门课都是教师先提出学习内容和要求，限定时间让学生自学教材，再做教材上的练习题。教师当堂布置作业，当堂检查，课后不留作业。"先学后教"中的"教"，不是教师真正意义上的教，而是教师对学生做的练习题做出评判，个别不会做的由教师指导。洋思中学的课堂教学充分体现了以学生为主体、以学生的学习为中心、以培养学生的能力为核心，激发和调动了学生学习的主动性、积极性和自觉性；学生在教师的组织下，有序、全面地参与到教学活动中。

"以学生为本"的实践案例不胜枚举。有的学校主动从学生"学"的角度出发改革原有的教学模式，如山西省新绛中学改"教案"为"学案"，结合学生的学习认知规律设计问题、学习目标、读书指导等，有效提高了学生的学习质量和综合素质，减轻了学生的课业负担，掀起了一场高中课改风暴。有的学校是"被逼无奈"而"置之死地而后生"，将课堂"放"给学生，从而激发了学生的主体性，改变了教师"一统课堂的霸权"，如山东省昌乐二中的学生主体课堂。还有的学校从有效教学角度改革教学方式。江苏省南京市溧水区东庐中学的"讲学稿"（根据学生的"学"来设计学案和教案）、河南省沁阳永威学校的"自主学习为主，合作学习为辅"、河南省西峡第一高级中学的"三疑三探"（设疑自探—解疑合探—质疑再探—拓展运用）、湖北省郧西县第一中学的自主学习高效课堂（以导学练案为方向盘，以建立小组建设学习为载体，以生本教育指引自主学习）等课改优秀案例都遵循了学生的学习规律，保障了学生的学习权利，促进了学生的有效学习。

这种"以学生为本"、促进每一个学生发展的思想，在不同地域、不同类型、不同做法的课堂改革中，得到了有效的阐释。在超越分数和考试结果的基础上，学生主体课堂所体现的价值追求，成为当前中国基础教育改革实践的亮丽风景线。

令人欣慰的是，一些教育学者也以行动者的角色深入教育实践，不"坐而论道"，而是"起而行道"，以理论与实践相结合诠释"以学生为本"的教育真谛。

朱永新教授的"新教育实验"把学生放在了教育改革的中央位置，旨在"帮助师生过一种幸福完整的教育生活"，希望通过努力改变教师的行走方式，改变学生的生存状态，改变学校的发展模式，改变教育科研的范式，实现人的全面和谐成长。

叶澜教授的"新基础教育实验"，针对当前基础教育在学校实践中存在的忽视学生多方面成长发展需要的问题，提出要从生命和基础教育的整体性出发，唤醒教育活动中的每一个生命，让每一个人都真正"活"起来。"新基础教育实验"提出了四个"还给"：把课堂还给学生，让课堂焕发生命的活力；把班级还给学生，让班级充满成长的气息；把创造还给教师，让教育充满智慧的挑战；把精神发展的主动权还给师生，让学校充满勃勃生机。

郭思乐教授通过课题研究带动"生本教育"实践，高度尊重学生，全面依靠学生，把以往教学中主要依靠教师的"教"，转变为主要依靠学生的"学"，实现由"师本教育"向"生本教育"的转变，即把为教师的好教而设计的教育转向为学生的好学而设计的教育，促进学生积极、主动、活泼、健康地发展。

崔允漷教授从深度学习角度，提出用学历案替代教案，以提高学生的学习效果。学历案是教师在班级教学的背景下，为了便于学生自主或社会建构经验，围绕某一相对独立的学习单位，对学生学习过程进行专业化预设的方案。通过在浙江、江苏等地实践，崔允漷教授提出了一系列有关课堂教学的关键策略，其中包括：明确深度学习的目标，让学生感受知识学习的意义与价值；选择或形成有挑战性的、与目标匹配的主题；创设问题情境，诱导学生的兴趣或思考；设计指向学科核心素养的、有意义的任务；确定班级中三分之二的学生能跟得上的学习进阶；强调多感官参与，组织听、看、说、做、演等多样化的学习活动，提供合作、探究、展示与交流的机会；选择真实情境，强调学以致用，开展表现性评价；设计学后反思的路径，引导学生养成反思学习的习惯。

林崇德教授课题组发布的《中国学生发展核心素养》，以培养"全面发展的人"为核心，从文化基础、自主发展、社会参与三个方面，提出了学生应具备的人文底蕴、科学精神、学会学习、健康生活、责任担当、实践创新六大核心素养，作为学生能够适应终身发展和社会发展需要的必备品格与关键能力。学生发展核心素养是一套经过系统设计的育人目标框架，其落实需要从整体上推动各教育环节的变革，最终形成以学生发展为核心的完整育人体系。学生发展核心素养明确了"21世纪应该培养学生什么样的品格与能力"，引领和指导教师在日常教学中改变当前存在的"学科本位"和"知识本位"现象，坚持"以学生为本"的教育理念，更好地贯彻落实党的教育方针。

这些成功的课堂实践和研究探索都从不同角度体现出"以学生为本"的教育理念，即尊重学生的主体性，较为充分地实践了"自主、合作和探究"的理念，使得我们曾经熟稔的"学生""学习""学习能力""学习方法""内驱力""学习规律"，乃至"学校"等概念的内涵焕发出新的光彩。

2018年普通高中课程方案颁布。课程方案首先对我国普通高中的功能进行了准确定位。教育部基础教育课程教材专家工作委员会主任委员王湛说："针对长期以来存在的片面追求升学率的倾向，新修订的课程方案强调，普通高中不只是为升大学做准备，还要为学生适应社会生活和职业发展做准备，为学生的终身发展奠定基础……课程方案不能跟着考试走，要跟着育人走。"课程方案中普通高中的定位，是极为重要的导向，促使高中教育发生根本性转向。

新修订的普通高中各学科课程标准将以前以知识点学习为主的导向，转变为以凝练学科核心素养为导向。转向核心素养，就是转向人、转向育人。这一重大转向，将精选、重组教学内容，重新设计教学活动，改革考试评价制度与方法，进一步推进课堂教学改革，由以教为主向以学为主深入转变。其关键是怎样真正使课堂中最核心的一对关系，即教与学的关系调整到位，真正使课堂由学生被动学习走向主动学习，由单一学习走向多样化学习，由被适合的学习走向适合的学习，由强制学习走向选择学习。

当下推动课堂教学改革的临门一脚，是教师在面对新课堂如何真正实现落地转化的时候获得有效的操作方式和模式。不能指望完全照搬专家或别人的现成经验，基层学校、校长、教师亟须把课堂转变过程中所需的一些规则、方式、方法，包括工具、手段总结提炼出来，形成各具特色的新型课堂操作模式。

第二节 "以学生为本"教育理念的基本观点

一、"以学生为本"教育理念的内涵

"以学生为本"的教育理念是指我们的教育要从学生的实际出发，在注重发挥教师的主导作用和重视教育社会功能的同时，着眼学生的发展，使学生获得全面、主动、有个性的可持续发展。"以学生为本"教育理念的内涵主要包括以下几个方面。

第一，把"以学生为本"理念作为教育活动的逻辑起点，学生发展是教育的最终目的。教育是一种培养人的活动，学生是教育过程的终端，是教育的本体。"以学生为本"的教育理念是对人类思想史上人本主义、人道主义思想传统的批判继承，是针对当今社会和现代教育中出现的人的物化的弊端并基于教育的本质提出的。教育是培养人的社会实践活动，是直接以塑造和建构主体自身为对象的实践领域。虽然教育具有本体功能和社会功能两大功能，但教育社会功能的作用大小取决于国民素质是否提高，取决于建设人才的培养水平。教育的本体功能是社会功能的根据，没有教育的本体功能，也就谈不上教育的社会功能，社会功能是本体功能的社会呈现形式。两者是承续、因果关系，而不是并列的两种功能。因此，"以学生为本"就是要把学生特别是学生的发展作为教育活动的本体，一切教育活动都要从学生的发展出发。这是"以学生为本"教育理念的逻辑起点。

第二，把"以学生为本"理念作为理解教育目的的重要原则，让学生得

到全面和谐发展。"以学生为本"的教育理念强调促进学生的发展。这里的发展是马克思主义所讲的人的全面发展。马克思主义关于人的全面发展理论主要包括三方面内容:一是人的体力和智力都得到充分发展和运用,其他方面的能力也在此基础上得到充分发展和运用;二是人的体力和智力在充分发展的基础上结合和统一起来;三是人各方面能力的发展逐步向熟练地掌握、运用一切自然和社会发展规律方向前进,最终使人成为自由王国里的公民。当代人的全面发展应包含人的自然性与社会性、体力与脑力、生理与心理的全面、和谐、统一的发展。应试主义的倾向使部分学校在教育教学中片面重视学生知识的学习,忽视学生能力的培养,忽视学生良好道德品质和正确人生观、世界观及良好心理素质的养成。在过重的课业负担影响下,学生的身体素质得不到提高。正因如此,"以学生为本"的教育理念更加强调促进学生的全面发展。

第三,把"以学生为本"理念作为分析现代教育基本任务的根本依据,让全体学生都得到发展。如果说让学生得到全面发展是"以学生为本"的教育理念在质上的规定的话,那么让全体学生都得到发展则是其在量上的要求。让全体学生都得到发展是现代教育的必然要求。现代教育的一个重要特征是民主化,包括外部民主和内部民主。教育的外部民主主要体现在教育的普及上,教育的内部民主主要表现为让全体学生都得到发展。每一个学生都有独特的个性和能力,每一个学生都有权利要求接受适合其个性特点的教育,实现个人的价值。这就要求我们的教育尊重每一个学生,尊重每一个学生的个性、特点,为每一个学生提供平等的机会、资源。当前,我国教育面临的主要矛盾是人民群众对接受更好教育的需要与教育发展不均衡之间的矛盾,在全面建成小康社会的决胜阶段,教育肩负着从"有学上"到"上好学"的新使命。让全体学生得到发展是实现社会公平特别是教育公平的根本要求,是"以学生为本"教育理念的基本内涵。为此,必须实现教育资源在不同地区、学校、班级之间的公平配置,给予全体学生同等的关爱。

第四,用"以学生为本"理念统领教育实践活动,让学生主动发展。"以学生为本",不但强调让全体学生都得到全面发展,而且要求这种发展必须是学生的主动发展。当下,人的主动发展比其他任何时候都显得必需和重要。知识经济的主要推动力是人的知识、智慧、能力等，它要求人拥有主动获取知识、主动适应环境以及创新等能力。正因如此，教会学生学习、促进学生积极主动地发展是世界各国教育改革的共同目标。促进学生主动发展，要特别关注学生发展的内发性和能动性。所谓内发性，是指学生的发展出自个人内心的要求，而不是被迫的。所谓能动性，是指学生在发展中表现出创造性。我们不但要教给学生知识，还要教会学生自己获取知识，培养学生对知识的渴求；不但要培养学生的学习能力，还要培养学生的自我意识、自治能力以及自觉性、主动性等品质。

第五，用"以学生为本"理念突显时代教育特征，让学生的个性得到充分发展。教育个性化的思潮首先产生于"二战"后的一些发达资本主义国家，继而猛烈地冲击着各国的教育，是近年来各国教育改革具有普遍指导意义的思想。改革开放以来，我国也在各类教育改革文件中强调重视学生的不同需要、特殊兴趣和不同才能的培养。但在教育实践中，仍然较为严重地存在着不尊重学生个性、不注重学生个性发展的状况。"以学生为本"的教育理念强调尊重学生的个性，充分开发学生的各种潜能，使学生获得有个性、有特色的发展。

第六，把"以学生为本"的教育理念作为指导教育的根本理念，让学生实现可持续发展。可持续发展原是环境保护领域的一个基本理念，现已迅速成为国际社会广泛认同并推崇的全新发展观。社会的可持续发展，基础在于人的可持续发展。随着人类社会进入学习化社会以及终身教育思潮的兴起，人的受教育阶段不再局限于在校期间，发展也成为终身的事情。这就要求教育进行变革以促进学生的可持续发展。学生的可持续发展具体包括以下内容：一是适应性发展。就是让学生具有适应当前以及未来社会、生活、职业等方面发展变化的能力。二是潜能发展。在哲学意义上，人的可持续发展意味着人是未完成的、有待不断完善的社会存在物。也就是说，每个人都有多方面的潜能，教育就是要使人的潜能得到不断的、最大限度的发展，从而不断完善自我。三是连续发展。学生的发展应是非间断的、连续的发展，今天的发展是日后发展的前提和基础，对学生的一生发挥着持续的影响。四是协调发展。学生的发展应实现与周围环境以及自身内部的协调，如生理与心理的协调、人格各方面的协调等。

第七，把"以学生为本"的教育理念与教师作用统一起来，充分发挥教师的主导作用。"以学生为本"的教育理念虽然强调学生的主体作用，但并没有因此而否定教师的主导作用。"以学生为本"与充分发挥教师的主导作用不是矛盾对立的，而是和谐统一的。长期以来，我们没有处理好两者的关系，要么片面强调教师而忽略学生，要么只重视学生而否定教师的作用。只有充分发挥教师的主导作用，才能真正做到"以学生为本"。发挥教师的主导作用是"以学生为本"的必要条件。坚持"以学生为本"，强调发挥学生的主体性，绝不是抹杀教师的作用，而是对教师如何发挥主导作用提出了更高的要求。教师的主导作用表现为帮助学生明确学习目的、方向，规定教育教学的要求和内容，对教材进行加工，选择运用恰当的教与学的方法，培养学生主动学习的精神和自我教育的能力等。特别倡导教师在学生学习过程中积极发挥引导、促进、帮助、支持、陪伴、呵护、浸润等作用。

第八，把"以学生为本"教育理念与社会要求统一起来，充分发挥教育的社会功能。这里强调"以学生为本"，不等于否定教育的社会功能。现代教育应实现个人发展与社会发展的有机统一。教育只有把学生放到本体地位，才能真正促进学生的发展，培养全面、主动、可持续发展的人，实现教育的本体功能；只有让学生实现充分的发展，才能培养符合社会需要的人才，促进整个社会的发展，实现教育的社会功能。同时，教育会受到社会的影响和制约，教育总是按照社会的要求来培养人才，因此"以学生为本"绝不能脱离现实的社会条件，充分发挥教育的社会功能也是"以学生为本"教育理念的内在要求。

二、"以学生为本"教育理念的学生观

"以学生为本"教育理念强调学生在学校教育体系中居于主体地位，具体包括四个方面的含义。第一，学生是发展的主体。它的意思是：学生的身心发展是有规律的；学生的潜能是巨大的；学生还是正在成长的人，是不成熟的。第二，学生是独特的主体。它的意思是：学生是一个身心完整的活生生的人，不是一个单纯抽象的学习者或受教育的对象，而是有着丰富的个性、

全身心参与教育教学的人。每个学生都有自身的独特性，都是独一无二的存在。第三，学生是教育活动的主体。学生具有内在的主体能力，其主体性通过丰富的形式来表现。学生的主体结构包括动力系统和操作系统，都是通过教育教学活动发挥作用，并在活动中得到发展和完善。第四，学生是责权主体。这是从法律和伦理的角度确立的。在现代社会，学生享有一定的法律权利并承担一定的法律责任，是法律上的责权主体。同时，教育活动也存在特定的伦理规范，学生享有特定的伦理权利并承担一定的伦理责任，也是伦理上的责权主体。现代学校里的学生有各种各样的权利和责任，仅就学习而言，掌握人类文化成果精华既是学生的权利，也是学生的责任。

学生这一主体还有一些特性是当今教育教学改革应该关注的：首先，学生的多元性。现在社会阶层分化明显，在学校里也有一定的体现。人人平等地受教育的民主观念受到挑战，改革必须满足人们对教育公平的诉求。教育如何做到有教无类和因材施教的结合，保障每个学生既得到公平对待又能够实现个性发展，是一个值得关注的问题。其次，学生的个体差异性。这种差异既有层次上的，有的发展快有的发展慢；也有类型上的，有不同方面的发展，呈现出智能的多元发展。教育要办成适合学生的教育，让人人都成才，让每个学生都有自己的精彩。再次，学生的自主性、独立性、创造性。学生有很大的潜能，我们要充分发挥学生的潜能，使其自主性、独立性、创造性得到充分的发挥。

三、"以学生为本"教育理念的学习观

"以学生为本"教育理念的学习观与建构主义学习理论如出一辙。可从学习的含义（即什么是学习）与学习的方法（即如何进行学习）这两个方面进行理解。

"以学生为本"的学习的含义，强调知识不是通过教师传授得到，而是学习者在一定的情境即社会文化背景下，借助其他人（包括教师和学习伙伴），利用必要的学习资料，通过意义建构的方式而获得。学习是获取知识的过程，情境、协作、会话和意义建构是学习环境中的四大要素或四大属性。

情境：学习环境中的情境必须有利于学生对所学内容的意义建构。教学设计不仅要考虑教学目标分析，还要考虑有利于学生建构意义的情境创设问题，并把情境创设看作教学设计最重要的内容之一。

协作：协作发生在学习过程的始终。协作对学习资料的收集与分析、假设的提出与验证、学习成果的评价直至意义的最终建构都发挥着重要作用。

会话：会话是协作过程中不可缺少的环节。学习小组成员之间必须通过会话商讨如何完成规定的学习任务计划；此外，协作学习过程也是会话过程，在此过程中，每个学习者的思维成果为整个学习群体所共享，因此会话是达成意义建构的重要手段之一。

意义建构：在学习过程中帮助学生建构意义就是要帮助学生对当前学习内容所反映的事物的性质、规律以及该事物与其他事物之间的内在联系达到较深刻的理解。这种理解在大脑中的长期存储形式就是"图式"，也就是关于当前所学内容的认知结构，这是整个学习过程的最终目标。学习的质量是学习者意义建构能力的函数，而不是学习者重现教师思维过程能力的函数。获得知识的多少取决于学习者根据自身经验对有关知识开展意义建构的能力，而不取决于学习者记忆和背诵教师讲授内容的能力。

"以学生为本"的学习方法，既强调学习者的认知主体作用，又不忽视教师的指导作用。学生是信息加工的主体和意义的主动建构者，而不是外部刺激的被动接受者和被灌输的对象。教师是意义建构的帮助者、促进者，而不是知识的传授者与灌输者。

学生要成为意义的主动建构者，就要在学习过程中从以下几个方面发挥主体作用：第一，用探索法、发现法建构知识的意义；第二，在建构意义的过程中主动收集并分析有关的信息和资料，对所学的问题提出各种假设并努力加以验证；第三，把当前学习内容所反映的事物尽量和自己已经知道的事物相联系，并对这种联系进行认真的思考。联系与思考是意义建构的关键。如果能把联系与思考的过程和协作学习中的协商过程（即交流、讨论的过程）结合起来，则学生建构意义的效率会更高、质量会更好。协商有自我协商与相互协商两种（也叫内部协商与社会协商），自我协商是指自己和自己争辩什么是正确的，相互协商则指学习小组内部相互之间的讨论与辩论。

四、"以学生为本"教育理念的教学观

"以学生为本"教育理念的教学倡导学生是知识意义的主动建构者；教师是教学过程的组织者、指导者，意义建构的帮助者、促进者；教材所提供的知识不再仅是教师传授的内容，更是学生主动建构意义的对象；媒体不仅仅是帮助教师传授知识的手段、方法，而且在教学活动中日益突显创设情境、进行协作学习和会话交流的增值作用。

在"以学生为本"的教育理念下，教学要考虑学生的需求和学习爱好，充分利用学生已有的知识和经验；鼓励学生独立学习，培养学生的核心学习技能；鼓励学生积极参与学习过程并提出自己的想法，培养解决问题的能力；鼓励教师使用活动或资料来激励、帮助学生，甚至给予学生挑战，而不是直接呈现知识；要应用形成性评价、同学互评和学生自我评价，引导和教会学生学习。

五、"以学生为本"教育理念的教师观

在"以学生为本"的教育理念下，教师要从传统的传递知识的权威转变为学生学习的辅导者，成为学生学习的高级伙伴或合作者。教师应该给学生提供复杂的真实问题。他们不仅需要开发或发现这些问题，而且必须认识到复杂问题有多种答案，激励学生对问题解决的多种思路，这显然是与创造性的教学活动宗旨紧密结合的。教师必须创设一种良好的学习环境，学生在这种环境中可以通过实验、独立探究、合作学习等方式展开他们的学习，教师必须保证学习活动和学习内容相平衡。教师必须提供促进学生元认知的工具和心理测量工具，培养学生评判性的认知加工策略，以及建构和理解知识的心理模式。教师应认识到教学目标包括认知目标和情感目标，教学是逐步减少外部控制、增加学生自我控制学习的过程。

教师要成为学生建构意义的帮助者，就要在教学过程中从以下几方面发挥指导作用：第一，激发学生的学习兴趣，帮助学生形成学习动机；第二，通过创设符合教学内容要求的情境和提示新旧知识之间联系的线索，帮助学

生建构当前所学知识的意义;第三,为了使意义建构更有效,教师应在可能的条件下组织协作学习(开展讨论与交流),并对协作学习过程进行引导,使之朝着有利于意义建构的方向发展。引导的方法包括:提出适当的问题以引发学生的思考和讨论;在讨论中设法把问题一步步引向深入,以加深学生对所学内容的理解;启发诱导学生自己去发现规律,自己去纠正错误或片面的认识。

六、"以学生为本"教育理念的教学方法

基于"以学生为本"教育理念的教学方法是在建构主义的教学模式下践行的教学方法,主要有以下几种。

(一)支架式教学

支架式教学能为学习者建构对知识的理解提供概念框架。支架原本指建筑行业中使用的脚手架,在这里用来形象地描述一种教学方式:学生被看作一座建筑,学生的"学"是不断地积极建构自身的过程;而教师的"教"则是一个必要的脚手架,支持学生不断地建构自己,不断建造新的能力。

支架式教学以俄国著名心理学家维果茨基的"最近发展区"理论为依据。维果茨基认为,在测定儿童智力发展时,应至少确定儿童的两种发展水平:一种是儿童现有的发展水平,另一种是儿童潜在的发展水平,这两种水平之间的区域被称为"最近发展区"。教学应从儿童潜在的发展水平开始,不断创造新的"最近发展区"。支架教学中的支架应根据学生的"最近发展区"来建立,通过支架作用不停地将学生的智力从一个水平引导到更高的水平。

支架式教学通常由"搭脚手架—进入情境—独立探索—协作学习—效果评价"五个环节组成。

(二)抛锚式教学

抛锚式教学要求建立在有感染力的真实事件或真实问题的基础上。确定这类真实事件或真实问题被形象地称为"抛锚",因为一旦这类事件或问题被确定了,整个教学内容和教学进程也就被确定了(就像轮船被锚固定一样)。

建构主义认为，学习者要想完成对所学知识的意义建构，即达到对该知识所反映事物的性质、规律以及该事物与其他事物之间联系的深刻理解，最好的办法是让学习者到现实世界的真实环境中去感受、去体验（即通过获取直接经验来学习），而不是仅仅聆听别人（如教师）关于这种经验的介绍和讲解。抛锚式教学由于要以真实事例或问题为基础（即"锚"），所以有时也被称为"实例式教学""基于问题的教学"或"情境性教学"。

抛锚式教学通常由"创设情境—确定问题—自主学习—协作学习—效果评价"五个环节组成。

（三）随机进入教学

随机进入教学是指学习者可以随意通过不同途径、不同方式进入同样教学内容的学习，从而获得对同一事物或同一问题多方面的认识与理解。由于事物的复杂性和问题的多面性，要做到对事物内在性质与事物之间相互联系的全面了解和掌握，即真正达到对所学知识全面而深刻的意义建构是很困难的，而从不同的角度考虑可以得出不同的理解。因此，在教学中就要注意对同一教学内容，在不同的时间、不同的情境下，根据不同的教学目的，用不同的方式加以呈现。

显然，学习者通过多次进入同一教学内容，将能实现对该知识内容较全面而深入的掌握。这种多次"进入"，绝不是像传统教学中只是为巩固一般的知识、技能而实施的简单重复。这里的每次"进入"都有不同的学习目的，都有不同的问题侧重点。因此多次"进入"的结果，是学习者获得对事物全貌的理解与认识上的飞跃。

随机进入教学通常包括"呈现基本情境—随机进入学习—思维发展训练—小组协作学习—学习效果评价"五个环节。

第三节 "以学生为本"的教学原则

在"以学生为本"的课堂中，教什么、怎样教、何时教、怎样评都应根据学生的情况决定。"以学生为本"的教学倡导教师站在学生的角度考虑如何帮助他们更好地进行学习，例如，学生学习的目标是什么，需要学习什么样的内容，什么样的学习方式更好，该创设什么样的学习环境，该如何进行学习评价等。教师需要对"以学生为本"的理念有清晰的认识，并遵循一定的教学原则，探索相应的教学策略，更好地体现"以学生为本"的教育理念，促进学生的多维度发展。

通常，"以学生为本"的教学要遵循以下六个基本原则。

一、有效进行学情分析，为确定学习目标和学习活动提供依据

学情是教学目标确定的重要依据，教师要注重对学生学习和发展需求进行多维度分析。学情分析既要考虑学生的认知水平、已有的与学习主题相关的知识基础和经验以及理解能力与学习能力，还要考虑学生在主题内容学习中的欠缺和不足，要把学情分析贯穿在教学前、中、后的过程中，形成学情分析连续体。

（一）分析学生的认知水平、学习兴趣和学习需求

学情分析的一个重要方面是考虑学生的认知水平，对即将学习的主题内容的学习基础、学习需求和兴趣。教师要把学生看作积极的学习者，依据学生的兴趣，了解学生已有的知识背景和情感态度价值取向，从而找到教学目标与学生兴趣、情感态度价值取向的结合点，以便更好地实现教学目标，并依据学生已有的知识基础和兴趣选择学习活动的内容与形式。当然，教师要确保学习活动为教学目标服务，活动与任务设计不能单纯为了迎合学生的兴趣需要，以致在热闹的气氛中偏离或者丢失了教学目标。

（二）分析学生已有的主题知识基础和经验

一些教师教学设计中的学情分析多为学生基本情况介绍，包括年龄、心理特点、整体学习状况等一般信息，缺少针对学生学习具体的主题内容所应具备的知识、技能基础以及学习需求的分析。姜小军（2012）认为，"学情分析"包括以下几点：（1）了解学生的基础，包括学生的学习态度、学习兴趣，多数学生的学习习惯及学习方法，先修课程相关知识技能的掌握程度；（2）根据教学的重点、难点，分析学生学习过程中可能遇到的困难及其原因，以及如何针对这些困难加强对学生学习的指导。要体现"以学生为本"的

教育理念，教师不仅要了解学生的实际生活经验和认知水平，还要以此为依据设计学习活动，同时预设学生在有效参与学习过程中可能会遇到的困难，并适时提供学习帮助。与学生认知水平以及生活实际相关的、有意义的学习能够促进其学习态度、学习兴趣、学习信心、学习动机和学习能力的持久变化。

（三）学情分析贯穿在教学的前、中、后过程中

学情分析并不只发生在教学前，而是一个贯穿课前、课中、课后的连续过程。可区分出三个基本的学情分析单位：学习起点、学习状态、学习结果，形成以"学习起点—学习状态—学习结果"为框架的学情分析连续体。陈隆升（2012）提出，学情分析是一个包括课前学习起点分析、课中学习状态分析、课后学习结果分析的连续体，是一个不断更新、循环往复的过程。在这个循环往复的过程中，实现学情分析与教学过程整合，实现教学与评价的有机融合。可以看出，连续体概念下的学情分析把学生在课前、课中和课后的学习都纳入学情分析范畴，使学生的学情需求、学习过程和学习结果紧密相连，突出了学生的主体地位，是教师确定教学目标、教学内容、教学过程和活动以及教学评价的依据，也是教师确定如何合理、充分地利用学生资源的一个重要依据。

要真正体现"以学生为本"的教育理念，教师不能单纯依据教学经验和主观判断进行学情分析，要借用问卷调查、访谈、课堂观察等方式来获取学生的课堂学习参与情况以及学习收获等信息，作为设计教学目标、教学过程以及评价教学效果的依据。此外，教师还要关注学生在学习过程中学习态度、行为、能力等方面的发展。

二、学习目标多维，重能力培养

准确定位学习目标是落实"以学生为本"教育理念的保障。教师在确定学生学习目标时要以学生为主体，体现学生在学习过程中的发展变化，即能够完成哪些学习之前无法达成的任务，并在设计学习活动时以学生的学科知识、技能、情感态度与价值观等多维度发展为目标。

（一）学习目标多维而有重点

教师可以从学生的学科知识、技能、情感态度与价值观等多维度发展的

视角来确定课堂教学中学生的学习目标。在一节课有限的时间内，教师需要明确多维目标中的重点目标。当然，一节课的教学并非要牵强地确定三维或者多维目标，为了完成一系列目标而匆忙地实施各个学习活动会导致教学目标无法充分实现。教师要确保在单元学习的过程中，学生的能力有多维度、综合的提高。同时，多维目标的制订要有明确合理的依据和评价活动，以确保学生的多维度发展。

（二）注重能力培养，融合其他目标

教师在教学中既要注重培养学生相应的学科能力，还要注重培养学生适应社会发展、终身发展所需要的关键能力。2017年9月，中共中央办公厅、国务院办公厅印发《关于深化教育体制机制改革的意见》（以下简称《意见》），要求今后要"在培养基础知识和基本技能的过程中，强化学生关键能力的培养"，并且明确列出了四种关键能力及其子能力。第一种是认知能力，要引导学生具备独立思考、逻辑推理、信息加工、学会学习、语言表达和文字写作的素养，养成终身学习的意识和能力；第二种是合作能力，即引导学生学会自我管理，学会与他人合作，学会过集体生活，学会处理好个人与社会的关系，遵守、履行道德准则和行为规范；第三种是创新能力，要求学生具有好奇心、想象力和创新思维；第四种是职业能力，指学生适应社会需求，能够践行知行合一。为此，在教学过程中教师要鼓励学生提出自己的想法，培养独立思考、逻辑推理能力；积极动手实践，解决实际问题，提升问题解决能力；勇于探索，大胆尝试，创新创造。当然，核心素养包括两大部分，一部分是关键能力，另一部分是必备品格，两者兼备才是具备核心素养，才能实现立德树人的教育目标。教师要注重培养学生具备适应终身发展和社会发展需要的知识、技能、情感、态度与价值观等。

三、学习活动为学生提供多样化的学习体验，促成学生多方面能力发展

学习活动设计的首要原则是为学习目标服务。有时教师会反思：符合教学内容逻辑的活动为什么成了教师的独白活动？精心设计的教学情境和内容

为什么没有得到学生的积极回应？其主要原因是活动设计不符合学生的生活经验和认知水平，无法达到充分调动学生积极性的目的。当然，学习活动不仅要符合学生的认知基础，调动学生的学习兴趣和已有的生活经验，还要提供多样的学习体验，促进学生深层次的学习与发展。

（一）提供多样化的学习体验，促进学生深层次的学习与发展

如何让学生最大限度地参与到学习中，并得到最优的发展，是"以学生为本"的教育理念转化为学习实践的重要一环。教师要注重为学生提供多样化的学习体验，促进学生深层次的学习与发展。教师不仅要关注学习形式的多样化，还要关注学习活动层次的多样性，促进学生认知能力和学习能力的发展。就学习形式而言，要体现自主、合作、探究三种学习体验的结合。就学习活动层次而言，要体现学习理解、实践应用和创新迁移三个层次学习活动的融合。教师要有意识地通过多样化的学习体验，培养和发展学生解决问题、合作创新的能力，让学生学会发现、研究和解决问题，学会与人合作，学会寻求帮助和寻找资源，成为具有批判精神和创新精神的学习者。

一些教师对"以学生为本"的教育理念存在认识上的误区，认为"以学生为本"就是要开展各种小组合作活动，课堂气氛要热闹，而忽视了小组合作的有效性。教师要关注学习活动形式和学生学习需求是否匹配，要合理地结合自主、合作、探究三种形式来促进学生多维度的发展。教师在进行教学设计时，要依据学习目标对课堂上预计实施的自主学习活动、小组合作活动、自主探究活动进行更细致的规划，预设学生学习中可能出现的问题，预设解决方法，在活动过程中为学生提供有效的支持和引导。同时，教师要围绕学习目标，设计学习理解、实践应用、创新迁移等一系列体现综合性、关联性和实践性的学习活动，使学生基于已有的知识，依托不同类型的学习活动，在分析问题和解决问题的过程中促进自身学科知识、学科技能和多元思维的发展，促成思维能力和学习能力的融合发展。多元化的学习体验需要教师给学生留有探索发现、归纳总结的时间和机会，为学生的自主学习能力培养打下基础。

（二）给学生一定自主选择的权利

"以学生为本"的课堂的一个主要目标是培养学生的自主学习能力，让

学生具备自主规划学习目标和内容、自主选择学习方法、自主完成学习任务的能力。因此，教师不仅要给学生提供多样化的学习体验，让学生参与到多类型的学习活动中，还要注重培养学生通过反思与交流获得有效的学习策略和方法，为学生的自主学习提供有力的支持。教师还要培养学生对学习的控制感，这样他们能够预测成功的结果，在遇到困难时也会更加努力和坚持。让学生控制自己的学习过程和学习结果，并做出一些选择——学什么，在哪学以及和谁一起学，通过自主选择的机会控制任务的难度，决定学习的步调。自我监控和自我评估是产生有效的学习自我效能感的关键。

教师要有引导学生控制学习过程的策略，在学习内容、学习过程以及学习评价等领域给予学生选择的机会，如此可以减少学生的焦虑和恐惧，促使他们把更多的精力投入到学习活动中。在给学生选择权时，比较好的做法是让学生进行有限制的选择，虽然有限制，但也给学生留出了按照自己兴趣和能力选择的空间。正如伍尔福克（2015）提出的，平衡必须恰到好处，太多自主会让学生不知所措，而太少自主会让学生感到厌烦。教师在设计学习活动时，可以设计供学生自主选择的两三个不同层次的活动，让学生按照自己的水平自主选择学习活动任务。同时，教师要给予学生一定的指导和激励，让学生有能力去完成学习任务，同时愿意去挑战略高于自己学习水平的任务。总之，给学生自主选择的权利，需要教师根据学生个性化的认知水平和学习需要设计多样化的、多层次的学习任务，让学生进行自主选择，并关注学生自主规划、自主选择和自主评价能力的培养。

四、构建激励和支持学生意义建构的学习环境

在"以学生为本"的教学中，教师不仅要聚焦于如何有效设计教学目标和学习活动，如何获得有效教学的策略，更要关注如何构建激励和支持学生意义建构的学习环境，来满足学生的学习需求。教师可以按照里德利和沃尔瑟综合相关的动机研究而提出的八个方面来构建激励与支持学生意义建构的学习环境：对学生个人兴趣、感受、观点的尊重；积极的归属感和同学间的依赖感；与教师之间积极的人际关系；有意义、富有挑战性的学习任务；对自己的理解能力、学习能力的信心；学习过程的乐趣；大量获得知识的机会；

自己的努力和成功得到公认。(里德利 等，2001)

可以看出，为了构建激励和支持学生意义建构的学习环境，教师在课堂教学中不仅要营造一种相互尊重、相互依赖、和谐的人际关系氛围，还要通过有意义、富有挑战的学习任务，让学生在挑战中获得乐趣。同时，教师要激励学生积极参与学习活动，获得成功的学习体验，使学习努力和成功获得认可，进而提升自信心，激励其产生持续的学习动力和行为。

(一) 利用多样激励措施，使学生积极参与学习过程

培养、维持学生的学科学习兴趣是"以学生为本"教学的重要方面。教师要注重培养学生对学科学习的热爱和学习幸福感，把培养学科学习兴趣和动机视为重要的教学目标。设置良好的学习环境是培养学生学习动机的动力之源，教师需要恰当运用多种激励方式，为学生创造良好的学习氛围，特别是基础薄弱的学生，增强他们的内在学习动机。在课堂教学中教师要给学生创造足够的参与机会，注重运用多种激励措施，如参与激励、竞争激励、荣誉激励和榜样激励等方式激励学生积极参与课堂活动，变被动学习为主动学习。

此外，教师可以运用师生协商确定学习目标的方式来激励学生学习。学习目标具有导向和激励的作用。研究表明，增强学习者学习信心的一个有效办法是鼓励他们设定自己的目标并实现这些目标。教师要鼓励学生设定符合实际且略高于已往学业成就水平的具有挑战性的目标。在此过程中，教师可以和学生一起制订学习目标，沟通学习问题和发展需求，给学生自主选择的权利，让他们决定学习重点，以及要突破哪一方面的学习难点。此外，师生可一起沟通确定可行的阶段发展目标及预期分数。教师要协助学生制订详细的实施步骤，在随后的教学过程中引导和帮助他们努力实现目标，给予学生指导与鼓励。小的成功体验的累积有助于学生树立持久的自信和勇气，最终使他们更愿意迎接更加复杂的挑战。

(二) 适时提供反馈与帮助，使学生有能力参与学习

教师要避免单纯靠情感沟通赢得学生对教师、对学科学习的喜爱。如果教师没有给予相应的学习策略和方法指导，学生会因付出了时间、精力但是学习实效不明显而产生挫败感。教师可以运用多种方法，适时给予学生学习

反馈和个性化帮助，指导学生尝试运用有效的学习策略，提升学习实效，从而产生持续学习的意志和行为。教师的帮助还包括：给予学生在倾听教师对作业内容讲解基础上重做作业的机会；给予学生第二次测试的机会。测试的目的是激励学生掌握学习的内容，评价自己的欠缺，而不是单纯地评价学生的学习成绩。例如，一位教师给予学困生的额外帮助是在检测前给学生时间复习、巩固所学的知识，给学生表现并达成预期目标的机会。教师还可以通过分层作业、分层评价给予学生选择的机会和自我评价的机会。例如，一位教师在进行单元测试时，在测试卷中标注出哪些是基础题，哪些是拔高题，让学生自主选择自己要完成的8—10个题目。这种选择给所有学生提供了展示自我发展、评价自我发展的机会，使学生有信心、有能力参与到学习中，并实现更好的发展。

（三）适时提出挑战，激励学生向更高的目标努力

本项目团队开展的学生访谈结果表明，有趣味的挑战活动能够促成学生改变学习态度和行为。在学习过程中愿意融入自己的真实想法，不愿意机械模仿，是很多学生的真实学习愿望。布鲁纳在《教学论》中指出，发现学习有四点作用，其中一个作用是帮助保持和检索信息。按照个体自己的认知结构组织起来的材料是最有希望在其记忆中"自由出入"的材料。基础薄弱学生学习态度和行为改变的一个关键是学习与自我有了关系，趣味与挑战并存的学习活动能激励学生主动地在已有的知识结构中建构新的学习内容。这样的学习活动使课堂学习有意义、有活力，使学生愿意向更高的目标努力。

五、学习评价以促进和改善学习为目标

要体现"以学生为本"的原则，教师要发挥学生的主体作用，综合运用学生自评、同伴互评、教师评价等形式。

（一）引导学生相互倾听、相互评价

相互倾听、相互评价的意识和习惯是学生真正成为课堂学习主体的重要体现。在"以学生为本"的课堂中，学生之间的互动交流会成为课堂学习的一种重要形式。学生之间的相互倾听、相互评价尤为重要。

教师要发现、利用学生资源，引导学生进行欣赏性评价，在评价他人作

品时要寻找亮点,而不是单纯指出错误。教师可以充分利用学生自评、互评以及教师评价的过程,发现学生运用的有效解决问题的思路和方法、有效的学习策略等,引导学生进行分享、学习,提升学习能力。

教师不但要让学生积极参与评价,还应结合具体案例,和学生一起分析,使学生了解评价目标,学习操作过程,通过评价进一步引导学生反思,逐步提升独立学习的能力,这才是形成性评价的真正意义所在。除了引导学生自主评价,教师还要引导学生对学习过程以及评价过程进行自我反思。

(二) 综合运用多种评价方式,适时运用教师评价

鼓励学生参与评价,并不意味着教师评价的缺失,教师更要适时地进行反馈评价,以引导、引领学生的发展方向。例如,课堂中的展示汇报环节需要教师综合运用多种评价方式,除了自主评价、相互评价,教师还要对学生的表现进行合理的反馈评价。评价的语言不能宽泛,类似"非常好!""同学们非常棒!"这种模糊的标签式评价语言既不能评价出学生的表现,也不能促进学生改进和提高。教师需要针对学生的具体内容、已有表现给出具体的反馈和评价。此外,课堂中学生的相互倾听不是靠教师的要求来保证,而是靠明确的倾听与评价任务来激励学生愿意倾听、学会评价。如果教师的引导和要求缺失或者不够明确具体,那么学生在倾听其他组汇报时就不知道应该做什么,抓不住倾听的重点。

(三) 鼓励学生进行自主评价

教师要在有限的课堂教学时间内培养学生自主评价的意识和能力,给学生提供自我反思与评价的时间和机会,而不是让学生被动地等待教师布置任务,等待教师的评价。学生自主评价能力的培养能够有效地帮助教师解决教学反馈指导时间不够的问题,使学生有效学习并发展自主学习的能力。"以学生为本"的一个主要目标是提升学生的自主评价能力。依据评价功能,评价可分为三种:对学习的评价(assessment of learning)、促进学习的评价(assessment for learning)以及学习性评价(assessment as learning)(Earl, 2003)。现在很多教师注重对学生的学习进行评价,目的是促进学习,却往往忽视了在评价过程中让学生通过参与评价,学会自主评价并在评价中学习。课堂输出、展示任务以及课后作业等都是教师评价学生学习效果的重要方式,

但这并不是仅有的形式，教师要充分利用学生资源，让学生参与到课后学情分析中。研究表明，当学生在学习过程中参与得越多，并有机会谈论他们学到了哪些、是如何学习的，他们的学习就越有效。在课堂教学中，我们常常看到有些课有很多教学活动，师生互动、生生互动，看似内容很丰富、很紧凑，学生却没有思考和讨论学习困难、问题以及收获的时间与机会，教师很难判断学生的学习实效和学习发展需求；学生课后学习的内容基本是完成教师布置的作业，学习并没有成为课前、课中与课后延续的过程。因此，教师要引导学生自我评价学习收获、问题，要在课尾"留白"，如在教学过程中或者结束前留出5分钟左右的时间让学生自主思考学习收获与问题。（李宝荣，2015）

比如，教师可以按照以下流程引导学生反思。

> 第一方面，本节课的收获。让学生主动思考——学到了什么？学会了什么？哪些内容和收获对今后的学习有帮助？教师可以依据教学内容引导学生思考以下问题：
>
> 1. 这节课学到了哪些内容？
> 2. 印象深刻的环节和内容是什么？
> 3. 从老师、同学的语言中捕捉、记录了哪些有价值的语言和信息？
> 4. 学习策略方面有哪些收获？
>
> 教师要指导学生不仅梳理具体的知识、技能方面的收获，还要思考学习态度、情感、价值观和学习策略方面的收获。
>
> 第二方面，学习困难。教师要鼓励学生反思学习过程中的困难，课上或者课下及时利用多种资源解决困难和问题，而不是把困难堆积起来，逐渐地"视而不见"。教师可以引导学生重点思考以下三个问题：
>
> 1. 本节课的学习中你感到最困难的内容是什么？
> 2. 完成哪些作业会感到困难？
> 3. 希望老师或者同学帮助解决的疑惑或问题是什么？

当然，教师也可以把这个提问框架留给学生，作为他们课后自主反思的框架，培养学生自主学习和评价的能力，使学生由被动跟着教师完成学习任务转变为积极参与、评价教学活动，掌控自己的学习过程与学习实效。教师也能够借助学生的反思结果获得关于教与学的更多信息，作为教学反思、明确学生后续学习的重点以及改进教学的依据。

六、教师发挥组织者和管理者、引导者和促进者、示范者和引领者的作用

在"以学生为本"的课堂中突出学生学习主体地位的同时，也要强调教师在课堂教学中的主导作用。教师要适时地指导并引导学生发展，在自主学习活动中给学生提供支架和支持，实现对自主学习活动的有效引导，而不是随意放手让学生自主学习或者表面热闹地开展合作探究。

（一）教师发挥组织者与管理者的作用

在课堂教学中，教师要发挥组织者与管理者的作用，特别是针对基础薄弱的学生，教师的引导作用、资源作用的充分发挥是学生发挥主体作用的保障。张庆宗（2011）提出，学习是指学习者因经验而引起的行为、能力和心理倾向的比较持久的变化。在"以学生为本"的教学中，教师要从学生学习真正发生的视角出发，在设计学习活动时侧重考虑：如何促进学生认知、思维和行为的发展及变化，让学习真正发生？如何促进学生学习行为、能力和心理倾向产生积极、持久的发展变化？如何创造活跃的课堂气氛？有时教师会更关注热闹的课堂、积极的讨论，却忽略了课堂教学目标、内容和效果。"以学生为本"并不是教师完全放手让学生去自主探究和发现，否则活动就会流于表面。"以学生为本"与充分发挥教师的主导作用不是矛盾对立的，而是和谐统一的。坚持"以学生为本"，强调发挥学生的主体作用，对教师如何发挥主导作用提出了更高的要求。教师的主导作用表现为帮助学生明确学习目的、学习要求和内容，对教材进行加工，选择运用恰当的教与学的方法组织实施教学，并管理教学。

（二）教师发挥引导者与促进者的作用

在课堂教学中，教师有和学生互动的机会，有近距离观察学生学习行为

并进行即时指导的机会,因此,课堂教学的一个重要价值在于教师在围绕教学内容和学生互动过程中对学生学习态度、方法、行为以及观念进行引导,促进学生改进学习行为,提升学习实效。因此,教师要注重观察、分析学生在学习态度、策略以及观念等方面的障碍和困难,必要时调整教学环节和活动,对学生进行适时指导和引导。教师在观察学生学习过程时,要分析是否给了学生足够的学习时间和空间,还要敏锐地分析学生学习问题背后的真正原因。当学生的学习问题是粗心或者知识缺乏造成时,教师要分析表象背后是否存在学习方法和策略的欠缺与不足,适时进行指导和引导,促使学生在解决一个学习问题时获得学习方法和策略,而不是单纯地告知学生正确答案。

学生资源是课程资源的重要组成部分,蕴藏在每个学生的生活经历和学习体验之中,也蕴藏在他们丰富的情感和活跃的思维之中。在学生学习问题出现时,适时的策略引导会引发学生的关注,被他们接受并转化到其学习行为中。在学生自主或者合作完成任务时,教师要注意观察学生的学习表现和生成的作品,分析问题的原因,并及时进行反馈、指导,促进学生有针对性地解决问题。

(三)教师发挥示范者与引领者的作用

"以学生为本"并不意味着教师要一味地满足学生的学习需求,教师的主要作用是调查、分析学生的需求,并判断哪些需求合理,符合学生的认知基础和学科学习规律。教师要对学生不合理的学习需求要进行有计划的引导和指导,特别要加强对学生学习自主规划、自我评价的意识和能力的培养,使学生逐渐形成自主学习的能力。

要引领学生的学习需求,教师的一个重要作用是示范,这个作用的发挥至关重要。当学生不知道如何完成学习任务时,教师要为学生搭建台阶,并示范如何完成任务。当学生不知道如何有效利用学习策略、学习方法进行学习时,教师要进行示范。教师不仅要示范如何完成学习任务、如何有效学习,更要示范如何有效沟通、如何有效倾听、如何进行自主评价等。对学生在学习过程中需要发展的多种行为和能力,教师要充分发挥示范作用,而不只是向学生提出要求。这样,在教师的示范、指导与引领下,学生会成为有效的智慧学习者，这是"以学生为本"的一个重要教学目标。

第四节 "以学生为本"的教学设计

一、"以学生为本"的教学设计流程图

教学设计是根据课程标准的要求和教学对象的特点，将教学诸要素有序安排，确定合适的教学方案的设想和计划。传统的教学设计一般包括教学目标、教学重难点、教学方法、教学步骤与时间分配等要素，突出教师的主观意愿和主导作用。

"以学生为本"的教学设计强调基于学生发展规律、特征和个别化需要开展教学设计，突出学生的客观条件和主体作用。教师首先从课程标准的要求入手了解教学的应然目标，再分析学习内容的特征和学生学情的实然条件，通过找出实然目标与应然目标的差距，以及学生学习的重点与难点，指导学生确定学习目标。最后基于对学生学习过程各要素的分析来设计教学流程图，理清教学思路，将其作为教学目标、内容、方式、预期结果、时间分配等要素的设计依据。

"以学生为本"的教学设计从"为什么学"入手，针对"学什么""如何学""学得怎么样"等问题设计教学过程各环节，避免传统教学设计过分关注教师"教什么"而忽视了"教什么"的结果，即学生"学会了什么"问题，试图把教师的主观愿望与学生的客观条件结合起来，兼顾发挥教师的主导作用和学生的主体作用。

图 1-4-1 列出了"以学生为本"的教学设计流程图。

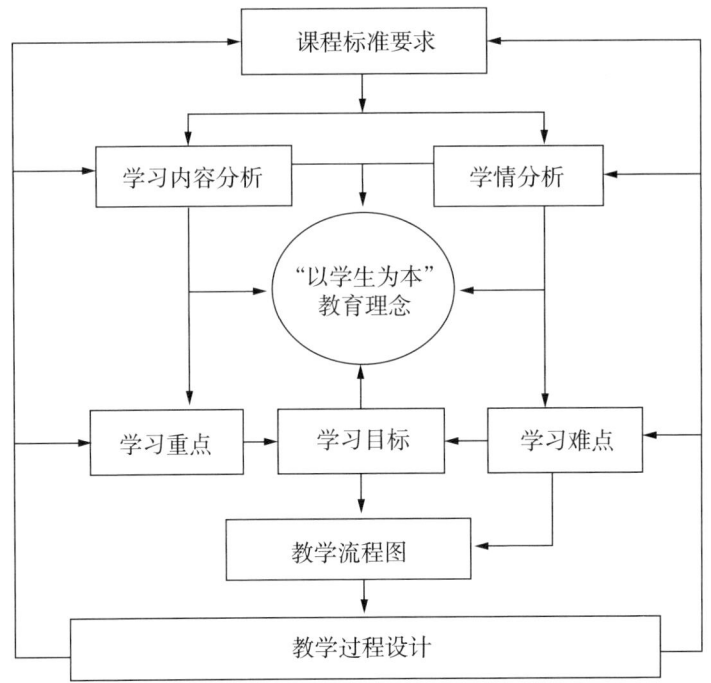

图 1-4-1 "以学生为本"的教学设计流程图

二、"以学生为本"的教学设计方法

(一)理解课程标准要求

课程标准规定了各门课程的性质、目标、内容框架,是对学生在经过一段时间的学习后应该知道什么和能做什么的界定与表述,实际上反映了国家对学生学习结果的期望。课程标准通常包括了几种具有内在关联的标准,主要有内容标准(划定学习领域)和表现标准(规定学生在某领域应达到的水平),不仅是教材编写、教学实施的指南,也是评估和考试命题的依据。

各学科教师可以学段、学年、学期、大单元和单节课为不同时间单位,制订并实施教学规划、教学计划和教学方案,以体现和落实课程标准要求。从单节课教学设计方案来说,一节课不一定也不可能全面体现课程标准的每一项要求,但是教师要理解该节课能重点体现课程标准的哪些核心要旨与特别指向,如何在教学设计中把握和体现课程标准对学生学习的期待结果,该节课在内容和形式方面是如何体现课程标准的要求的，等等。

要使课程标准要求落地课堂，教师需要在教学设计中认真学习领会课标精神，并努力找到课标要求与教学现状之间的结合点。特别是在学生学习基础和学校资源条件方面，教师不仅要实事求是做出判断分析，而且要发挥自己的主动性，因地制宜，创造性地设计教与学的活动，以落实课标的要求。

（二）整体把握学习内容

对教学设计者来说，学习内容分析既有助于对学习内容的理解，又有助于教学设计的决策。没有学习内容分析，设计者对内容的理解便会带有一定的模糊性，决策可能会因此缺乏应有的理性，甚至可能被想当然的经验代替。

学习内容应重点分析以下方面：学习内容的背景来源，所包含的知识点及其体系构成，在学科、单元中体现的独特价值与功能，课型分类等。教师可以遵循以下分析策略：

第一，通读本学科全套教材，分析本节课内容在整套学科教材中的地位，即本节课的学习内容与以前学习过的、今后将要学习的哪些内容有联系。这种联系包括三个层次：本节课内容在整个学科教材体系中的地位和作用；本节课内容在所教学段中的地位和作用；本节课内容在所在知识单元中的地位和作用。

第二，精读本册教材和教学参考用书，分析本节课内容期望达到的广度和深度，确定本节课中的内容与哪些内容要建立宽泛的观念联系，哪些内容需要达到一定的理解深度。

第三，梳理和研究内容目标类型，分析哪一个目标是本节课在有限的时间内需要重点完成的，哪几个是附带完成的。通过这样一个从整体到局部的内容分析，教师最终确定本节课的教学目标，而且清楚地知道自己制订的这些目标背后的知识脉络关系。

（三）全面分析学生学情

学情分析是提高课堂教学的实效性、实现课堂教学"以学生为本"的基础。学生个体差异普遍存在，如何在教学之前更好地了解学生，使教学能从学生的起点出发，满足学生需求，提高教学的质量和效率，是教师在学习内容分析的基础上应该关注的问题。教师可以从以下五个方面进行学情分析。

第一,掌握学生的起点能力。起点能力是指在学习新内容之前原有知识和技能等方面的准备水平,是学生学习新知识和形成新能力的必要条件,它在很大程度上决定了教学的成效。学生的起点能力分析主要包括了解学生的认知基础、接受水平、学习能力及思维规律等,如了解学生已经具备了哪些知识与技能,还没有掌握的知识与技能有哪些,哪些知识是自己通过努力能学会的,哪些知识是需要在教师的点拨和引导下才能学会的,怎样引导更符合学生的认知水平,怎样点拨对学生的帮助最有效。

第二,关注学生的非智力因素,包括学生的学习兴趣、学习态度和学习习惯等。学生的发展和成长是智力因素和非智力因素共同作用的结果,以情感需要为核心的一系列非智力因素,是影响并制约学生学习和发展的内在动力机制。教师应尽可能深入地了解每个学生的精神世界。因此,学情分析必须充分关注学生的心理需求,如了解学生对哪些内容感兴趣,乐于参与什么样的教学活动,哪些教学方法和学习方式能给学生带来新的体验和成就感,等等。

第三,预测学生的可能情况。课堂教学中存在着不确定因素,要求教师在每节课前对学生的可能情况进行预测和分析,对课堂教学中可能出现的生成点深入研究和思考。既要对学生在学习过程中的各种可能进行准确全面的预测,又要精心做好应对有关可能的预案分析,以便在遇到突发情况时能做出合理的处置和有效的引导。

第四,重视学生的实时行为。课堂教学的对象是学生,每个学生都是鲜活的个体,教学中学生的行为不可能完全按照教师的设计意图来表现。因此,真正的学情源自课堂,最有效的学情分析应是对课堂教学的高度关注。教师一方面要通过认真的观察和倾听,及时了解学生的所思、所为,并以此为依据合理地调控教学进程;另一方面要密切关注学生的学习状态,准确了解学生的体会和感受,并从有利于学生全面发展的实际需要出发,有效开发和利用课堂教学中的生成性资源,修订、充实和完善教学方案,增强教学的针对性。

第五,反思学生的发展状况。通过课堂教学中与学生的对话和互动,教师对学生认知水平和学习能力的了解会更加准确,对学生行为习惯和学习风格的认识会有更多新的感受与思考，将这些了解与认识、感受与思考及时进行总结、分析和记录，不仅能为今后的教学提供参考和借鉴，而且有利于及时弥补教学中的不足，尽可能减少失误造成的不良影响，同时也对确定学生再学习的起点具有至关重要的作用。

（四）清晰阐述学习目标

学习目标是预期的学生学习成果指标，它是教学的出发点，也是教学的最终归宿。它与课程目标和教学目标密切相关，但也有区别。

新课程明确提出要实现三维目标：知识与技能、过程与方法、情感态度与价值观，构建起课堂教学比较完整的目标体系。三维目标从以知识本位、学科本位转向以学生的发展为本，对知识、能力、态度进行了有机整合，体现了对学生在学习中的主体地位的高度重视和充分肯定。新课程提出的三维目标，是教学目标分析与确定的指导思想，而不是教学目标和学习目标的陈述形式。

教学目标是教师在教学过程中所预设的学生变化结果，对学习目标、教学过程、教学方法、教学技术、教学媒体选择和运用，以及学习结果测评发挥着导向作用。但教学目标只是教师的主观愿望和设计，通常与学生学习目标或结果之间还存在着差距。

学习目标体现的是学生要实现的具体学习结果，是教学目标的具体化指标，体现出学习过程中学生能做什么，通常用 ABCD 格式陈述。

A（audience），意指"学习者"。学习目标描述的应是学生的行为，而不是教师行为。规范的学习行为目标应是"学生应该……"或"我能……"，而不是"教给学生……"或"教师将说明……"。

B（behavior），意指"行为"。学习目标要说明通过学习后，学习者能够做什么，并用行为动词描述学生形成的可观察、可测量的具体行为，如辨别、描述、背诵……

C（conditions），意指"条件"。学习目标要说明上述行为是在什么条件下产生的。对条件的表述有四种类型：一是是否允许使用手册与辅助手段，如"可以或不可以带计算器"；二是提供信息或提示，如"给出一张中国行政区划图，能标出……"；三是时间的限制，如"在 10 分钟内，能做完……";四是完成行为的情境,如"在课堂讨论时,能叙述……要点"。

D(degree),意指"程度"。指学生对目标所达到的最低表现水准,用以评价学习表现或学习结果所达到的程度。如"至少写出三种解题方案""百分之九十都对""完整无误"等。

需要注意的是,用 ABCD 格式描述学习目标只强调行为结果而未注意学习者内在的心理过程,因而可能会引导人们只注意学习者外在的行为变化而忽视其内在的能力和情感变化。因此,我们还需运用内外结合的方式表述学习目标的编写方法,即"总体目标—具体行为"的方法。我们可以把课堂教学目标分为两个水平:一是总体目标,侧重描述学生内部的心理发展,用记忆、理解、应用、分析、创造、欣赏等抽象语言来表述学习结果,反映教师总的教学意图。二是具体行为,侧重描述学生达到目标时的具体行为,是总体目标的具体化,是达到总体目标时具有代表性的行为例子,也是我们评价总体目标是否实现的依据。

通常,学习目标需要在教师指导下由学生领会和建构。学生可以用个人学习目标、小组学习目标和全班集体学习目标等方式设定学习目标,也可以按不同时长的学习活动或任务来表述学习目标,并将其作为学习活动的导向。

(五) 准确识别学习重点、难点

学习重点,顾名思义,就是"学习内容中的重要部分",是学生在学习中必须掌握的知识点,是要下气力去学的部分。如果学不好,就会影响本节课,甚至以后相关内容的学习目标的实现。因此,学习重点是客观的,针对每一个学生来说都是关键内容。

一般来说,教师可根据教材的知识结构,从知识点中梳理出学习重点。理解知识点,首先是要理解这部分内容的知识结构和这部分内容与其他内容间的逻辑关系,再把该部分内容放到教材的整体知识结构中去理解。其次是理解整个单元的知识点,特别是要详细地知道每节课的知识点,在教学中做到不遗漏、不随意添加。如果知识点是某单元或某内容的核心,是后继学习的基石或有广泛应用,那么它就是学习重点。学习重点一般由教材内容决定,对每个学生是一致的。一节课的知识点可能有多个,但重点一般只有一两个。

学习难点,顾名思义,就是学生学习中"难学的部分",或者说是学生学不会或学不好就难以完成学习目标，甚至影响本节课和今后学习质量的那些内容。

教师要根据学生的认知水平，从重点中确定难点。学习难点与学生的学科认知结构有关，是基于学生原有学科认知结构与新学习内容之间的矛盾而产生的。把新知识纳入原有的认知结构，从而扩大原有认知结构的过程是同化。如果新知识不能融入原有的认知结构，就要改造原有的认知结构，使新知识能适应这种结构，这一过程是顺应。从学生的认知水平来分析，通过同化掌握的知识点是学习重点，通过顺应掌握的知识点既是重点又是难点。学习难点对不同的学生可能存在差异。对有些学生来说可能是难点，但对另一部分学生来说则可能不是。

由于重点与难点形成的依据不同，教师在教学中还需要在分析学习内容与学生学情的基础上，区分好教学重点和难点。

找准知识的生长点是突出重点、突破难点的条件。教师可依据以下三点找准知识的生长点：第一，有的新知识与某些旧知识属于同类或相似知识，要突出共同点。第二，有的新知识由两个或两个以上旧知识组合而成，要突出连接点。第三，有的新知识由某个旧知识发展而来，要突出"演变点"。

(六) 创造性编制教学流程图

教学流程图就是用特殊约定的符号或图形将教学设计中的各个教学环节按一定的顺序结构表示出来，体现学与教的各核心要素之间的逻辑关系和结构组合的图示。从上面的定义可知，教学流程图就是用最简洁的方式，将文字转化为符号或图形，结合实际的教学情境，按照教学的先后顺序呈现系统化的教学过程。因此，教学流程图是浓缩了的教学过程，它具有层次清楚、简明扼要的特点，它可以直观地显示课堂活动中各个环节之间的联系，呈现教学过程中的重难点，反映教师教学过程设计中的逻辑性、层次性和专业性。

教学流程图是课堂教学过程的基本框架，决定了整个课堂的结构与发展走向。从时间层面来看，教学流程图应该按照课的进程从开始到结束的时间顺序呈现；从内容层面来看，学习是一个循序渐进的过程，教学流程图呈现的应该是内容由易到难、由简到繁的顺序排列。教学是教师和学生进行交流的双边活动,因而在流程图的设计上自然不能脱离这两个主体,否则教学过程就会显得静态和呆板。学生在学习过程中要完成一定的学习任务,教师在对学生任务的完成情况进行评价的基础上,将信息反馈给学生并调整自己的教学,这样才能保证每名学生都能在自己的能力范围之内进行学习。

此外,在设计课时教学流程图之前,还要考虑单元学习内容、教材的特点、学习者的特征、学习目标、学习重难点、活动组织、学习资源等教学要素。

(七)教学过程设计

众所周知,传统的教学设计通常包含下列内容与步骤:(1)确定教学目标;(2)分析学习者的特征;(3)根据教学目标确定教学内容和教学顺序;(4)根据教学内容和学习者特征分析确定教学的起点;(5)制订教学策略;(6)根据教学目标和教学内容的要求选择与设计教学媒体;(7)进行教学评价,并根据评价所得到的反馈信息对上述教学设计中的某一个或某几个环节做出修改或调整。传统教学设计有许多优点,但也存在一个较大的弊端:以教师为中心,学生的学没有得到足够的重视,教学设计理论往往围绕如何教而展开,很少涉及学生如何学的问题。按这样的理论设计的课堂教学,学生参与教学活动的机会少,大部分时间处于被动接受状态,学生的主动性、积极性很难得到发挥。

自20世纪80年代以来,依据现代心理学的发现以及对学与教关系的深入认识,教学设计界提出了一些新的教学环节说(盛群力 等,2004),本书整理如下(见表1-4-1)。

表1-4-1 不同观点下的课堂教学环节设计步骤

人物	观点
亨特(1983)	①目标;②定向;③呈现;④示范;⑤导练;⑥检查;⑦自练。
罗米索斯基(1984)	①引起注意与激发动机;②说明教学具体目标;③回忆与补救相关旧知能;④展开教学活动;⑤展开学习活动;⑥反馈活动;⑦学习迁移;⑧课的评价(必要时);⑨总结与加深学习。

续表

人物	观点
加涅（1985）	①引起注意；②告知目标；③回忆相关旧知能；④呈现新内容；⑤提供学习指导；⑥引发行为表现；⑦提供信息反馈；⑧评估行为表现；⑨强化保持与迁移。
巴特勒（1985）	①动机；②组织；③应用；④评价；⑤重复；⑥概括。
盛群力（1993）	①指引注意，明确意向；②刺激回忆，合理提取；③优化呈现，指导编码；④尝试练习，体验结果；⑤评价反馈，调整补救；⑥强化保持，迁移扩展。
皮连生（1994）	①引起注意与告知教学目标；②提示回忆原有关知识；③呈现经过组织的新信息；④阐明新旧知识的各种关系，促进理解；⑤指导学生复习并提供学习与记忆方法指导，或引出学生的反应，提供反馈与纠正；⑥提供知识提取的线索或提供技能应用的情境。
乔纳森（1999）	①示范；②指导；③支架作用。
梅里尔（2002）	①面向完整任务；②激活旧知；③示证新知；④尝试应用；⑤融会贯通。
波曼（2009）	①联系；②概念；③实用联系；④总结。

以上关于教学环节的设计步骤，仁者见仁，智者见智，都是基于各自理论对课堂教学设计的不同理解与对策。教无定法，贵在得法。"以学生为本"的教学设计没有固定模式，但是教师要遵循以下五个重要理念设计教与学的过程步骤。

第一，要在学习过程中充分发挥学生的主动性，体现出学生的首创精神。

第二，要让学生有多种机会在不同的情境下应用他们所学的知识，将知识"外化"。

第三，要让学生能根据自身行动的反馈信息来形成对客观事物的认识和解决实际问题的方案，实现自我反馈。

第四，要使教师的教辅助学生的学，体现为理解而教，而非简单的传递。

第五，要认识到教学设计是一个系统，涉及多个子系统设计，其中包括教学目标设计、教学情境设计、信息资源设计、自主学习设计、协作学习环境设计、学习效果评价设计、强化练习设计等。

总之，如果教师秉承"以学生为本"的教育理念，在教学设计上多下功夫，那么学生在学习上就会更加顺利；相反，如果教师忽视教学设计，或者丢掉了学生去设计教学，那么，学生的学习就会更加困难。

(八) 教学板书设计

教学板书是教师利用黑板（广义上包括电教媒介），运用文字、符号、线条、表格、图形辅助教学的一种基本的教学手段，有教育性、科学性、艺术性、实用性等基本特性。

板书是服务课堂教学的工具。教懂学生、教会学生，使学生学会、会学，是教学的目的。板书设计是整个课堂教学的有机组成部分，任何一则好的板书都是为一定的教学目的服务的。

板书设计的方法包括：摘录提纲法（摘录教材富有标志性的中心句、段中主句或关键词句）、概括归纳法（用简洁的语言提炼教材内容、归纳教材中的知识）、图形示意法（用符号、线条、图形，配以简要文字示意教材内容，变抽象为具体、变深奥为浅显）、板画赋形法（用简笔画、黑板画形象直观地表达内容）、表格解释法、排列组合法（对教材中不同课文或内容的分类排列、综合叠加）。

"以学生为本"的教学板书要求教师明确为什么需要板书辅助教学，板书为谁服务，怎样使板书帮助学生学习。

教学板书有利于学生认识理解、记忆再现、感受体验、掌握迁移，有利于学生识字、解词、释句、析段、求旨、探法，有利于学生听、说、读、写、算、思。教学板书是课堂教学的重要手段，能体现教学意图，落实教学计划，是个灵活的"显器"，能巧妙地显示课文内容，给学生指点迷津；它对学生学习的知识进行编码、组合，提纲挈领、精要管用，是个"整流器"，打通学生的思维，便于学生记忆；它揭示课文学习的思路、重点、难点，培养学生能力，是个"起动器"，爆发学生智慧的火花；它节省教学时间，提高教学效率，是个"指示器"，指引学生在知识的海洋里破浪前行；它具有朴实、美观的布局，是个"吸引器"，吸引学生的注意力，激发学生学习的兴趣，给学生以美的享受。（彭小明，2007）

第二章
"以学生为本"的
教学设计：高中语文

案例 1

高三语文复习课"'真正的英雄' 论证语段写作"

◉ 专家箴言

遵循正确的原则,运用适宜的工具,采用小组活动的形式,是活跃思维、突破思维瓶颈,从而让学生在作文时"文思泉涌"的有效路径。

◉ 教学设计

一、课标要求分析

本节课着重落实《普通高中语文课程标准(2017年版)》提出的在表达实践中发展逻辑思维要求,在议论文写作中通过思维路径的规范与思维活动的发散,形成多种论证方法,以此来丰富议论文论证语段的表达。论证语段是高考议论文写作的基础,撰写论证语段的过程实则是思维呈现的过程,也是语文学科核心素养"思维发展与提升"的体现和要求。因此,本课旨在通过树立认识事物、分析事物的思维范式,帮助学生在写作中充实论证语段,使议论文写作做到"内容充实"。

二、学习内容分析

(一)"真正的英雄"审题分析

"英雄",《现代汉语词典(第7版)》对其解释为:①本领高强、勇武过人的人;②不怕困难,不顾自己,为人民利益而英勇斗争,令人钦敬的人;③属性词。区别于"英雄","真正的英雄"这个作文题目,需体现对"英雄"这个核心概念由普遍到特殊、由共性到个性的梯度认识。其共性表现为:具有某种过人之处或有突出贡献及有意义的影响,可由实到虚,由个人成就到历史社会影响。学生需要从列举的素材当中找到英雄的共性品质，再写出自我的个性化认识，方能体现他们对"真正"的关注和思考。

（二）论证是指导议论文写作的关键要素

议论文作为高中生写作的重要文体，是其认识世界、认识自我的思维载体。撰写的议论文质量，反映了学生思维水平的高低。论点、论据及论证这三个要素中，尤以论证最为关键。论证内容是否充实，是否能通过论据的提出进行合理论证，支撑中心论点，体现深刻见解，是高考议论文评分的核心标准之一。要达到这一要求，学生需要具备严谨的逻辑关系和丰富的思维活动。可见，在议论文写作的应考复习上，应把写作思维训练纳入复习当中，通过丰富论证语段，引导学生详析论据，对素材进行深入认识，提出见解，使文章言之有物，体现中学生的思维水平。

三、学生情况分析

授课对象为高三年级文科班学生，授课时间处于作文第一轮复习的初始阶段。通过前两年的篇章学习和名著阅读的积累，学生具备一定的语文素养，在议论文的写作上，能够较有条理地表达对事物的看法和认识，但也不乏问题。在这次写作训练中，多数学生采用"二段论"的写作模式：列举心目中的三位英雄，就其事迹大书特书，缺乏对论据的认识和思考。本课进行之前，已经过两次议论文点评修改，学生的论点和论据问题已得到较好的解决，而在论证深刻这一点上还存在不足，即常见的议论方法已能脱口而出，但在写作时依然不能有效运用，作文仍为内容空洞的素材堆砌。因此，本节课试图通过"以学生为本"的教学，让学生通过自我感知、思维训练和自主建构，在紧扣中心的基础上，不断审视、思考和分析，总结拓展思维路径，以丰富议论文论证语段，体现对"英雄"积极深入的个性化认识。

四、学习目标

1. 掌握对论据进行审视、归因、假设、提升、类比的思维路径与方法。
2. 借助"以学生为本"教育理念下的"头脑风暴""国王与王后"（"King and Queen"）等教学工具，在小组合作探究的活动中源源不断地补充完善论证语段,掌握论证语段的写作方法并有效运用。

五、学习重点

掌握与运用审视、归因、假设、提升、类比等分析事物的思维方法。

六、学习难点

结合具体事例,认识、分析五种思维路径,并形成逻辑严密、见解深刻的论证语段。

七、学习流程

表 2-1-1　学习流程表

学习步骤	SCL 工具	学习过程
点评习作,发现问题	头脑风暴	● 学生点评习作,给予评价。 ● 教师替换习作中的关键词,学生发现了之前的评价不妥,于是修改评价,从而发现论证语段的问题——内容空洞、缺少逻辑。 ● 学生重构议论文评价标准——论证语段内容充实。
阅读例文,发现规律	拼图法	● 阅读教师提供的例文,通过小组合作,发现论证语段中分析论据的方法、规律。 ● 各小组将总结的方法、规律进行交流展示,自主建构思维路径。
整合思路,明确方法	速配法	● 学生将总结的方法、路径进行规范和建立联系,结合例文,明确分析论据的思维路径和方法。
小组写作,实践方法	King and Queen	● 小组合作修改教师提供的习作。 ● 小组轮转学习,交流对思维路径的运用和评价。 ● 小组合作修改并向全班展示修改成果。
展示成果,拼接成文	逻辑拼接	● 各小组将评价较好的论证语段按照认识分析事物的"3W"思维路径(what—why—how,是什么—为什么—怎么办)进行逻辑拼接,形成一篇"详析一例"的议论文。
学习巩固,练习反馈	头脑风暴	● 学生通过教师提供的文段重新运用刚才的思维路径进行口头分析,以便巩固。 ● 完成作业:根据教师提供的"鲁迅"相关素材,运用本节课的思维路径进行论证分析,并拟写论证语段。

八、教学过程

表 2-1-2　教学过程表

教学步骤	SCL工具	教学过程	评价与反馈	活动目标
点评习作，发现问题	头脑风暴	①学生阅读学生习作片段1，并给出评价。 ②更换主题词"英雄"为"勇气""责任""追求卓越"等褒义词和短语。 ③学生阅读学生习作片段2，并给出评价。 ④发现文中问题：内容空洞，缺少逻辑。 习作片段1： 　　真正的英雄，是在困境当中不断拼搏。落魄的苏秦把自己困在狭小的天地里，悬梁刺股，发奋苦读，终于铸就了六国相印集于一身的辉煌；失败后的勾践俯首称臣，卧薪尝胆，终于一举灭掉吴国，干出了一番千秋霸业；布衣诸葛亮，固守茅庐，潜心研读，终于成就了"一旦圣主到，钻破任天行"的传奇；惨遭宫刑的司马迁，忍辱负重，奋笔疾书，终于写成了"史家之绝唱，无韵之离骚"的《史记》。 　　困境当中，他们用拼搏成就了人生传奇，他们是当之无愧的英雄。 习作片段2： 　　真正的英雄是大爱无疆，对社会有贡献的。这对夫妇在帮助他人的同时，也为社会做出了巨大的贡献。他们将自己对孩子的小爱，扩大为关心全社会的大爱。他们大爱无疆，寻找孩子不放过一丝一毫的线索，这不是大爱吗？在我心中，那些心怀大爱，为社会做出巨大贡献的人，就是真正的英雄。愿天下分离的家庭可早日团聚，重享天伦。	一评：材料的特点——论点成立，论据丰富，语言优美。 二评：更换中心词对文段的流畅性无影响。 思考其中的原因，自主发现问题。	发现问题：内容空洞，缺少逻辑，由此知晓议论文"内容充实"的评价标准。

续表

教学步骤	SCL工具	教学过程	评价与反馈	活动目标
阅读例文，发现规律	拼图法	①重审题目，搜寻恰当的论据。 公认的英雄　　　　个性化认识下的英雄 项羽　　　　　　　苏轼 岳飞　　找到成就　鲁迅 文天祥　其"英雄"　钱默吟 黄继光　称号的行为　斯嘉丽 董存瑞　或品质　　屠呦呦 王二小　　　　　　失子父母 论证 英雄拥有无私的爱　　　失子父母 论点　　　　　　　　　论据 ②学生独立阅读例文文段3，将文段中体现思维方法的语句和关键词进行勾画。 　　这对年轻夫妇，他们就是我们身边最平凡的普通人，在他们身上，找不到任何英雄的光芒，也没有任何惊人的壮举。老牛舐犊，情所难禁。孩子丢了，他们像所有平凡的父母一样，慌乱过，痛哭过，无助过。 　　但是，他们没有沉湎于自己无尽的伤痛中，而是将对自己孩子的爱迁移到所有孩子身上，将对小家团聚的愿望扩展到圆大家的团圆梦。他们用行动诠释了什么是无私的爱。 　　"老吾老以及人之老，幼吾幼以及人之幼。"孟子告诉我们，让"爱"传递，延展"爱"的范围，便可成儒家仁义之士，无私的爱，可以引领我们走向大同社会的康庄大道。	找到体现思维方法的语句和关键词，并进行勾画摘抄，但无法明确其所运用的思维方式。	通过将教师的下水文作为范例，总结常见议论文的论证方法。

续表

教学步骤	SCL工具	教学过程	评价与反馈	活动目标
阅读例文，发现规律	拼图法	凭借一己之力，这对夫妇用无私的爱温暖了更多的人，让我们从日渐冰冷的社会中看到了更多爱的影踪。 ③各小组将勾画的语句摘抄在大白纸上，总结归纳议论文论证段的思维路径，即论证方法，并进行汇总拼图。		
整合思路，明确方法	速配法	梳理论证思维： 论证"思维公式" 论证 = 是什么 → 为什么 → 怎么办 教师提供一系列论证思路的名词，让学生进行速配连线。 学生归纳论证段落写作思路。 ①新审视：表现、典型细节。 ②定性：是什么（概括）？ ③假设：如果不是…… ④因果：为什么？ ⑤意义、影响（于个人、国家、社会）。 ⑥升华：引用、类比、对比。	发现刚才总结中的优点与不足。	复习常见的论证方法，以便能运用于议论语段的写作。
小组写作，实践方法	King and Queen	活动规则： ①每组1号同学抽签选出本组国王或王后（国王或王后不参与书写）。 ②进行第一轮小组讨论，在国王或王后的带领下，选择论证方法（教师在组内协调，尽可能运用2—3种不同的论证方法，用时10分钟），对文段进行修改补充，丰富文段内容。 ③以后每5分钟（依据学生讨论情况对时间	对提供的几则论据能够做到合理修改，过程仍需教师点拨。	将思维路径形成的论证方法用于丰富议论语段的内容，做到内容充实。

教学步骤	SCL工具	教学过程	评价与反馈	活动目标
小组写作，实践方法	King and Queen	做相应调整），每组国王或王后顺时针向下一组移动，利用不同论证方法对文段进行修改补充。 ④顺时针移动到最后一组后，国王或王后带领找到本组语段写作中小组公认最满意的句子或语段。 ⑤国王或王后带着每个小组的成果进行分享展示，每组2号同学要做相应点评和总结。 ⑥展示完毕后其他同学给予评价，推举出写作最好的一组。 习作列举。 习作一： 　　无独有偶，在我们身边，不乏这样的"草根英雄"。放弃光鲜生活，倾尽家财资助183个贫困孩童上学的歌手丛飞；20年雷打不动，累计55次无偿献血的工人郭明义；蹬三轮近60年，用35万元善款圆了300个贫困孩子上学梦的老人白芳礼。他们都是再普通不过的平凡人，然而，正因为无私的爱，使得他们甘愿放弃自我享受，用有限的生命演奏英雄的凯歌。无私的爱，成就了这些平凡人英雄的称号。 习作二： 　　他们之所以能够从痛苦中走出，用行动去拯救更多的孩子，正是因为他们具有无私的爱。无私的爱，使得他们能够忘却上天的不公、人心的不古、制度的冷漠，转而用实际行动去帮助更多的孩子。源于这种无私的爱，众多走失孩子重新回到了父母身边，更多同病相怜的家庭重新燃起了生活的希望，也正是源于这种无私的爱，这对夫妇，成为人们心目中的英雄，真正的英雄。	对提供的几则论据能够做到合理修改，过程仍需教师点拨。	将思维路径形成的论证方法用于丰富议论语段的内容，做到内容充实。

续表

教学步骤	SCL工具	教学过程	评价与反馈	活动目标
展示成果，拼接成文	逻辑拼接	①小组内交流互评，推举出符合评价要求的片段展示，教师评价、修改。 ②推举、评改各小组展示片段，并按照一定逻辑将各小组展示片段重新组合成一篇内容充实的议论文。	自查自省，学习借鉴。	在评改中发现问题，巩固论证法的运用。
学习巩固，练习反馈	头脑风暴	①结合近期阅读的文章《走进鲁迅》，将鲁迅这一素材作为论据，讨论"真正的英雄"文题下"鲁迅"这一论据的分析思路。 ②运用本课学习的议论语段写作的思路与方法，结合《走进鲁迅》，选取2—3种论证方法，完成论证语段的写作。不少于200字。	回顾思维路径，口头表达对论据的认识和分析。	强化对议论文论证思维路径的认识与运用。

九、板书设计

板书设计见图 2-1-1。

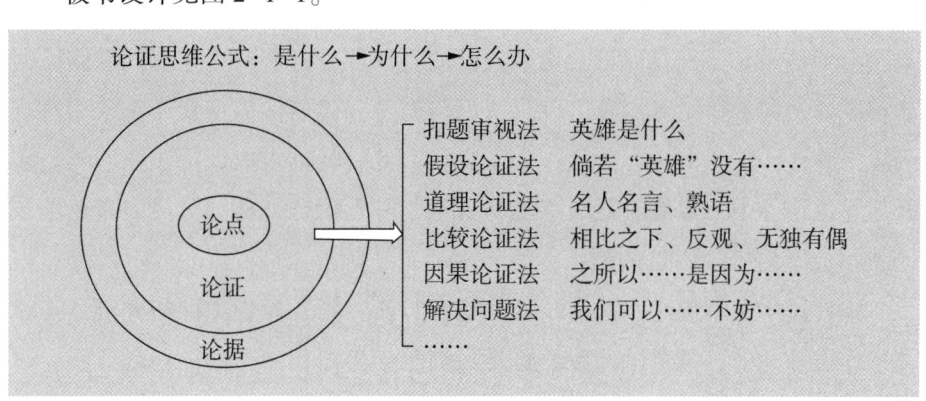

图 2-1-1　论证语段写作板书设计图

教学反思

以学生为中心，让作文课"文思泉涌"

一、案例背景

（一）课标要求

如今，"写作活动是思维的活动"在越来越多的语文教育工作者中达成共识。因此，教学过程要注重对学生思维过程和思维方法的引导，注重发展学生的辩证思维和批判性思维，注重培养学生思维的逻辑性。教学中可以让学生围绕感兴趣的话题开展讨论和辩论，使其能理性、有条理地表达自己的观点，平等商讨，有针对性、有风度、有礼貌地进行辩驳。

因此，这堂高三议论文写作讲评课，跳出了从前"步步为营"的写作训练框架，重点在于方法的归纳与学习，做一题，通一类。在议论文写作中，如何搭建论点与论据之间的桥梁进行有逻辑的论证，是绝大多数学生所欠缺的。

（二）课例缘由

基于以上认识，本节课以"确立思维路径"为目标，运用"以学生为本"教学法设计了一堂议论文论证语段的写作课，以期学生在遇到新问题时能够准确把握事物特点，表达自我认识与思考。我们认识事物通常采用这样的思维路径：是什么→为什么→怎么办。因此，通过提取议论文核心词，展开对思维路径中三方面问题的审视与思考，进行论证分析，可尽力避免给议论文扣上"内容空洞"的帽子。

如何让学生掌握这一思维路径和论证方法，是这堂作文课的关键。在过去的作文教学中，每至讲评课，总是习惯从学生习作中暴露的问题入手，事先总结出存在的问题，"警示"学生。这样的"代劳"，学生往往不以为然，或者"事不关己"，即使勉强接受，也不过是机械地套用所谓的"套路"。所以，这堂作文课采用学生熟悉的 SCL 教学法，在发现问题、得出方法、小组写作这三个环节,都采取了 SCL 教学法中的常见工具,希望学生在活泼愉悦的气氛中集思广益,自主自然地感受思维路径的实用性,并将其运用于今后的议论文写作以及解决问题的思维习惯中。

二、情境再现

在课堂的起始阶段,教师在 SCL 教学法"鼓励每一位学生积极参与学习过程"这一原则的启发下,通过展示学生习作中的典型语段,让学生互相评价,自主发现问题。

图 2-1-2、图 2-1-3 为学生阅读、互相评价习作。

图 2-1-2　学生阅读习作　　　图 2-1-3　学生互相评价习作

案例片段 1:

师(展示习作片段①):这一段文字选自同学们的习作,请给予评价和打分,满分 10 分。

生甲:我认为这一段观点明确,用的素材都很恰当,而且例证丰富,应该出自老师给我们的范文,给个 8 分不为过吧。

生乙:这一段语言很好,四个论据都用非常简洁的语言写出来,句式很整齐,避免了大段叙述论据这样的毛病,我觉得也可以给 7—8 分。

生丙:这一段能够展现积累,如果我是老师,我给 8 分。

师(通过 PPT 更换语段中的关键词):看来大家对这一段评价都很高。如果我将关键词"英雄"换成"勇气""责任""追求卓越"这些词呢?

生:好像依然很好。这是为什么呢?

学生此时开始产生疑问，这节作文讲评课的第一个目的便达到了。最开始的"高度评价"是在意料之中的。乍一看，这一段对"真正的英雄"展开的论述观点明确、论据充分、博古通今、展示积累、句式整齐、气势恢宏。最后，还不失时机地用一句漂亮的总结句进行点题，可谓天衣无缝。我们的学生一直视此类作文为上品，在积累素材上没少下功夫。

师：大家看，当我采用关键词替换的方法，将"英雄"相继替换为"勇气""责任""追求卓越"时，整个文段看起来完全不受影响，所有与"英雄"有关联的主题，以及论据中的勾践、诸葛亮、司马迁也能天衣无缝地去证明。如果论证语段沦为"万金油"，那其实说明这个论证语段只是论据的罗列堆砌，并没有有效的实质内容。既然这样，这就不是一段成功的论证。

学生恍然大悟，原来他们过去奉为圭臬的"排比句"，其实是内容空洞的一种无效论证。学生运用头脑风暴的方式，结合已有经验，通过自己的判断，找到作文评价的标准，这比教师呈现高考作文评分标准更有说服力。

案例片段 2：

如何在掌握丰富材料的基础上，充实文章内容呢？当学生总结出论证方法并修改他们原有的论证语段时，教师利用 SCL 教学法工具中的"国王与王后"，分小组让学生对习作进行修改，最后展示过程简单采用"逻辑拼接"的方式，便可以组成一篇论证充实、有逻辑、有层次的议论文。

三、聚焦分析

（一）SCL 原则指引下的自主发现问题与建构方法

以上案例片段呈现的是课堂的导入环节。以往的作文讲评课通常是从学生习作中存在的问题入手，而问题多是教师在评阅作文时总结产生的，并在作文讲评课上进行分析和解决。而本节课在导入环节——"发现问题"，以"学生积极参与学习过程"为理论先导，以"以学生为本"的教学思路和原则开始了这堂课。学生根据已有的知识和经验，对材料进行评价，当他们发现根据自己的认识和经验对文本材料做出了错误评价时，才会认识到自己的问题与不足，进而产生学习"需求"。教师此时充当学习的促进者，将造成学生"误解"的核心词进行替换，使得他们恍然大悟。SCL 教学法中有一条原则提道：教师是学习的促进者，而非知识的呈现者。这节作文讲评课，从"发现问题""总结方法"再到"利用方法解决问题"，学生一直处于积极参与的学习状态，而教师只起到点拨的作用。最后的结果是，学生在这次作文评改中，修改的热情比以往的"批斗会""整改会"高涨许多。

造成议论文写作窘境的原因不在于学生不会写，而在于他们不会想。论证语段需要的是思维的积极参与，而学生表现出来的看似洋洒千言，实则是叠床架屋，反复论证，没有开拓和提升，思维能力和思维品质有限。因此，通过小组活动的方式，鼓励学生从范文中发现关键词，进而总结出相应的思维路径，再由教师进行方法的整合和明确，使学生领悟评价标准。这一知识的获得，打破了过去教师介绍方法，学生运用实践的步骤，让学生自主建构，完成从已知到未知的学习过程。

（二）SCL 工具使用中的思维交流与碰撞

此外，在小组修改习作环节，学生运用熟悉的"国王与王后"活动工具，不断对论据进行审视和分析，再通过小组轮转的方式，借鉴其他小组的思路，修改自己的习作，或者让自己的成果为别人"锦上添花"。在最后的"拼接成文"环节，当看到自己的语段被用于"详析一例"论证范文的语段补充时，学生获得的成就感是独立写作时无法达到的。尽管写作是一个要求相对独立思考与表达的过程，但是在写作的学习阶段，让学生的思维萌芽能够通过评价交流、学习借鉴来完成，可以极大地激发学生的参与热情，学生也能从中获益。

掌握论证方法是议论文写作的必经之路，但是生搬硬套，学生难以在情绪紧张的考场环境中及时调动论证方法。而 SCL 工具的运用，使得知识的输入和输出都是在教师提供有效资料的基础上由学生自主完成，学生突破思维瓶颈，找到论证的切入点和"登堂入室"的门径所在。比如《真正的英雄》范例中对"失子夫妇创办寻子网站"事例论证时采用的"对象审视法"，即把眼前的对象当作陌生人重新审视一番，将其行为举止中符合中心词的部分选取出来，呈现在读者面前。在后来的修改习作中，同是使用对象审视法，有的小组是从行为的性质出发，有的小组则是从行为的意义出发，同为审视，其实体现了审视思维的递进，两组加以综合，便是不错的论证语段。教学过程中教师逐渐淡化自己在课堂上的主体角色,在教学环节中起着设计者和组织者的作用,在学生交流遇到瓶颈时助其一臂之力,使学生尽可能发挥潜力,在写作时"文思泉涌",从形式到内容,变得丰富起来。

四、反思延伸

(一) 使学生积极地参与学习过程是一堂好课的基础

没有学生的积极参与,再好的课也难以使学生的知识能力有所增益。SCL教学法在本课中的运用,可以说是一次较为成功的尝试。从导入环节的"头脑风暴",由学生评价同一则语段,发现其中的优缺点,到后来的总结思维路径,以及运用思维路径形成的论证方法修改自己的习作,学生感受到了参与的乐趣。过去学生的写作常常苦于无话可说,本节课在给了方法的引导和提供实例的范本之后,在运用模仿阶段,则需要学生运用思维组织语言。一个人的能力有限,通过小组合作商讨、小组间流动补充语段的形式,"无话则短"的论证语段在集体的智慧下按照一定逻辑不断完善,最终成形。本节课论证语段的拓展与深入挖掘是在学生的不断参与下完成的,这对今后学生独立完成议论文论证语段的写作也具有重要的启发借鉴意义。相信学生能力,鼓励学生积极参与,应当成为一堂好课的出发点和落脚点。

(二) 与核心素养"不谋而合"的SCL原则

语文学科的核心素养要求语文学习有助于学生思维的发展与提升,强调了思维发展在学习中的重要作用,而思维的获得只能在个体的成长中进行。SCL原则中"鼓励学生独立学习",正是核心素养中思维能力提升的主要途径之一。学生通过积极参与学习过程,借助有效资料获得知识,在这种难以言说中找到了真切的抓手,为学生提供了学习的范本和解决问题的路径。

同时,传统课堂上教师的过度讲授使得学生较难进行独立的学习,即使是写作这样个性化的行为,也时常可见教师的帮扶。本节课引导学生积极主动地认识素材、分析素材、评价素材并迁移对比,这些活动也是对学生思维发展的训练,培养的是学生认识、分析事物的思维能力,是学生个人社会化过程中不可或缺的能力锻炼。

■ 专家点评

本设计对学习内容的分析具有对核心概念进行分析说明的性质，此做法具有新意，为课题的确立奠定了坚实基础，为整个设计思路确定了方向。对学情的分析具体、深刻，明确、强化了设计的针对性。学习目标的制订指向明确、集中。对学习流程、教学过程的设计具体、翔实，步步为营，层层递进，逻辑性、可操作性强，并充分体现了"以学生为本"的设计思想。板书设计规范、科学、醒目。

尚可考虑的是：如果在教学过程的结尾再设计一段具有归纳、总结性质的文字，以曲终奏雅、画龙点睛，可能会更好。

案例 2

高一语文新授课《与韩荆州书》

● 专家箴言

结合充分的实践、自身的深切感受来畅谈使用 SCL 这一工具（包括其他任何引进的或自己之前从未使用过的工具）给教与学带来的改变，特别是在构建自主、高效课堂方面所带来的改变，显然比空洞的说教和浮光掠影的践行有更强的说服力、感召力和生命力。

● 教学设计

一、课标要求分析

《与韩荆州书》是一篇应用型文言文，根据这一特点，需落实《普通高中语文课程标准（实验）》中的以下要求：（1）了解自荐信的写法；（2）积累文言文中重要的实词和虚词，能够翻译对文章理解较为重要的句子；（3）能够从整体上把握文本内容，概括各段要点；（4）运用批判性思维审视作品，能够有依据、有条理地表达自己的观点和发现，形成对作者、作品的认识。按照这些要求，学生需要在阅读理解的过程中，通过概括各段要点，归纳自荐信的构成要素；能够准确说出文中重要实词、虚词的意思，翻译重要的句子；同时结合自己的阅读经验及文中依据表达对《与韩荆州书》作者李白及其作品的认识。

二、学习内容分析

本文出自北京版《语文》教材必修（三）第二单元"古今应用文"。李白早在年轻时有"济苍生""安黎元"的进步理想，对才华颇为自负。他仗剑远游，开阔眼界，同时也广泛交往，结识名流。他迫切地希望得到朝廷的赏识，得到重用，以实现其政治抱负，然而他又不希望像其他士子那样通过科举考试的方式进入仕途。李白时闻荆州大都督府长史韩朝宗兼任山南东道采访使，道治所设在襄阳，在当时的士子中，"生不用万户侯，但愿一识韩荆州"可谓有口皆碑，于是便出游襄阳，找友人孟浩然，借机拜访韩朝宗，希望得到韩朝宗的赏识，以借助他的名位，能在仕途上有所进益。本文就是李白34岁初见韩朝宗时写的一封自荐信。

从经世致用的角度来看，《与韩荆州书》作为自荐信，其教学价值在于其应用性，宜让学生了解自荐信的写法，以指导其日后的写作。这是语文学科工具性的体现。从语文学科的另一特点——人文性来看，本文的价值在于与学生以往所学的李白作品相结合、相补充，帮助他们更加全面地理解李白的人格特点和精神特质。

三、学生情况分析

本节课授课对象为高一学生，虽然他们具备一定的文言文基础，能够借助文中注释及工具书理解文意，但大部分学生不喜欢文言文，对文言文兴趣不高，缺少读的耐心，且只满足于读懂大意，在理解和鉴赏方面，学生品味分析语言的能力不高，理解层次停留在表面，缺少批判性思维和深度思考。

从作者方面考虑，李白是中学生较为熟悉的诗人，他的诗作家喻户晓，对他的很多诗句学生耳熟能详。学生对李白的认识几乎都是浪漫主义诗人、诗仙，具有想象力、傲岸不羁、不惧权贵、有傲骨，等等，所以在读完本文后，大部分学生认为作者在奉承韩荆州，不再是他们眼中那位吼出"安能摧眉折腰事权贵，使我不得开心颜！"的"诗仙"李白了，李白的形象有别以往，他们的心里也开始有落差。

四、学习目标

1. 能够准确说出文中重要实词、虚词的含义，能够翻译文中重要的句子。

2. 能够说出自荐信的三个基本要素。

3. 能够解释观点中的关键概念，如谄媚、寒酸求乞，并能够从文中找出三个依据证明自己的观点。

五、学习重点

本课的学习重点之一是能够准确说出文中重要实词、虚词的含义，能够翻译文中重要的句子。因为文言文的学习是先"言"后"文"的，只有扫清"言"的障碍，对"文"的学习才能更加顺利。现代中学生从小接触的母语教育都以"现代汉语"为载体，对"文言"较为陌生，"文言"基础较为薄弱，所以在学习文言文的过程中，势必要像学习现代汉语一样，慢慢积累、识记，如此才能阅读篇幅长、难度大的经典文言文。此外，学生对文言文缺少兴趣，觉得文言文学习枯燥、识记难度大。为了让学生更好地掌握文中内容，本节课在学生预习的基础上，拟用小组竞赛这一策略，通过竞争、游戏，激发学生的兴趣，调动学生的积极性，提高他们识记的质量和准确度。

本课的学习重点之二是能够通过阅读文章，梳理、概括出自荐信的基本构成要素。本文是一封自荐信，在文体上属于应用文，具有借鉴意义和应用价值。通过梳理这封自荐信的构成要素，帮助学生掌握自荐信的构成。对学生而言，找到部分构成要素并不难，难的是能够找全这些要素。因此这一内容的学习，需要学生在独立思考的基础上，与小组内的同学相互交流，将自荐信的构成要素补充完整，同时提高自己的概括能力。

六、学习难点

本课的学习难点是如何理解"傲岸不羁"的李白与本文中"谄媚"的李白，哪个才是真正的李白。之所以确定这一难点，在于：首先，学生关于李白已有的认知与当下的阅读感受产生了矛盾，颠覆了学生对李白的认识；其次，不同学生之间的观点看法也不一致。鉴于学生认知能力和水平有限，还不能很好地分析、认识这个问题，如果不加以指导，很多学生会片面地理解李白的"奉承"，进而影响对李白的正确评价，也会影响他们评价其他人和事的思维方式。因此本节课设计了合作探究这一环节的问题讨论。在突破这一难点时，拟采用小组讨论、组间交流的方式，将学生的观点全面呈现。在讨论时，教师要时刻关注学生，强化学生从文本中寻找依据的习惯；此外，从词语辨析上弄清"谄媚""夸奖""奉承"等词语的含义，结合时代背景，正确而全面地理解李白这一人物形象。

七、学习流程

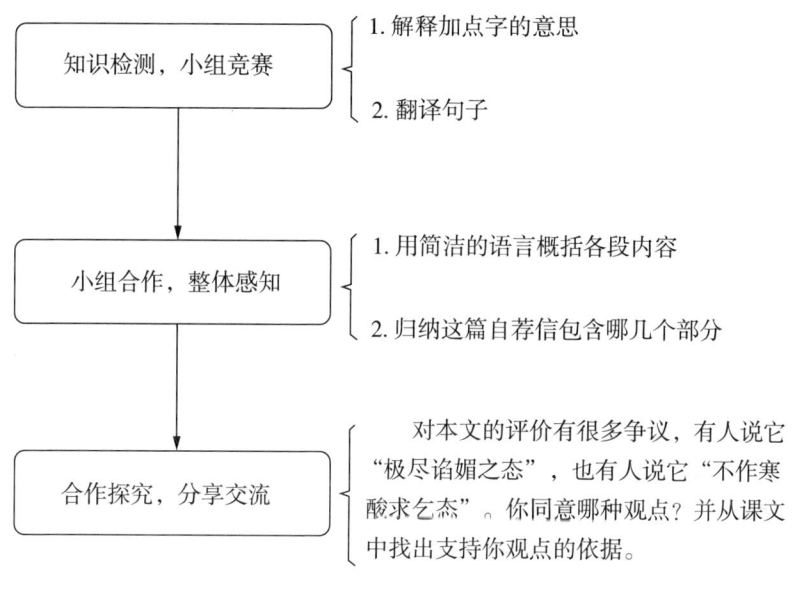

图 2-2-1　学习流程图

八、教学过程

表 2-2-1　教学过程表

教学步骤	SCL工具	教学过程	活动目标	时间安排（分钟）
知识检测	抢答竞赛	一、活动形式 抢答。		

续表

教学步骤	SCL工具	教学过程	活动目标	时间安排（分钟）
知识检测	抢答竞赛	二、抢答规则 1. 在教师读完题后，知道答案的学生可起立作答，最先起立的获得答题权。如难分先后顺序，可允许全部说出答案后再给出正确答案。 2. 不允许看书，同组同学间可以互相帮助。词语解释超过 5 秒、句子翻译超过 10 秒不答题，则请其他同学回答。 3. 答对加分，答错减分，计入小组总分。 三、解释下列加点字的意思 （1）使白得颖脱而出 （2）遍干诸侯 （3）郎君义气干云 （4）敢效微躯/以效愚计 （5）未下车即辟荀慈明 （6）推赤心于诸贤腹中 （7）此畴曩心迹 （8）尘秽视听 （9）赐观刍荛 （10）唯君侯图之 四、翻译下列句子 提示：注意补充省略的成分及关键词的翻译。 岂不以周公之风，躬吐握之事。 君侯不以富贵而骄之，寒贱而忽之。 而今君侯何惜阶前盈尺之地，不使白扬眉吐气、激昂青云耶？ 幸推下流，大开奖饰，唯君侯图之。	抢答竞争，活跃氛围，复习检测，巩固所学。	15
整体感知	小组讨论	1. 用简洁的语言概括各段内容。 要求：语言简洁；其他小组发言时认真听，标记与之相同的内容，待其发言完毕进行补充。	学习知识，掌握技能，同伴影响，提高能力。	15

续表

教学步骤	SCL工具	教学过程	活动目标	时间安排（分钟）
整体感知	小组讨论	2. 根据对各段内容的梳理，归纳这篇自荐信包含哪几个部分。 提示：从"自荐信"这一应用文的角度考虑自荐信的基本构成要素。 （1）表达求职的意愿； （2）对自己的介绍（身世、经历、优势、特长……）； （3）对对方的评价（了解、敬仰……）。	学习知识，掌握技能，同伴影响，提高能力。	15
合作探究	交流分享	对本文的评价有很多争议，有人说它"极尽谄媚之态"，也有人说它"不作寒酸求乞态"。你同意哪种观点？并从课文中找出支持你观点的依据。 要求： 1. 小组讨论，将依据分条写在白纸上。 2. 讨论时间 10 分钟。 3. 其他小组发言时认真听，标记与之相同的内容，待其发言完毕进行补充或提出质疑。	交流分享，丰富认识，思维碰撞，提升品质。	25

九、板书设计

板书设计见图 2-2-2。

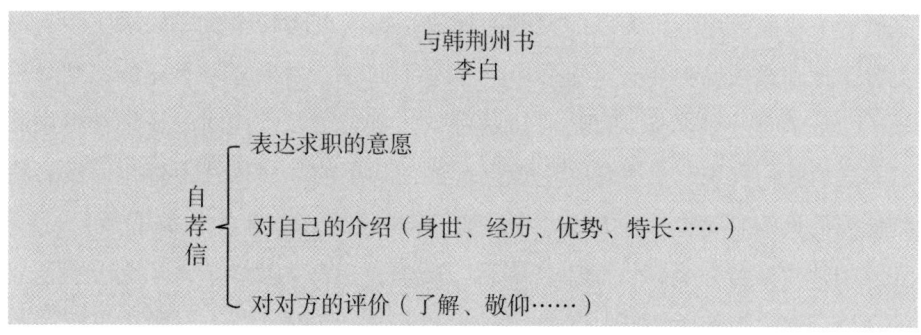

图 2-2-2 《与韩荆州书》板书设计图

⦿ 教学反思

SCL，改变不止一点点
——《与韩荆州书》课后反思

一、案例背景

《与韩荆州书》是李白写给韩荆州的一封自荐信。以往在讲授这篇课文时，做法通常有：一是布置预习任务，学生借助书中注释与工具书翻译课文，课上学生就疑难处提问；二是根据课文内容设计核心问题，如李白自荐是否成功等，以教师提问的课堂组织形式分析课文；三是复习课内重点字词句，进行知识检测。

这样的教学效果不甚理想。第一，学生的预习任务完成不好。文言基础好一点的学生能够看懂文意，并且能够主动查字典，掌握重要实词、虚词的意思；文言基础不好的学生，只能把文意看个大概；对文言一点儿兴趣没有的学生，甚至不会完成教师布置的预习任务。第二，课堂上无论是字词句的翻译还是文意的理解，主动提问的学生并不多，如果教师提问，也只有个别学生回答只言片语。无奈之下，教师只好圈画一些重点字词，或者点名某个学生回答问题，然后对课文进行总结，整节课处于教师一人主讲、学生被动接受的状态。教师犹如一座孤岛，师生、生生之间缺少互动，何谈玩味字词句的妙处、体验思维的碰撞、体会语文之美？第三，对知识的检测学生也只是硬着头皮痛苦地应付。以前检测的模式是提问或闭卷考试。如果学生复习充分，提问式的检测会有零星几个学生举手回答；如果复习不充分，则又陷入了"无人理"的状态。闭卷考试这种方式避免了课堂提问的尴尬，可批阅试卷之后我们发现，学生对文中重点词语及句子的掌握依然不理想，没有达到检测的目的。无论哪种方式，全班能够符合要求的学生均为数不多。

教师"辛苦"备课，学生"痛苦"听课，文言文教学陷入了无趣、低效的困境。在接受 SCL 教学法培训之后，基于这一问题，本人对教学进行了改进，出现了自主、高效、有生命的课堂状态。

二、情境再现

回顾这节课,有这样几个片段比较满意——

【片段一】

(学生自由朗读课文,复习文中重点字词。)

师:读完了吗?我们开始——

(全体学生注意力集中,坐直,视线转向黑板。)

师:形式为抢答。规则1:在老师读完题后,知道答案的同学可起立作答,以最先起立的为准。如难分先后,可允许所有人都说出答案后再给出正确答案。规则2:不允许看书,同组同学间可以互相帮助。词语解释超过5秒、句子翻译超过10秒不答题,则请其他同学回答。规则3:答对加分,答错减分,计入小组总分。规则4:所有规则的最终解释权归老师所有。

师:准备好了吗?

生:嗯,准备好了。

师:解释下列加点字的意思。第一个,使白得颖脱而出。

(生1、生2几乎同时站起,生2慢,自动坐下。)

生1:如果。

师:郎君义气……

生(数名学生同时站起):超过。

师:全错!(生笑,意识到错误。)规则是"在老师读完题后"。大家要注意规则。

……

【片段二】

(关于"极尽谄媚之态"与"不作寒酸求乞态"的讨论。)

有的组认为李白不仅没有寒酸求乞态,而且很有傲骨,理由是"至于制作,积成卷轴",体现了他的才华横溢。话音未落,有一组学生当场质疑,"才华横溢"与"傲骨"有什么关系?发言的学生再次思考。

再如,有的组内出现了两种不同的观点,对相同的依据有不同的认识。

"岂不以周公之风，躬吐握之事，使海内豪俊，奔走而归之，一登龙门，则声价十倍"中将韩荆州比作古代圣贤周公是对韩荆州的吹捧，有失"诗仙"的身份；而另外的观点则认为这句是借用典故来说明韩荆州礼贤下士。对于"君侯制作侔神明，德行动天地，笔参造化，学究天人"，一方从现实角度评价，认为韩荆州的"制作侔神明，德行动天地"有夸大之嫌，过于谄媚；另一方从创作风格评价，认为这与李白浪漫主义风格有关……这些地方引发了学生对"谄媚"一词的思考：谄媚与夸奖有何不同？

  还有的组则没有受问题的限制，提出了自己的看法，认为要辩证地看这两种观点。首先，李白并没有谄媚之态，只是赞美的程度比较夸张；其次，李白并没有为了赞美韩荆州而贬低自己，降低自己的地位，虽谦恭却不乏自信；再次，李白是盛唐时期的诗人，浪漫、豪放，他不希望通过走科举之路实现自己"寰区大定""海县清一"的政治抱负，因而通过这种方式推荐自己，所以他对韩荆州的夸赞是不为过的。

  ……

三、聚焦分析

  第一，设计学习活动，促使学生主动参与学习。

  片段一是本课的知识检测。课堂上学生注意力集中，争先恐后地回答教师的提问；对检测全无畏惧，全身心投入，再无之前教师自问自答的尴尬场景。之所以有这样的改变，是因为教师运用了SCL工具中的"抢答竞赛"这一活动形式。这种形式的优点在于能够调动学生的积极性，活跃课堂气氛，能影响班级中较为腼腆、内向的学生，使之主动、勇敢地参与到学习过程中，同时能使学生在游戏中将枯燥的知识记牢，更为重要的是能够及时向教师反馈学习效果。在提问中，如果学生不能马上回答出来，一定是某个字或词没有理解，需要教师再一次有针对性地讲解。如果反复提问，学生还是出错，那么其中的字词则成为教学的重难点，需要教师反复强调，强化记忆。运用"抢答竞赛"这一形式，学生的主动性和积极性被调动起来了，课堂也随之不再沉闷。这一效果背后，有我们教学中要遵循的原则，即多设计活动，或激发兴趣或挑战能力，让学生积极参与到学习过程中。此外，有活动，就会有规则，遵守规则才可以让活动有序地进行，学生的规则意识也在无形中培养起来了。

第二，建立学习共同体，促使学生对小组学习负责。

片段二是本课的合作探究环节，也是本课的难点。我们看到学生的讨论积极而热烈，无论是组内讨论还是组间讨论，并没有自说自话，都能够针对核心问题寻找依据，发表自己的看法。这一环节采用的组织形式为小组讨论，成果分享。具体组织方法为：第一，学生以小组为单位进行学习。第二，小组内讨论交流，将依据分条写在白纸上，组内可以有不同意见，时间为10分钟。第三，小组间交流讨论成果。第四，总结提升。也许有人会质疑，这不就是传统的小组讨论吗？没什么新鲜、特别之处。其实不是，它的不同在于本节课并没有临时将学生分成小组，而是在学期初就将学生分组，并从四个方面提出评价标准：（1）积极思考，主动发言；（2）观点正确，富有个性；（3）表述规范，清晰明确；（4）团队合作，凝聚力强。最后教师对表现较好的小组给予相应的奖励。每节课都会从这四个方面对学生进行评价，一个固定周期对学习小组进行总结评价，这样一来，组内学生便自觉地成为学习共同体，课堂上会主动思考、讨论，发表自己的看法，而不是被动地听别人说、看别人做。小组间潜在的竞争激发了学生思考的积极性，让本组表现得更加出众。

第三，将学生已有的知识和经验作为教学起点，促使学习原生态发生。

初读本文，很多学生不解地问："老师，李白怎么这样啊？""'这样'是哪样？李白应该怎么样呢？"学生欲言又止，说不上来。李白，对于中学生而言极为熟悉，然而他们心中的李白是"飞流直下三千尺"的李白，是"千金散尽还复来"的李白，是"天生我材必有用"的李白，是"安能摧眉折腰事权贵，使我不得开心颜"的李白。本文中所呈现的"求乞"态，是学生们在之前的阅读中没有接触到的，也是很难接受的。学生心中那个豪放不羁的浪漫诗人、谪仙人的形象在读完这篇文章后坍塌了。如果是从前，听完学生的这个问题，教师会毫不犹豫地告诉他们答案，然后按照教师所想象的课堂与所理解的学情进行教学设计、开展教学。但现在，珍视学生们的问题以及他们的阅读感受极为重要，因为这是学生的原生态阅读，是学生对自己已有知识和经验的呈现,是阅读的起点,也是教学的起点。所以,在进行教学设计时,以此为出发点,解决学生的困惑,才会激发学生的兴趣,引起学生的好奇心。于是,这节课才会有合作探究环节对李白不同观点的讨论。事实证明,这是正确的。

第四,设计具有思辨性的问题,促使思维走向深度。

这节课之所以学生能够展开讨论并发生争论,之所以能够看到课堂上有生命在场,关键在于讨论问题的设置。如果将这节课的讨论问题设置成"李白自荐是否成功",或许不会引发学生如此热烈的讨论,也看不到学生对同一句话的不同理解,并为此去争论。相对于"李白自荐是否成功"这个问题,本课的讨论问题更加具体,更有针对性,尤其是"极尽谄媚之态"与"不作寒酸求乞态"两个相反的概念,促使学生去辨析"夸赞""谄媚""不卑不亢"等词语的含义,并结合诗人李白的经历处境思考问题,让思考从宏观走向微观,从浅层走向深入。这样学生的思维品质才会在一节一节的语文课中得到提升,语文课才能从形式的热闹走向思维的深入。

第五,转变身份,教师要做课堂的组织者、学习的促进者。

这节课一改往日课堂的沉闷枯燥,也看不到教师滔滔不绝地灌输、讲授,但无论是学生还是教师,都在努力思考、大胆交流,没有顾忌,也没有胆怯,都能够从中体会分享的乐趣、思维碰撞的快感。这种氛围的出现,在于教师身份的转变。在传统教学中,教师往往是课堂的管理者,不允许课堂出现任何"设计"之外的情况,不允许课堂出现任何"不和谐"的片段;教师是知识的呈现者,提出问题并为之解答,对学生探寻答案的过程等待不够。而现在,"以学生为本"的教学让教师"隐退"为课堂的组织者,设计多种活动,调动学生的积极性;成为学习的促进者,引导学生逐步揭示答案,而不是知识的呈现者。

四、反思延伸

不只是《与韩荆州书》,在讲授其他课文时,本人也尝试使用 SCL 的工具组织课堂。如在讲《游侠列传》时,要求每组学生提出 2—3 个本组疑难问题,运用"大使出游"的方式解决;期中、期末考试复习时,运用"问题接力"的方式复习所学的知识点；等等。这些工具的使用，除了让课堂氛围发生改变，还调动了学生学习的热情和积极性，提高了学习效率。

记得高一开学没多久，接到一位家长发来的短信。她说儿子初中时特别讨厌语文课，中考也是因为语文导致总成绩不理想，平时在家里不看与语文相关的任何内容，家长对他的语文学习愁得不得了，而且这个学生还特别不喜欢女老师。可是现在，孩子意识到语文的重要性了，回家开始看语文书了，也开始买各种文学名著进行阅读了，觉得语文越来越有意思了，他说申老师[①]的语文课颠覆了他对语文课堂的理解和想象，在高一第一次月考中，他的语文考了年级第15名。还有一位家长说，亲眼看到孩子用一天的时间背诵、复习语文，而且现在也喜欢和家长讨论各种问题。这位妈妈高兴得不得了，感谢老师让她的孩子爱上语文。这个孩子在一次考试中语文考了年级第6名。

五、结语

无论是学生成绩的进步，还是课堂的活跃，抑或是学生兴趣的提高、表达的流畅、思维的碰撞，这一切变化都因为在 SCL 这一观念的引领下教与学方式的改变。在教的方面，教师不是知识的呈现者、问题的直接回答者，而是课堂活动的设计者、平台的搭建者，是帮助学生寻找答案的引路人；在学的方面，学生不是被动地接受知识，而是主动地参与学习过程，在参与中或是通过同伴合作，或是通过独立思考，探寻答案，获得信心，从而在语文学科能力和思维品质上获得提升。SCL，让语文课堂变得活跃，不再枯燥无聊，让教师更加向往走进课堂，看年轻的生命在课堂上涌动；也让教师重新思考学习是什么，学习是怎么发生的，应该如何学习。它提醒教师要时刻关注学生，要基于学生的学习情况设计帮助学生获得知识的活动，调动学生的学习积极性与热情，唯此，我们的课堂才会有生命在场！

专家点评

本设计对语文课程标准的要求分析具体，对学习内容的分析、对文本教

---

① 即本节课授课教师。——编者注

育价值的认知及对学情的把握准确,在此基础上确定的学习目标及学习的重难点也就有了明确具体、针对性强的特点。本设计运用了 SCL 工具,在学习过程中设计了抢答竞赛、小组讨论、交流分享等活动,既保证了学生的全程参与及参与的积极性,将学生的自主、协同学习落到了实处,也为学习重难点的有效突破,特别是学习目标的达成提供了保证。

第三章
"以学生为本"的
教学设计：高中数学

案例 3

高一数学新授课"等比数列"

● 专家箴言

要让我们的学生有机会在课堂上经历"再创造"数学的过程。

● 教学设计

一、课标要求分析

《普通高中数学课程标准（2017年版）》（简称《数学课标》）指出，学生要"通过生活中的实例，理解等比数列的概念和通项公式的意义"。等比数列是学生在学习了等差数列的基础上进一步学习的一类新的数列。尽管是两类不同的数列，但等比数列和等差数列在内容结构上的安排是一致的，包括它们的定义、性质、通项公式等。按照《数学课标》要求，学生需要达到理解等比数列通项公式的意义的认知水平。学生需要在充分理解与掌握等差数列的探究方法的基础上，类比探究出等比数列的有关内容。

二、学习内容分析

本节课是"等比数列"的新授课。从整个中学数学教材体系分析，学生在前面已经学习了等差数列的有关知识，但是对于具有等比特点的新的数列问题还不能解决。本节课正是由此入手来引发学生的认知冲突，让学生产生求知的欲望。

首先，本节课注重前后知识的区别与联系，加强了对比和类比方法的运用，通过回顾等差数列的特点，进而对比探索出等比数列的相关知识。

其次，本节课通过教学让学生体会研究等比数列通项公式的方法——累乘法和归纳法，重温发现数学公式的思维活动过程，体现数学的逻辑性与严谨性。

三、学生情况分析

本节课授课对象为高一学生。从学生的认知发展分析，高一学生正处于从初中到高中的过渡阶段，对数学思想和方法的认识还不够，思维能力比较欠缺，重视对具体问题的运算而轻视对问题的抽象分析。因此，本节课教学设计一方面要遵循从特殊到一般的认知规律，另一方面也要加强对学生观察、分析、归纳、概括能力的培养。

从实际情况来看，班内大多数学生愿意积极参与学习过程，积极思考，表现自我。所以教学中应把尽可能多的时间、空间留给学生，让学生在参与的过程中体现主体作用。

四、学习目标

1. 能从几个具有等比关系的具体数列中发现它们的特点，进而归纳出等比数列的定义。

2. 能类比等差数列通项公式的推导过程，探索发现等比数列的通项公式。

3. 通过对等比数列概念的归纳、通项公式的推导，进一步体会类比、归纳的思想，形成严密的思维习惯和严谨的科学态度。

五、学习重点

等比数列和等差数列在内容结构的安排上是一致的。本节课是学生在学习了等差数列后进一步学习的内容，是"等比数列"的新授课，结合《数学课标》要求，确定本节课的学习重点为等比数列的定义和通项公式。

六、学习难点

本节课的学习难点是等比数列通项公式的推导过程。基于学生对等差数列的通项公式的推导方法——累加法和归纳法的原有认知，类比研究推导等比数列通项公式的方法——累乘法和归纳法，引导学生重温发现数学公式的思维活动过程。

七、学习流程

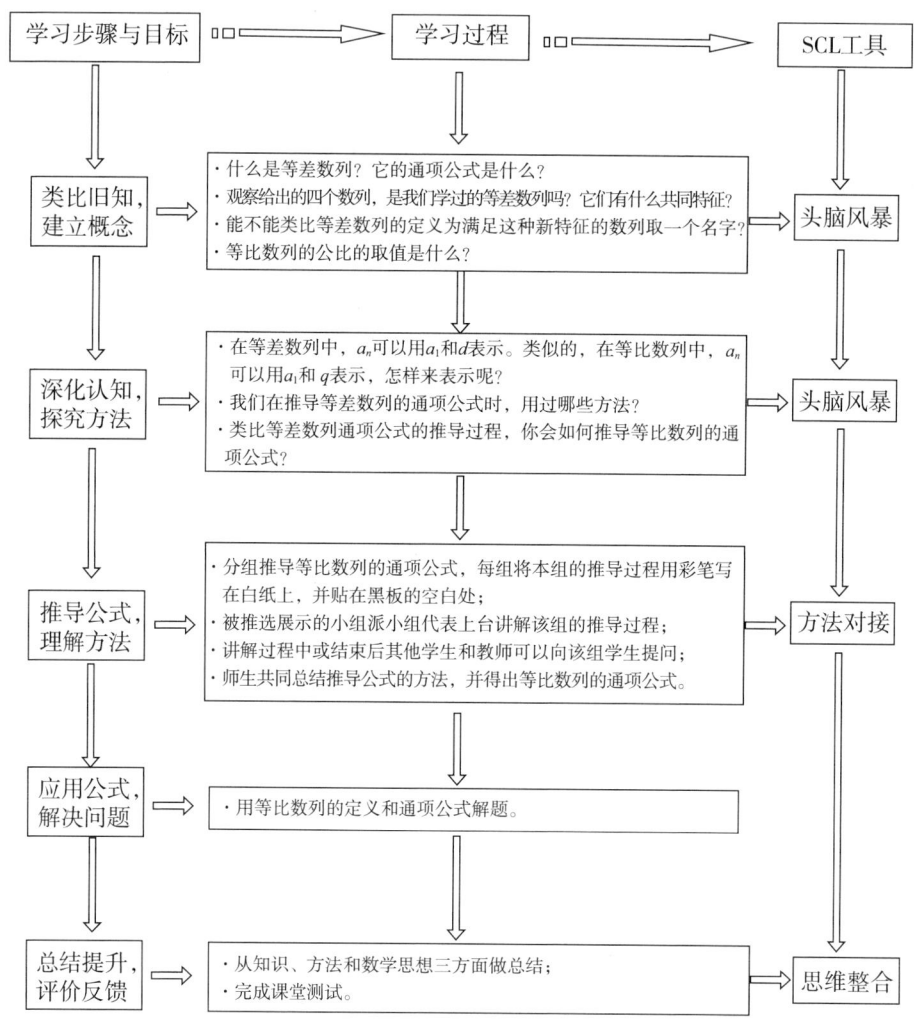

图 3-1-1　学习流程图

八、教学过程

表 3-1-1　教学过程表

教学步骤	SCL工具	教学过程	活动目标	时间安排（分钟）
类比旧知，建立概念	头脑风暴	1. 回顾：什么是等差数列？它的通项公式是什么？ 2. 观察下面的四个数列，它们是等差数列吗？为什么？它们有什么共同特点？ ① $1, 2, 4, 8, 16, \cdots$ ② $1, \dfrac{1}{2}, \dfrac{1}{4}, \dfrac{1}{8}, \dfrac{1}{16}, \cdots$ ③ $1, 20, 20^2, 20^3, 20^4, \cdots$ ④ $10000 \times 1.0198, 10000 \times 1.0198^2, 10000 \times 1.0198^3, 10000 \times 1.0198^4, 10000 \times 1.0198^5, \cdots$ 3. 能不能类比等差数列的定义，为满足这种新特点的数列取一个名字？ 4. 师生共同得出等比数列的概念。 5. 上面的四个数列公比分别是多少？ 6. 等比数列的公比取值是什么？	回顾分析，导出新知。	11
深化认知，探究方法	头脑风暴	1. 在等差数列中，a_n 可以用 a_1 和 d 表示。类似的，在等比数列中，a_n 可以用 a_1 和 q 表示，怎样来表示呢？ 2. 我们在学习等差数列的通项公式时，用过哪些方法？ 3. 类比等差数列通项公式的推导过程，你会如何推导等比数列的通项公式？ 方法一： |　等差数列的通项公式推导过程　| |　累加法　| |　由等差数列的定义可得：$(n-1)$ 个等式　|	类比方法，构建模型。	2

续表

教学步骤	SCL工具	教学过程	活动目标	时间安排（分钟）
深化认知，探究方法	头脑风暴	$a_2-a_1=d$ $a_3-a_2=d$ … $a_n-a_{n-1}=d$ 将上述式子累加得 $a_n=a_1+(n-1)d$ 等比数列的通项公式推导过程 方法：_____ 由等比数列的定义可得：$(n-1)$ 个等式 _____$=q$ _____$=q$ … _____$=q$ 将上述式子_____得 $a_n=$_____ 方法二： 等差数列的通项公式推导过程 归纳法 由等差数列的定义可得： $a_2=a_1+d$ $a_3=a_2+d=(a_1+d)+d=a_1+2d$ $a_4=a_3+d=(a_1+2d)+d=a_1+3d$ … $a_n=a_1+(n-1)d$ 等比数列的通项公式推导过程 方法：_____ 由等比数列的定义可得：	类比方法，构建模型。	2

续表

教学步骤	SCL 工具	教学过程	活动目标	时间安排（分钟）
深化认知，探究方法	头脑风暴	$a_2 = \underline{\qquad}$ $a_3 = \underline{\qquad}$ $a_4 = \underline{\qquad}$ … $a_n = \underline{\qquad}$	类比方法，构建模型。	2
推导公式，理解方法	方法对接	1. 分组推导等比数列的通项公式：各小组将本组的推导过程用彩笔写在白纸上（见图 3-1-2），并贴在黑板的空白处。  图 3-1-2 2. 被推选展示的小组派代表上台讲解小组的推导过程（见图 3-1-3、图 3-1-4）。  图 3-1-3	自主发现，合作建模。	20

教学步骤	SCL工具	教学过程	活动目标	时间安排（分钟）
推导公式，理解方法	方法对接	 图 3-1-4 3. 讲解过程中或结束后其他学生和教师可以向该组学生提问（见图 3-1-5）。  图 3-1-5 4. 师生共同总结推导公式的方法，并得出等比数列的通项公式（见图 3-1-6）。  图 3-1-6	自主发现，合作建模。	20

续表

教学步骤	SCL 工具	教学过程	活动目标	时间安排（分钟）
应用公式，解决问题		教师讲解例题。 例1：一个等比数列的第3项与第4项分别是12与18，求它的第1项与第2项。 例2：求下列各等比数列的通项公式。 （1）$a_1=-2$，$a_3=-8$； （2）$a_1=5$，$2a_{n+1}=-3a_n$。	深化理解。	7
总结提升，评价反馈	思维整合	1. 从知识、方法和数学思想三方面进行总结（学生总结，教师补充）。 2. 完成课堂测试。 已知等比数列$\{a_n\}$，计算： （1）$a_2=18$，$a_4=8$，求a_1与q； （2）$a_5-a_1=15$，$a_4-a_2=6$，求a_3。	巩固加深。	5

九、板书设计

板书设计见图3-1-7。

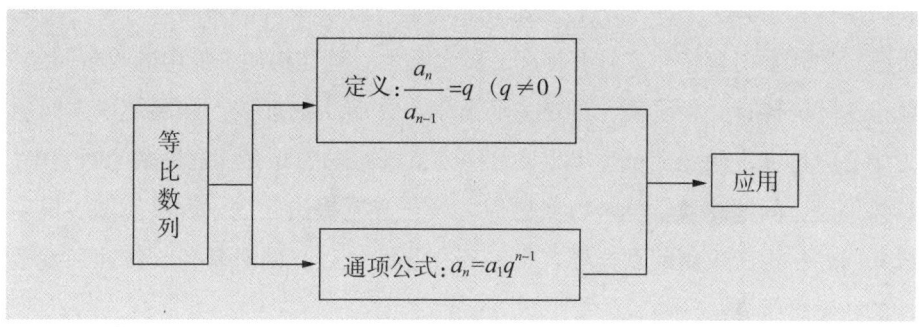

图3-1-7 等比数列板书设计图

教学反思

"问题链"为何点燃了学生在数学课上的热情？

一、案例背景

在传统的"等比数列"教学课中，教师为了完成教学任务，占用了大量的课堂时间，以知识讲授为主，常常是"满堂灌"。殊不知教与学是师生的双边活动，信息的传输与接收是双向性的。"一言堂"的行为尽管在规定的时间内完成了既定的教学任务，但恰恰没有给学生留出时间进行充分的学习。因为在这样的课堂里，教师常常忽略学生的情感，给学生主动学习的机会少，影响了学生学习的积极性和热情，使学生越来越约束自己的思维。

这节"等比数列"新授课采用"问题链"式教学法，使学生通过自主探究主动获取知识。在课堂中学生表现积极，学习热情高涨，知识的掌握情况也较好。那么，究竟"问题链"是如何点燃学生在数学课上的热情的呢？

二、概念界定

问题链是指教师为了实现一定的教学目标或教学任务，在了解学生已有知识结构和经验水平的基础上，就学生在学习过程中可能遇到或将要产生的疑惑，把教学内容转化成具有梯度、契合学生心理建构的一连串的教学问题，就像树叶一样有一根主筋，再在主筋上生出许多小的筋须。问题链以主问题为中心，再在主问题上衍生出很多有序列且既相对独立又相互关联的问题串。具体来说，问题链教学就是以问题为主线，遵循提出问题—解决问题—再生成新问题—再解决新问题这样一个循环往复的过程，同时具备收敛性和发散性的数学思维方法。

换句话说，问题链包括主问题链和子问题链：主问题链是指教师以学生的先验知识和心理特征、教学目标为依据和出发点，将教材知识设计为具有系统性的、层层递进的、螺旋上升的、能有效驱动和引发学生进行高水平思考的一连串问题；而子问题链是在教学的互动过程中学生由教师的主问题驱动生成的新的问题，子问题链是对主问题链的丰富和具体化。

三、情境再现

以下是本节课节选的一个教学片段——探索等比数列的定义。

首先引导学生复习等差数列的定义及通项公式，从熟悉的旧知识引导学生进入课堂，然后给出四个数列并提出问题，学生积极举手回答问题。在师生的互动中学生很顺利就得到了等比数列的定义。

问题链的设置如下。

问题1：什么是等差数列？它的通项公式是什么？

生：从第二项起，每一项与前一项的差都等于同一个常数的数列叫作等差数列。等差数列的通项公式为 $a_n = a_1 + (n-1)d$。

问题2：观察下面四个数列，它们是等差数列吗？为什么？

① $1, 2, 4, 8, 16, \cdots$

② $1, \dfrac{1}{2}, \dfrac{1}{4}, \dfrac{1}{8}, \dfrac{1}{16}, \cdots$

③ $1, 20, 20^2, 20^3, 20^4, \cdots$

④ $10000 \times 1.0198, 10000 \times 1.0198^2, 10000 \times 1.0198^3, 10000 \times 1.0198^4, 10000 \times 1.0198^5, \cdots$

生：不是等差数列。因为这几个数列从第二项起，每一项与前一项的差都不相等。

问题3：它们有什么共同特点？

生：它们的共同特点是从第二项起，每一项与前一项的比都等于同一个常数。

师：表述非常到位。你能不能类比等差数列的定义为满足这种新特点的数列取一个名字？

生：等比数列。

师：非常好。这样我们就得到一个新的数列——等比数列。它的定义正如大家所概括的：一般的，如果一个数列从第二项起，每一项与它的前一项的比等于同一个常数，那么这个数列就叫作等比数列。这个常数叫作等比数列的公比，公比通常用字母 q 表示。

问题4：上面的四个数列都是等比数列，那么它们的公比分别是多少呢？

生：（举手回答）从第一个数列到第四个数列，公比分别为 1，$\frac{1}{2}$，20，1.0198。

问题5：等比数列的公比 q 的取值是什么？为什么？

生：（有些迟疑）思考。

师：公比 q 可以取任何实数吗？

生：（迟疑）思考。

问题6：公比 q 可以取 0 吗？

生：不能。

师：为什么？

生：若公比为 0，则数列中的项为 0，当后项比前项时分母出现 0，无意义。

师：除了 0 之外，别的实数都能取到吗？

生：思考。

问题7：公比 q 取正数可以吗？

生：可以（并举了具体的例子说明）。

问题8：那负数呢？

生：也可以（也举了具体的实例说明合理性）。

师：通过刚才的分析，公比 q 的取值是什么呢？

生：公比 q 可以取除了 0 之外的任何实数。

师：看来等比数列的公比 $q \neq 0$，因此等比数列的定义用符号表示为 $\dfrac{a_n}{a_{n-1}} = q\,(q \neq 0)$。

四、聚焦分析

通过学生在课堂中的反馈，不难感受到在问题链的引导下学生能够不断形成解决问题的思路。通过课后的反馈也发现，学生对这节课的内容尤其是这节课知识形成的过程性方法印象极其深刻。在问题的牵引下学生一步步深入课堂学习，学生在攻克难点的同时，学习数学的热情也被一步步点燃。那么为何问题链能发挥如此大的作用呢？

（一）基于已有知识经验，符合最近发展区

问题链式教学充分考虑了学生已有的知识和经验，问题链中的问题适度。适度是指在设计问题链时要基于学生的最近发展区，设计适合学生发展的问题，保证所提出的问题能够帮助学生顺利地掌握相应区域的知识和概念。本案例中的问题充分考虑了学生的最近发展区，都是基于学生已掌握的等差数列设置的，学生可通过类比等差数列的知识来探究等比数列的相关知识。

（二）逐步靠近学习结果，提升学习获得感

问题链式教学中适度的问题能够为学生的思考铺设台阶，使学生在学习新知识时由浅入深，由易到难，循序渐进。整节课中学生能够积极参与学习过程，学生的思维随着问题逐步深入，始终处于活跃状态。学生在解决问题的过程中一步步靠近最终的结果，这种参与感极大地点燃了学生的学习兴趣。在后续的观察中，也发现学生对数列的其他知识充满了兴趣，有很强的探索欲望，想继续挖掘其他的"宝藏"，学习热情逐步被打开。

（三）满足不同水平学生需求，发展高阶思维

问题链中的问题在设置时考虑到了学生的不同需求和学习爱好，避免了"是不是""对不对""能不能""行不行""好不好"这种低级封闭性问题。这样一方面可以帮助学生养成多角度、多层面思考的良好习惯，另一方面可以满足不同学习水平学生的学习需求，照顾到绝大多数学生的参与度，使不同程度的学生都能参与到课堂学习中。

（四）鼓励学生独立学习，教师成为促进者

《学记》提出"道而弗牵，强而弗抑，开而弗达"的教学原则，旨在强调教师应引导而不是牵着学生的鼻子走，鼓励而不是压抑学生，点拨而不是

把答案端给学生。问题链式教学能够达到鼓励学生独立学习的目的，因为问题链在设置时都是以建构主义学习理论和最近发展区理论为指导，通过提问启发学生去思考。如果主问题链无法使学生直接得到新知，在主问题链下还会有子问题链进一步启发学生的思考。因此，课堂中学生是主体，教师在其中充当了学习的促进者，而不是知识的呈现者。

在本课的教学过程中，不管是新的教学内容还是旧的知识点，教师都没有直接呈现给学生，而是通过一个个问题引导学生自主突破难点，问题链在其中起到了很好的桥梁作用，促进学生独立学习。

五、结语

事实上，上面提到的几点正是"以学生为本"教学法的几大基本原则。学生是课堂的主人，学生的需求是课堂的焦点，学生的学习热情是课堂有效延续的动力。我们必须改变传统教学中的一些不利做法，寻找使学生乐学、会学、学活、学好的新的教学方法，在课堂上营造一种师生互动、生生互动的和谐、民主、平等的气氛。让单纯注重知识的课堂退位，让积极的学习情感回归主流，使课堂从强调苦学变为营造愉悦，从单向知识传授变为双向情感交流，从一味指责失误变为千方百计让学生体验成功。当学生真正变成课堂的主人时，学生的学习就会变得轻松，自然学习的热情和积极性也就增加了。

专家点评

这节课后，学生如是说："……那一刻就仿佛是自己亲手打下了'江山'……"之所以学生能获得这种"再创造数学"的美妙体验，是因为执教者根据"以学生为本"的教学原则，采用问题链式教学：(1) 把等差数列作为探究的起点，温故知新，学生自然提出对等比数列的探究；(2) 通过设置适合学生最近发展区的问题链，特别是具有高阶认知水平的问题，激活学生的自主探究；(3) 给学生提供"讲解—质疑—论证"的交流机会；(4) 把尽可能多的时间留给学生，包括让学生上讲台。欣赏执教者关于点燃学生学习热情的追求。

案例 4

高一数学新授课"几何概型"

● 专家箴言

数学是人类的一种活动。数学是可错的，数学是在不断地否定与修正中发展起来的。

● 教学设计

一、课标要求分析

本节课着重落实《普通高中数学课程标准（2017年版）》（简称《数学课标》）中的"初步体会几何概型的意义"的要求。几何概型是继古典概型之后的第二类等可能概率模型，在概率论中占有相当重要的地位，是等可能事件的概念从有限向无限的延伸，是高中数学课程为更广泛地满足随机模拟的需要而新增加的内容，充分体现了数学与实际生活的紧密关系。按照《数学课标》要求，学生需要达到"初步体会把一些实际问题转化为几何概型"的能力，需要在掌握了古典概型的基础上归纳、概括出几何概型的定义及特点，以及几何概型的概率公式。

二、学习内容分析

本节课从复习古典概型入手，学生分小组进行试验和讨论，以小组为单位发言。通过实例引入，动手实践，激发学生学习的兴趣和动力，使学生初步体会试验结果可能无限个，初步判定不是古典概型。三个情境设置让学生发现试验的结果有无限个，因此发现它们不是古典概型，无法用古典概型的方法求解。然后师生探索此问题怎样解决，教师引导学生找出基本事件，并体会无数种结果是否等可能，从而引出几何概型的概念、特点和计算公式。几何概型是古典概型的拓广，将古典概型试验结果的有限个拓广到无限个。教材介绍几何概型主要是为了更广泛地满足随机模拟的需要。概率教学的核心是让学生了解随机现象与概率的意义，运用数学方法研究不确定现象的规律，初步形成用随机的观念观察、分析、研究客观世界的态度，并获取认识世界的知识和科学方法。

三、学生情况分析

学生通过古典概型的学习初步形成了解决概率问题的思维模式，但还不是很成熟。学生在学习本节课时容易将几何概型和古典概型相混淆，究其原因是思维不严谨，对几何概型的概念理解不清。另外，在解决几何概型的问题时，也需要特别重视几何度量的选择。在实际授课时，应当引导学生发现规律，找出适当的方法解决问题，以学生为主体，强调学生对知识的主动探索、主动发现以及对所学知识意义的主动建构。

四、学习目标

1. 体会几何概型的意义。
2. 会用几何概型的概率计算公式，并解决简单的实际问题。

五、学习重点

本节课的学习重点是几何概型的基本特征及如何求几何概型的概率。几何概型的学习建立在古典概型的学习基础之上，少数学生受古典概型学习的影响，容易忽视对几何概型的判断，不善于把求未知量的问题转化成几何概型求概率的问题，而常常转化成古典概型进行分析。因此在教学中，让学生结合任务卡上的问题进行深入讨论，真正体会几何概型的特点以及重要性，利用讨论、猜想、试验、对比等手段来解决问题。

六、学习难点

本节课的学习难点是如何判断一个试验是否是几何概型，如何将实际背景转化为几何度量。几何概型的概念较为抽象，学生理解起来比较困难，在高中教学中是个难点。因此在教学过程中采用"问题接力""大使出游"等"以学生为本"的教学工具，促使学生理解几何概型的实质，突破几何概型的学习难点。

七、学习流程

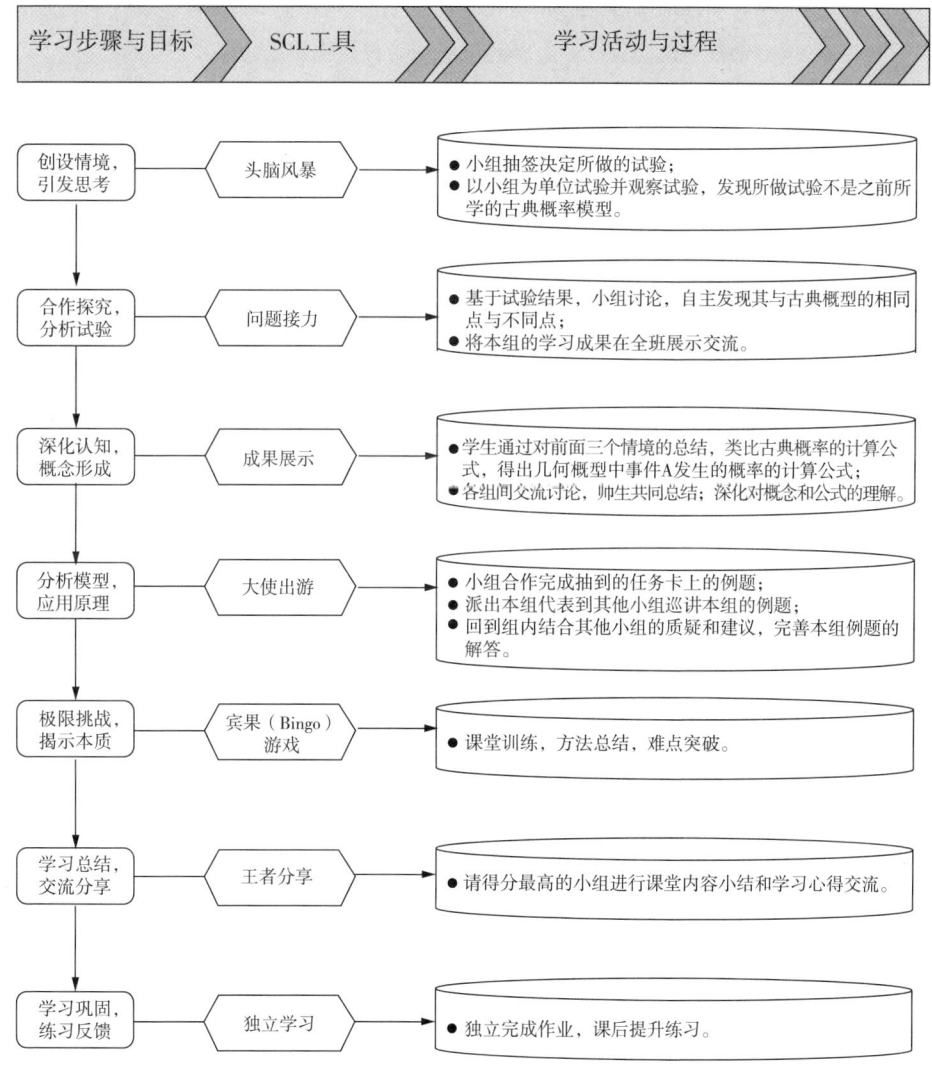

图 3-2-1 学习流程图

八、教学过程

表 3-2-1 教学过程表

教学步骤	学习工具	教学过程	活动目标	时间安排（分钟）
创设情境，引发思考	头脑风暴	游戏一：抢答 活动规则说明：抢答正确的小组加 1 分，错误的扣 1 分。 抢答题目：1. 古典概型的定义及特点是什么？ 　　　　　2. 古典概型概率计算公式是什么？ 游戏二：应用古典概率模型抽签决定小组所做试验 游戏规则：现在有编号分别为 1、2、3 的三张任务卡，每张任务卡上有一个试验，请各小组长到讲台抽取本组的任务卡，带回去和全组成员一块完成试验。 问题 1：（飞镖游戏）一个靶子如图 3-2-2 所示，随机地掷一个飞镖扎在靶子上，假设飞镖都能射中圆盘，且既不会落在靶心，也不会落在红色或者绿色的位置，同时射中靶面上每个点都是等可能的。求飞镖落在黑色区域的概率。  图 3-2-2	游戏导入，激发兴趣。	5

教学步骤	学习工具	教学过程	活动目标	时间安排（分钟）
创设情境，引发思考	头脑风暴	问题2：(转盘游戏) 如图3-2-3所示，假设指针指到圆盘上的任何位置均为等可能的，求指针指到主食类的概率是多少。 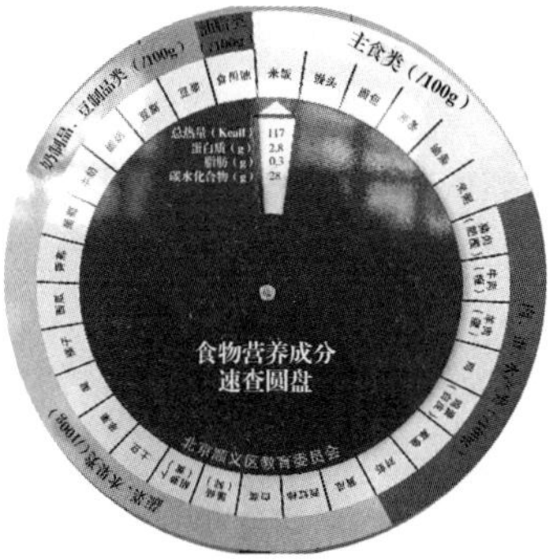 图3-2-3 问题3：一只小鸟飞进了体育馆，假设小鸟飞到体育馆的任何位置均为等可能的。体育馆长20m，宽12m，高8m。求鸟距墙边（包含天花板，不含地面）大于2m的概率是多少。 思考：能用古典概型描述这些事件的概率吗？为什么？	游戏导入，激发兴趣。	5
合作探究，分析试验	问题接力	1. 活动规则说明：每组同学一起做试验，然后根据下面的问题讨论。每组找一名组员和大家分享得出的结论。小组其他成员可以补充，其他小组成员也可补充，回答精彩的小组加1分。 2. 问题接力任务： (1) 飞镖落的位置（转盘中指针指的位置/小鸟落在体育馆中的位置）是有限的还是无限的？ (2) 每个基本事件的发生是等可能的吗？ (3) 这些事件符合古典概型的特点吗？	自主发现，合作建模。	6

续表

教学步骤	学习工具	教学过程	活动目标	时间安排（分钟）
深化认知，概念形成	成果展示	小组展示：类比古典概型给出几何概型的定义、特点以及计算公式。 活动规则：以上问题小组每回答对一个加1分，错误扣1分。 1. 几何概型的定义 如果每个事件发生的概率只与构成该事件区域的长度（面积或体积）成比例，则称这样的概率模型为几何概率模型，简称几何概型。 2. 几何概型的特点 （1）试验中所有可能出现的结果（基本事件）有无限个。 （2）每个基本事件出现的可能性相等。 3. 几何概型中事件A的概率计算公式 $P(A) = \dfrac{构成事件A的区域长度（面积或体积）}{试验的全部结果所构成的区域长度（面积或体积）}$	总结提升，深化理解。	6
分析模型，应用原理	大使出游	游戏规则：现在有编号分别为1、2、3的三项任务卡，每张任务卡上有一个例题（各任务卡上的例题不同），请各小组长到讲台抽取本组的任务卡，带回去和全组成员一块讨论并完成相应的问题。完成本组的所有问题的小组，上交任务卡，待教师验收通过后，组长即可到其他小组去讲解自己小组的研究成果。最快完成任务的学习小组，获得一次加分。各小组获得有效信息后回来继续完善本组的结果，能为其他小组提供有效信息的小组加1分。 例题讲解： 例1：某人午觉醒来，发现手表停了，他打开收音机，想听电台整点报时，求他等待的时间不多于10分钟的概率。	运用原理，解决问题。	16

续表

教学步骤	学习工具	教学过程	活动目标	时间安排（分钟）
分析模型，应用原理	大使出游	解完此例题后归纳求解几何概型问题的步骤。 （1）判断该概率模型是不是几何概型。 （2）如果是，把实际问题中的度量关系转化成长度、面积、体积等形式。 （3）根据几何概型计算公式求出概率。 例2：一个靶子如图所示（此处图略），随机地掷一个飞镖扎在靶子上，假设飞镖既不会落在黑色靶心，也不会落在两种颜色之间，求飞镖落在下列区域的概率： （1）编号为20的区域。 （2）白色的编号为奇数的区域。 变式：你能根据生活中的问题，编一个几何概型的题目吗？ 拓展探究：假设你家订了一份报纸，送报人可能在早上6:30—7:30把报纸送到你家，你父亲离开家去工作的时间在早上7:00—8:00，你父亲在离开家前能看到报纸（称为事件A）的概率是多少？	运用原理，解决问题。	16
极限挑战，揭示本质	宾果（Bingo）游戏	游戏规则：各小组每名组员都有一张相同内容的学习卡（不同小组的学习卡不一样），最先完成所有题目的小组，成员可以齐喊"Bingo！"，然后提交本组学习卡，由教师检验所有答案是否完全正确，正确的题目加1分，错误的扣1分。 课堂训练： 1. 某公共汽车站每隔5分钟有一辆公共汽车通过，乘客到达汽车站的任一时刻都是等可能的，求乘客	方法总结，突破难点。	5

续表

教学步骤	学习工具	教学过程	活动目标	时间安排（分钟）
极限挑战，揭示本质	宾果（Bingo）游戏	等车不超过 3 分钟的概率。 2. 如图 3-2-4 所示，假设你在每个图形上随机撒一粒黄豆，分别计算它落到阴影部分的概率。 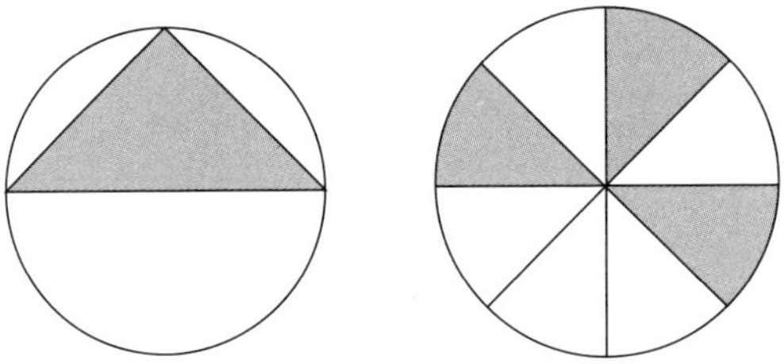 图 3-2-4 3. 1kg 高产小麦种子中混入了一粒带麦锈病的种子，从中随机取出 10g，含有麦锈病种子的概率是多少？ 4. 在半径为 1 的圆上随机地取两点，连成一条线，则其长超过圆内接等边三角形的边长的概率是多少？	方法总结，突破难点。	5
学习总结，交流分享	王者分享	请得分最高的小组进行课堂内容小结和学习心得交流。	整合认知，总结评价。	2
学习巩固，练习反馈	独立学习	必做题：教科书 142 页 A 组 1，2。 选做题：教科书 142 页 B 组 1，2。 探究题： 1. 平面上画了相距为 $2a$ 的两条平行线，把一枚半径为 r（$0<r<a$）的硬币任意掷在平面上，求硬币不与任意一条平行线相碰的概率。 2. 上网搜索阅读"贝特朗（Bertrand）问题"，谈谈阅读后的感想。	强化认识，巩固练习。	30

续表

教学步骤	学习工具	教学过程	活动目标	时间安排（分钟）
学习巩固，练习反馈	独立学习	注：几何概型在概率问题的发展中起到了非常大的作用，在19世纪，人们一度认为任何概率问题都有唯一的解答，然而贝特朗（Bertrand）在1888年提出的一个问题改变了人们的想法。 贝特朗问题：在半径为1的圆内随机取一条弦，问其长度超过该圆内接等边三角形边长（$\sqrt{3}$）的概率是多少。	强化认识，巩固练习。	30

九、板书设计

板书设计见图3-2-5。

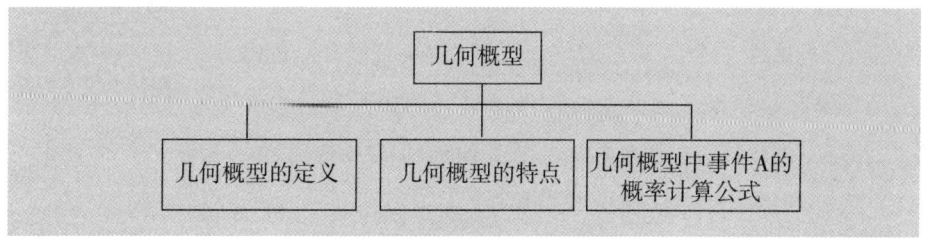

图3-2-5 几何概型板书设计图

● 教学反思

用小组合作创设数学课堂的新生态

一、案例背景

教学中如果教师的"戏份"过重，将导致课堂结构的失衡，使学生对数学的学习失去兴趣。高压力的课堂在一定程度上诱导教师避难就易、学生避重就轻。课堂授课进度若迁就较低水平的学生,则会让学习优异生不得不停顿、等待,得不到提升;若只考虑较高水平的学生,则课堂逐渐变为教师与"学霸"之间的"对唱",其余的师生关系变得疏离,使营养接受少、吸收差的学生产生失落感,两极分化日益明显。所以我们需要尝试新的教学方法来改变这个现状。而"以学生为本"教学法正是基于改变传统教学法中存在的这些问题,以学生为中心开展的教学尝试。

二、情境再现

片段1:在课堂开始的"创设情境,引发思考"环节,设置了这样一个游戏,应用古典概率模型抽签决定每个小组所做的试验。游戏的规则是:教师手中有编号分别为1、2、3的三张任务卡,每张任务卡上有一个试验,请各个小组长到讲台抽取本组的任务卡,带回去和全组成员一块完成试验。在这个游戏中,应用了"以学生为本"九大原则中的"充分利用学生已有的知识和经验""考虑到学生的需求和学习爱好"。应用这两个原则充分激发了学生的学习兴趣,当他们发现用现有的知识无法解决新的问题时,他们开始对比任务卡上的试验与之前所学古典概率模型的相同点与不同点。很快学生就会发现这个试验不符合古典概率模型,所以他们有了对学习新知识的渴求。

片段2:在"合作探究,分析试验"的环节,教师设置了一系列的问题,每组学生基于试验结果以及前面的知识积累进行讨论。一名组员和大家分享得出的结论,小组其他成员可以补充,采取小组加分奖励措施。此处应用了"以学生为本"中的"鼓励学生独立学习""鼓励每一位学生积极参与学习过程""培养学生的核心学习技能"原则,让每一位学生都积极思考,都能够参与到学习活动中来。

片段3:在"分析模型,应用原理"这一环节,采用"大使出游"这一工具。在这一环节,各个小组长到讲台抽取本组的任务卡,带回去和全组成员一块讨论并完成系列问题。完成本组所有问题的小组,上交任务卡,待教师验收通过后,组长即可到其他小组讲解自己小组的研究成果。最快完成任务的学习小组,获得一次加分。各小组组长获得有效信息后回来继续完善本组的结果，能为其他小组提供有效信息的小组加 1 分。在这一环节，鼓励学生提出自己的想法，培养解决问题的能力。应用形成性评价、同学评价和自我评价帮助学生学习。在这个过程中教师充当学习的促进者而不是知识的呈现者。

三、聚焦分析

（一）循序渐进建构概念

建构主义学习理论认为，建构就是认知结构的组建，其过程一般是引导学生从身边的、生活中的实际问题出发，发现问题，思考如何解决问题，进而联系所学的旧知识，明确问题的实质，总结出新知识的有关概念和规律，形成知识点，把知识点按照逻辑线索和内在联系串成知识线，再由若干条知识线形成知识面，最后由知识面按照其内容、性质、作用、因果等关系组成综合的知识体。也就是以学生为主体，强调学生对知识的主动探索、主动发现以及学生对所学知识意义的主动建构。基于以上理论，本节课采用引导发现、循序渐进的思路，采用问题探究式教学，让学生在观察分析、自主探索、合作交流的过程中建构概念，获得知识。本节课在教学过程中采用了"头脑风暴""问题接力""大使出游"等"以学生为本"的教学工具，帮助学生自主探究、建构概念，最终取得了良好的教学效果。

（二）基于学情高效学习

学生在此之前通过古典概型的学习初步形成了解决概率问题的思维模式，但还不是很成熟，容易将几何概型和古典概型相混淆，究其原因主要是思维不严谨，对几何概型的概念理解不清。另外，在解决几何概型的问题时，几何度量的选择也需要特别重视。本节课实际授课时，引导学生发现规律，对几何概型的概念和特点形成清楚的认识，找到合适的几何度量来解决问题。

课堂教学过程中最重要的还是课堂的实效性，而提高实效性的前提是必须做到以学生为本，真正符合学生的学情，这样的教学才会更为真实有效。

（三）小组合作主动建构

利用"小组合作"这种教学模式无疑提高了课堂的实效性，使课堂呈现出新生态。在课堂开始的"创设情境，引发思考"环节，学生通过小组合作完成任务卡上的试验。在这个过程中我们发现：当学生的现有认知无法解决新的问题时，容易激发学生的学习兴趣和求知欲。"小组合作"这种教学模式唤醒了学生的参与愿望；通过两次"小组合作"讨论学习，学生培养了合作意识和团队精神，感受到了合作的乐趣，提高了学习的主动性，思维逐步走向深入，使得课堂由传统的教师讲、学生听，学生被迫接受新的知识，转化为学生自主探究、主动发现，以及学生对所学知识的主动建构。"小组合作"的教学模式提高了学生的参与度，鼓励学生独立学习，合作交流，培养了学生的核心学习技能，兼顾到了不同学习层次的学生。

（四）激发矛盾打开思维

本节课通过将几何概型与古典概型对比，产生矛盾，促使学生迫切想去探求解决问题的方法；例题的设置从长度、面积、体积三种几何度量进行考虑，由浅入深，覆盖面广，符合学生的认知规律。本节课中学生从主观意识上可以感知到任务卡上的题目是概率问题，于是他们尝试用已学过的古典概型解决任务卡上的题目，在此过程中他们发现任务卡上的问题模型并不符合"古典概型基本事件是有限个"这一特点，从而激发矛盾，促使他们用类比的思想方法构造一种新的概率模型，同时用转化思想得出新的概率模型的定义及特点，这对学生的思维发展很有帮助。教师在启发式教学方式的引领下，以问题串的形式开启学生的思维之门。通过采用这些活动形式，让学生体会与理解其中包含的知识，并形成数学思想。

学习来自学生的所做所想，并且必须来自学生的所做所想。教师只有通过影响学生对学习所做的事情，才能促进学生的学习。任何关于有效教学的对话，都必须以学生如何学习这一问题为开端。

四、结语

通过课后检测发现，本节课学生的学习效果不错，但仍然有个别学生在小组讨论的过程中走神，不能参与其中。课堂上该如何解决好学生吃不饱、差学生跟不上的问题，我们认为，小组合作能在一定程度上改变这种现状，但是还没有彻底解决其中的问题。因此，优化小组合作的方式方法就显得尤为重要。在以后的课堂中，首先要在每个小组中形成一种互帮互助的学习氛围，小组成员要明确"不能让任何一个人掉队"，教师要努力关注每一个人的状态。其次，在问题的设置上，还要尽量阶梯化，让问题的呈现由易到难、循序渐进。本节课也有一些不足之处，教师做的准备工作太多，问题设置得过于紧密，使得学生发挥的空间不够。如何设计问题才能使学生的思维更活跃，不仅能认识问题、解决问题，还能创设问题？这也是今后需要认真思考的。

■ 专家点评

为改变学生被动学习的状态，本节课应用"以学生为本"的教学原则和SCL工具，把小组合作学习作为切入点，创设课堂的"新生态"。借助"投镖"问题情境，引起认知冲突，组内学生都能参与思考与交流，得出古典概型具有局限性的判断，非常有价值。自主"创造"几何概型的定义和计算公式，经历"尝试—否定—检验……"的曲折过程，让学生都各有机会围绕核心概念进行尝试。而教师讲授和课堂练习等活动，特别是"大使出游"，使学生有机会更深入地讨论、质疑和互相帮助。对执教者的"绿色教育观"及所做的尝试十分欣赏并希望坚持下去。

第四章
"以学生为本"的
教学设计：高中英语

案例 5

高一英语新授课"The Empty Seat"

◉ 专家箴言

研究学情,是做好"以学生为本"的教学设计与教学实施的关键。

◉ 教学设计

一、课标要求分析

本节课重点落实《普通高中英语课程标准(2017年版)》(简称《英语课标》)在必修课程阶段提出的如下语言技能:(1)从语篇中提取主要信息和观点,理解语篇要义;(2)把握语篇中主要事件的来龙去脉;(3)根据上下文线索推断词语的意义和语篇的隐藏含义;(4)能清楚地描述事件的过程。其中,前三条为理解性技能要求,第四条为表达性技能要求。

此外,《英语课标》还指出,"发展自主学习和合作学习的能力;形成有效的英语学习策略"。因此,在课堂组织过程中,除自主阅读外,还可设计小组合作学习的活动,旨在培养学生的自主学习和合作学习能力。

二、学习内容分析

本节课阅读材料选自"典范英语"丛书中的《性格药水》(The Personality Potion)一书,讲述了 Danny 在校车上被高年级学生 Wicks 欺负并抢走奶糖,同时 Wicks 还要挟他第二天继续上交零食的故事。故事从中学生熟悉的社会交往问题入手,内容贴近学生生活,紧扣社会热点。作者希望通过这样一个关于校园欺凌的故事,引导学生关注并学会应对校园欺凌。故事情节发展环环相扣,作者的写作语言纯正地道,生动有趣,通过细腻的动作描写和人物对话描写，刻画出了两个不同的人物形象。

因此，作为一篇典型的记叙文，首先本文可以用于训练学生提取主要信息、理解语篇含义、把握主要事件的来龙去脉的能力。其次，文中出现的地道的英语表达，如 unzip（open），spot（find），drag away（take away），in the year above，give them a wrist burn 等，虽为新的表达方式，却可以通过联系上下文、思考构词法、分析逻辑关系等方式猜测词义，因此可用于训练学生猜测词义的能力，消除学生对陌生词汇的恐惧感。再次，文章对两个主要人物的语言和动作进行了形象生动的描写，如故事主要人物之一 Wicks 在拿到 Danny 的食物后，说到"Your mum must have forgot you have school meals."，他为什么要这么说？这句话对 Danny 又会产生怎样的影响呢？这些行为背后的深层含义是隐性的，可用于训练学生的推断能力。最后，由于作者在描写故事时对推动情节发展的几个关键节点的描写稍显隐晦，学生虽然可以基本理解具体的事实信息，但是在将所有信息整合建构成一个整体主题语境（校园欺凌）时存在困难，一节课内很难独立完成，所以采用小组合作的方式来化解这些难点。

三、学生情况分析

学生对校园欺凌这一话题内容有一定的知识基础和经验基础，了解校园欺凌的基本形式、影响和处理办法，因此大部分学生可以读懂本文中 Danny 的遭遇。但是学生语言鉴赏能力不足，具体表现在：一是克服生词理解文本的能力不足；二是在阅读故事性文本时，对事件的来龙去脉的理解不够透彻，不能充分读懂情节推进的内在逻辑和因果关系；三是根据所提取的线索信息分析背后原因的推断能力不足。

此外，学生针对特定话题的语言表达能力有限，即便完成了上述语言鉴赏和文本理解任务，学生也不善于结合新的语言知识就本节课所学内容进行语言表达。

同时，学生在之前的小组合作学习中常常出现分工不明确、活动参与效果参差不齐的现象，需要在教师的引导下学会在小组学习中实现优势互补，互帮互助。

四、学习目标

本节课结束时，学生将能够：

1. 猜测以下单词或词组的意义：spare，perch on the edge of the seat，make a grab，punch him on the arm，unzip the bag，sniff，wrapper，Specs，并归纳出猜词方法，如利用上下文、同义词和逻辑关系等进行猜词。

2. 梳理并概括故事的开端、发展、高潮和结局，提取并归纳人物的主要动作和语言，并推断上述行为背后的原因。

3. 大部分学生可以用口头语言描述 Danny 面对欺凌时的一系列行为表现；部分学生可以在描述的基础上对 Danny 的举措的有效性进行评价；少部分学生可以在描述和评价的基础上给出自己的建议，并对校园欺凌形成新的认识和理解。

五、学习重点

首先，对授课学生来说，词汇理解一直是他们英语阅读过程中的主要障碍之一。面对生词、难词时，学生不仅会产生畏难情绪，也缺乏一些处理词汇的基本方法，如联系上下文猜测词义，忽略部分不影响阅读理解的词汇，等等。因此，猜测词汇的意义并归纳猜词方法是本节课的学习重点之一。

其次，在学习本节课之前，学生几乎没有故事性英文原著阅读的相关经验。所以，他们在阅读过程中会遇到语言知识和文化理解的双重困难。因此，帮助学生掌握阅读该类文本的方法，如梳理故事的开端、发展、高潮和结局，读懂人物的主要动作和语言，并推断上述行为背后的原因等也成为本节课的另一个学习重点。

突破措施：首先，通过小组合作和教师示范，帮助学生找到猜词的基本思路和方法。其次，通过分解文本理解难点，让每一个小组集中梳理故事发展中某一环节的前因后果。

六、学习难点

学生经过本节课的学习，基本能理解文本意义。但是由于口语表达能力薄弱，大多数学生无法顺畅地表达自己的观点和想法。因此，口语表达任务成了本节课的主要学习难点。

突破措施：首先，在学生完成梳理概括故事发展的主要阶段的时候，通过追问，不断引导学生细致地理解和分析语言。其次，板书呈现关键词汇及其简单的逻辑关系，为学生的语言输出提供支持。最后，学生根据自己的实际水平，选择不同难度层次的表达任务，可以用口头语言简单描述 Danny 面对欺凌时的一系列行为表现，也可以在此基础上做出评价或给出建议。

七、学习流程

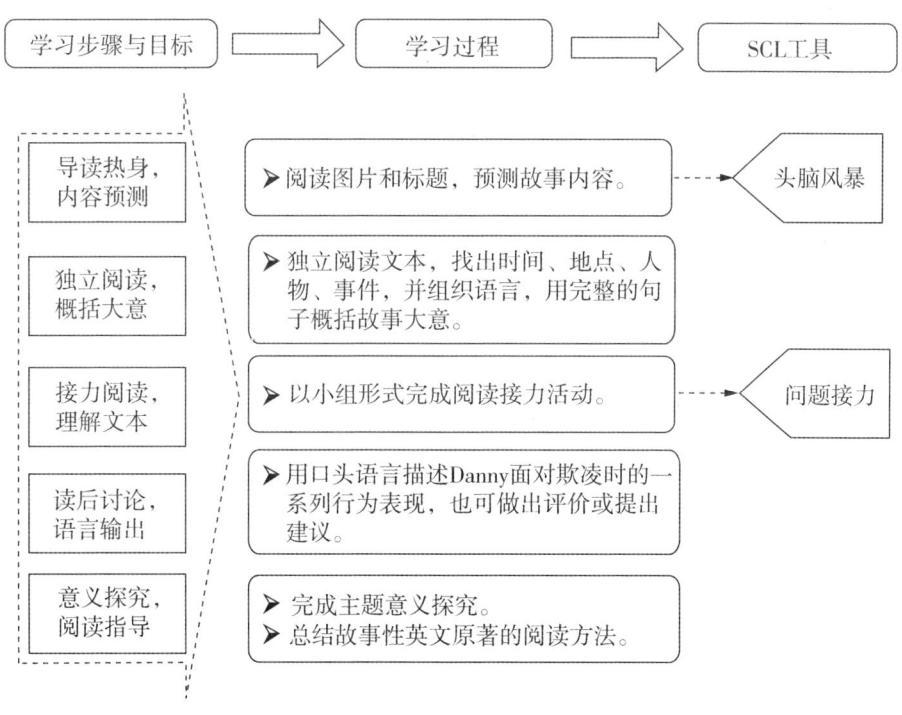

图 4-1-1　学习流程图

八、教学过程

表 4-1-1　教学过程表

教学步骤	SCL工具	教学过程	活动目标	时间(分钟)
导读热身，内容预测	头脑风暴	• 阅读图片（见图 4-1-2）和标题，预测故事内容。 图 4-1-2　小说原著中插图	激发兴趣，引起思考。	2
独立阅读，概括大意		• 独立阅读文本，找出时间、地点、人物、事件，并组织语言，用完整的句子概括故事大意。	概括大意，初步理解文本。	6
接力阅读，理解文本	问题接力	• 接力阅读游戏规则： 学生按照学习小组的形式进行活动； 各小组首先都会获得一个问题并开始讨论作答； 各小组在完成第一个问题后向教师示意，得到教师认可后从教师那里获得第二个问题； 以此类推，直到所有的问题全部完成。 • 以小组形式完成接力阅读活动。 Task 1：Compare your own summary with those of your partners and mark out the greatest difference among the group. Task 2：Guess the meanings of the following words or phrases：spare, perch on the edge of the seat, make a grab, punch him on the arm, unzip the bag, sniff, wrapper, Specs and conclude the methods you used.	小组合作，逐层深入，理解文本。	20

续表

教学步骤	SCL工具	教学过程	活动目标	时间（分钟）
接力阅读，理解文本	问题接力	Task 3：Divide the story into four parts, namely the beginning, development, climax, and the ending, and summarize the main idea of each part. Task 4：Read the passage again and find out what did Danny do, why did he do that and how did he feel at each stage.	小组合作，逐层深入，理解文本。	20
读后讨论，语言输出		● 用口头语言描述Danny面对欺凌时的一系列行为表现。 要求：尽可能用到所学内容，做到生动形象；可适当添加评价或建议等自己的观点和认识。	运用所学，描述评价。	15
意义探究，阅读指导		● 完成主题意义探究：How to deal with school bullying? ● 总结故事性英文原著阅读方法：How to deal with new words while reading? How to read a story?	概括总结，聚焦重点。	2

续表

教学步骤	SCL工具	教学过程	活动目标	时间(分钟)
意义探究，阅读指导		**Summary** ➢How to deal with school bullying? 　Face it **bravely** and **wisely** and **ask for help** if necessary. ➢How to deal with new words while reading? 　Do **not focus** on the new words, otherwise all you can see are difficulties. 　Try to **guess** the meaning by adopting different strategies. ➢How to read a story? 　Pay special attention to **the main plot**: beginning, development, climax and ending. 　Apart from noticing the facts, like when, where, who, what, keep asking yourself **"why"** and **"how"**. 图 4-1-3　课程总结	概括总结，聚焦重点。	2

九、板书设计

板书设计见图 4-1-4。

	What	Why	How
Beginning（1）	pretend not to see perch on the edge	no other seat to avoid contact	afraid
Development（2—6）	hold on bite his lip to stop himself from crying out	*lying to protect his food*	frustrated, sad
Climax（7—18）	beg/ask	to struggle or fight *make a grab* *punch* *unzip* *sniff* *take a big bite*	slightly hopeless, useless
Ending（19）	turn away stare out of the window	to cover his feelings	angry, stupid, embarrassed

图 4-1-4　板书设计图

板书设计思路：

板书的内容是故事发展每个阶段的核心动词，斜体的为 Wicks 的行为，其余的为 Danny 的行为。板书由师生共同完成，一部分是在接力阅读的过程中由最先完成的小组上台书写，另一部分是师生一起在分析、解读文本的过程中所做的补充和修改。板书的目的一是梳理细节和文本中的难点，二是为读后语言输出提供支持。

⦿ 教学反思

研究学情　精准教学

一、案例背景

本节课使用的文本材料选自"典范英语"丛书中《性格药水》一书的第二章，课题为 The Empty Seat。讲述的是一个名叫 Danny 的初中生，因为胆小，在校车上被高年级学生 Wicks 欺负并抢走奶糖，同时 Wicks 还要挟他第二天继续上交零食的故事。

选择这篇课外材料的原因有以下几个方面：首先是为了补充和丰富学生的英语阅读材料，尤其是英文原著小说，在提高阅读兴趣的同时，学习地道、生动、准确的英语表达方式。其次是为了紧跟社会发展热点，补充相关主题阅读，体现英语学习的工具性和人文性。本文涉及的"校园欺凌"主题就是一个和学生生活息息相关的社会问题。教师希望可以借助阅读在提升学生语言能力的同时，引导学生关注生活、关注社会，形成正确的是非观，并学会积极探索解决问题的方法。

该教学内容进行了两次教学实践。第一次试讲时，由于学情分析不足，科学性和准确性把握不够，导致教学中部分学习活动难度较大，学生在文本理解上出现了困难，在语言表达环节也不够理想。基于这样的问题，在第二次实践即本次教学活动前，做了较为充分的学情调查，并基于学生已有的知识、经验、需求与爱好，完成了新的教学设计，帮助学生更加有效地参与课堂。两次教学实践效果的不同充分体现了学情调查的重要性。

二、初次实践，发现问题——学情分析不充分

第一次试讲时制订的学习目标包括以下两点：（1）梳理出 Danny 为躲避

Wicks 的欺凌时采取的一系列举动，如假装没看见 Wicks 身旁的座位，谎称自己包里没有吃的，尝试抢回糖果等。（2）复述 Danny 面对欺凌时的各种举动，做出合理的评价，并联系自身生活，总结出自己在生活中面对不公平、不合理的对待时应该如何处理。

为此，第一次教学设计了两个主要的活动，一个是接力赛形式的文本阅读活动，另一个是复述、评价故事的语言输出活动。但是在实际学习过程中，学生在这两个活动中都遇到了不同程度的困难。

在接力阅读环节，设计的第一个问题是：What can you infer from the following description: Wicks was in the year above and Danny always kept out of his way? 结果学生虽然能推断出 Danny 害怕 Wicks，但对"in the year above"的理解出现了困难。类似的困惑层出不穷，尤其体现在词汇理解和故事关键情节的理解上。

不仅如此，在读后的语言输出环节，学生的表现也低于预期。其中有两个学生是这样描述的：

学生一：On a bus, there is only one spare seat next to Wicks. Danny and Wicks started to talk. When Wicks know Danny have school meal, he decided to ate his meal. He have an argue with Danny and saw the sandwiches in his bag. Finally, he ate the chocolate bar.

学生二：Danny was hitted by Wicks on the school bus. Wicks wanted to see Danny's bag, and Wicks ate Danny's sandwiches and asked Danny to bring another tomorrow.

原本预计学生虽然会存在一些句法错误和时态错误，但应该可以模仿作者的语言，或至少能够使用几个新的语言表达方式，较为生动地讲述故事内容。可是学生的表现远远低于预期，主要表现出了三个问题：一是新的语言知识的运用能力不足，依然习惯使用初中学习的简单词汇；二是故事情节描述过于简单，不够充实；三是语法错误偏多。

课下与学生交流时，学生普遍反映，他们其实很喜欢读这样的文章，对文章的很多情节很感兴趣，但因为是第一次阅读英文原著，其中还有很多生词，课上也没有明确解释，所以对一些细节的含义模棱两可，对一些词汇不会读、不敢用也不会用。原来教学实施不成功的主要原因是学情调查不够充分，对学生的能力和可能遇到的困难预计不够。而"以学生为本"教学法的起点就是尊重学生的原有知识和经验，了解学生的需求和爱好，只有做到这两点，才能真正做到以学生为本，因材施教，落实学生的主体地位，优化教学设计。

三、分析学情，寻求解法——分层抽样调查

在找到了阻碍初次教学实践有效进行的症结后，开始思考要如何做到尊重学生的原有知识和经验，基于学生的需求与兴趣点改进教学实践。经过文献研究，发现分层抽样调查法可以帮助教师有效地解决学情分析的难题。

因此，在第二次教学实践开始前，针对授课对象进行了如下分组抽样调查。首先，将所教班级的 29 名学生根据英语学习成绩，从高到低分为 5 个小组。其次，在每组中随机抽取 1 名学生参加分层抽样调查。要求 5 名被抽样的学生在 20 分钟内完成以下任务：①阅读文本，并用英文以书面形式概括文章的主要内容；②在文中标注理解困难的地方（生词或是读不懂的句子）；③简要阐述阅读过程中的兴趣点。

经过调查发现，4 名学生基本读懂了文章的主要含义，剩下 1 名学生理解出现偏差，其原因首先在于文本对话过多，表述偏口语化，造成理解上的困扰，此外，词汇理解也是主要难点，而这也在标注难点的调查中得到印证。在标注难点的调查中，5 名学生均将生词和部分短语表达标注为理解难点，1 名学生不能理解人物最后的心理描写。此外，关于阅读兴趣点的描述，2 名学生认为文章语言描写很有意思，1 名学生认为文章的动作描写很精彩，2 名学生认为情节发展的出乎意料读来有趣。但是在之后的口头调查中发现，学生对一些细节描写和人物的行为意图并未完全读懂，如关于三明治的细节。

经过分层抽样的调查发现，学生对校园欺凌这一话题内容有一定的知识基础和经验基础，所以大部分学生基本可以读懂文中 Danny 的遭遇，并明白文章的立意。但是学生的语言鉴赏能力不足，具体表现在：一是克服生词理解文本的能力不足；二是在阅读故事性文本时，对事件的来龙去脉的理解不够透彻，不能充分读懂情节推进的内在逻辑和因果关系；三是根据所提取的

线索信息分析背后原因的推断能力不足。

此外,根据之前的学习情况,发现学生的话题语言表达能力有限,即便完成上述的语言鉴赏和文本理解,学生也不善于结合新的语言知识就本节课所学内容进行语言表达。所以需要更多的语言输入和巩固,以及其他形式的语言支撑(如板书),帮助学生实现主题语境的语言表达。

四、基于学情,改进设计——以生为本,促进课堂参与

针对以上学情调查的结果,并结合初次实践的经验,对教学设计进行了改进。

首先,根据学情分析中学生提出的语言理解难点,将词汇意义学习列为第一个学习目标,最终学生借助图片、上下文、同义词、情境演绎,基本猜出了所有和故事主题相关的新词的含义。例如,学生通过观察导入环节使用的图片,加上"Wicks didn't move along"的上文线索,成功猜出了"perch"这个词的含义;通过"Danny bit his lip to stop himself crying out"猜出了"punch"表示"打、伤害"。

其次,针对学生在理解事件来龙去脉上表现出的困难和不足,在接力阅读环节通过问题链的设计帮助学生在概括文章大意的基础上,关注故事发展的来龙去脉,分析故事的开端、发展、高潮和结局。不仅如此,还进一步将理解难点进行分解,要求学生关注 Danny 在事件发展不同阶段的表现及感受,帮助他们深入分析文本,关注细节(见图 4-1-5 和图 4-1-6)。

因此,对于本节课的学习难点,学生们的表现也是有所改进的。有了词汇理解的基础、小组合作的互助,以及对关键细节的理解,学生在完成了多次的语言输入和内化后,更加顺利地完成了语言输出,展现了语言能力的发展和对主题意义理解的层层深入。

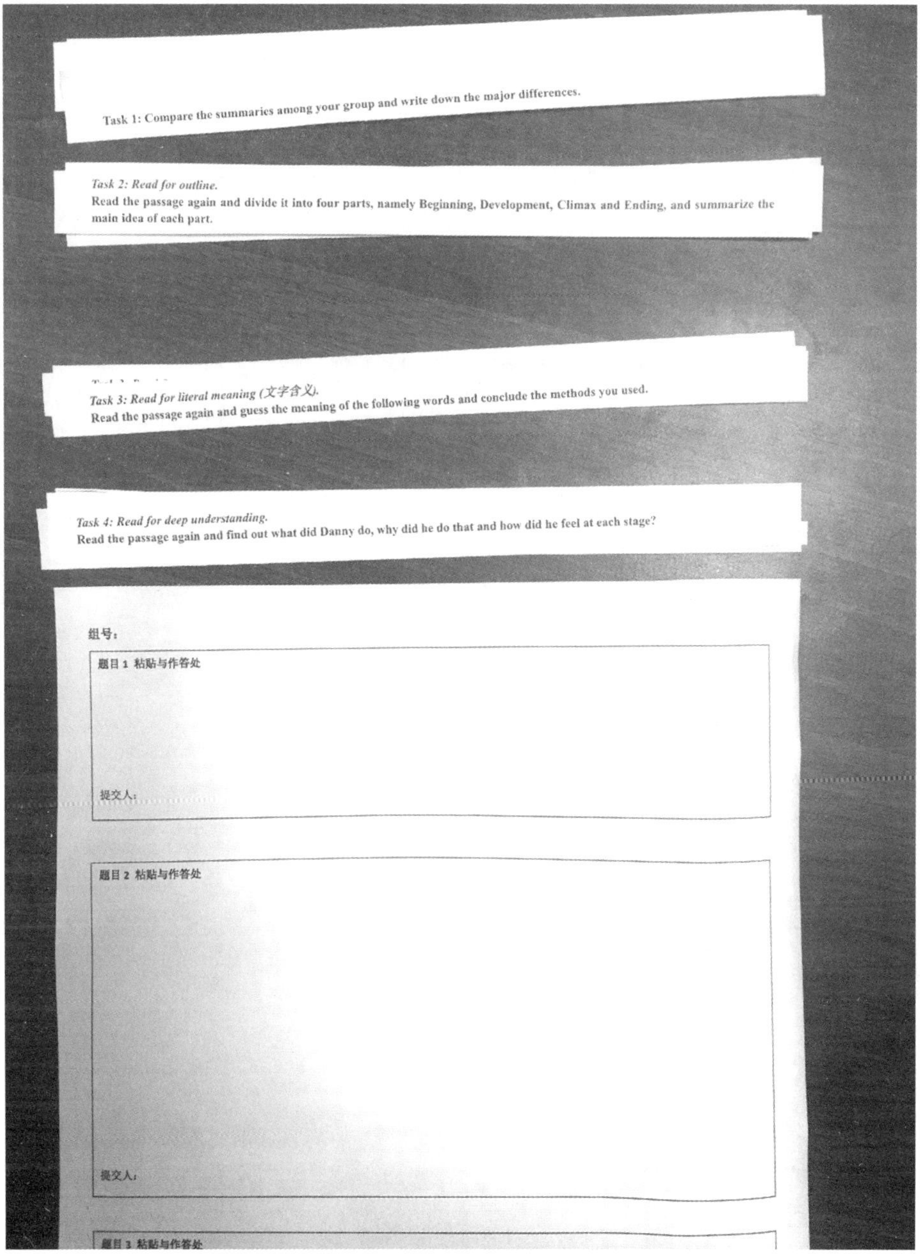
Task 1: Compare the summaries among your group and write down the major differences.
Task 2: Read for outline.
Read the passage again and divide it into four parts, namely Beginning, Development, Climax and Ending, and summarize the main idea of each part.
Task 3: Read for literal meaning (文字含义).
Read the passage again and guess the meaning of the following words and conclude the methods you used.
Task 4: Read for deep understanding.
Read the passage again and find out what did Danny do, why did he do that and how did he feel at each stage?
组号：
题目 1 粘贴与作答处
提交人：
题目 2 粘贴与作答处
提交人：
题目 3 粘贴与作答处

图 4-1-5 课前问题链和答题纸准备

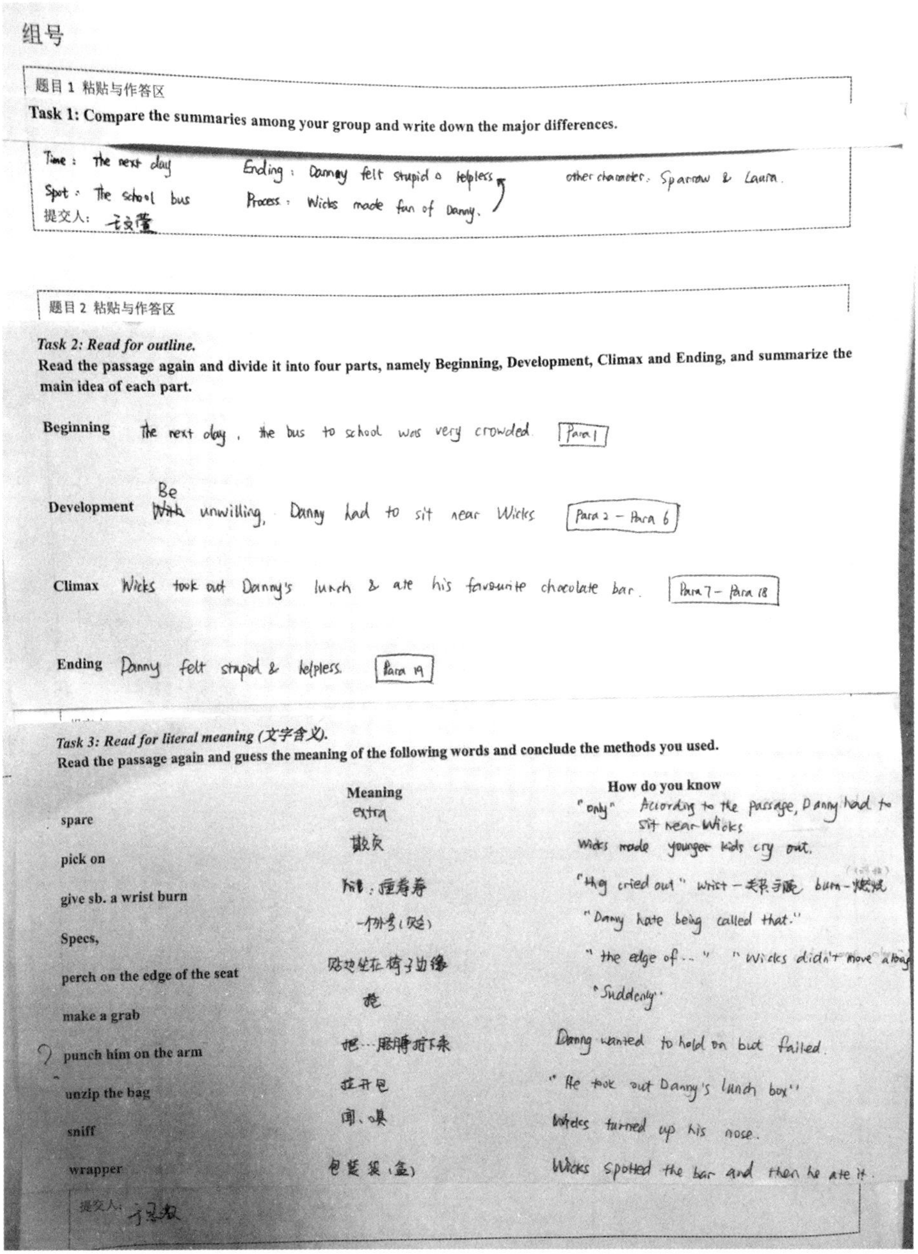

组号

题目1 粘贴与作答区

Task 1: Compare the summaries among your group and write down the major differences.

Time: the next day　　Ending: Danny felt stupid & helpless　　Other characters: Sparrow & Laura
Spot: The school bus　　Process: Wicks made fun of Danny.
提交人: 吉文萱

题目2 粘贴与作答区

Task 2: *Read for outline.*
Read the passage again and divide it into four parts, namely Beginning, Development, Climax and Ending, and summarize the main idea of each part.

Beginning　The next day, the bus to school was very crowded.　[Para 1]

Development　Be（With） unwilling, Danny had to sit near Wicks　[Para 2 - Para 6]

Climax　Wicks took out Danny's lunch & ate his favourite chocolate bar.　[Para 7 - Para 18]

Ending　Danny felt stupid & helpless.　[Para 19]

Task 3: *Read for literal meaning (文字含义).*
Read the passage again and guess the meaning of the following words and conclude the methods you used.

	Meaning	How do you know
spare	extra	"only" According to the passage, Danny had to sit near Wicks
pick on	散欺	Wicks made younger kids cry out.
give sb. a wrist burn	扭：握着拧	"they cried out" wrist—手腕 burn—燃烧
Specs,	一种毛(眼镜)	"Danny hate being called that."
perch on the edge of the seat	贴边坐在椅子边缘	"the edge of…" "Wicks didn't move along"
make a grab	抓	"Suddenly."
punch him on the arm	把…胳膊折下来	Danny wanted to hold on but failed.
unzip the bag	拉开包	"He took out Danny's lunch box"
sniff	闻、嗅	Wicks turned up his nose.
wrapper	包装袋(盒)	Wicks spotted the bar and then he ate it.

提交人: 于思衣

图 4-1-6　学生课上完成的任务单

五、实践反思

俗话说，"适合的才是最好的"，英语教学更是如此。只有充分了解学情，才能因材施教。而学情分析主要包括学生学习起点状态分析和学生潜在状态分析两部分。其中，学生学习起点状态包括学生已有的认知基础、学习能力、学习态度、学习习惯、意志品质等，学生潜在状态包括学生可能的发展。

第一，学情分析，让教师更懂学生。"以学生为本"教学法的九大原则中的第一条就指出，"要充分利用学生已有的知识和经验"，第二条指出"要考虑到学生的需求和学习爱好"。此外，《普通高中英语课程标准（2017年版）》也要求教师"根据所学主题内容、学习目标和学生经验等，选择和组织不同层次的英语学习活动"。读懂学情，是教学活动的起点。教师只有把握了学情，才能设计出科学合理的教学目标和教学活动。

第二，学情分析，让学生有效参与。相比于第一次的教学实践，学生在第二次教学实践过程中表现出的成长与提升，更加体现了只有基于学情的教学设计才能促进学生的有效参与和学习的真正发生。

实践和理论均表明，只有深入了解学生的爱好，才能更好地将他们的兴趣转化为稳定的学习动机，激发学习潜能；只有准确把握学生的原有水平和需求，才能更好地定位现状与目标之间的差距，制订合理的教学目标，采取有针对性的教学手段，帮助学生有效参与课堂，拉近教与学的距离，有的放矢地开展日常教学。

■ 专家点评

教师在开展这节课教学之前，认真遵循"分析了解学情、因材施教"的原则。教师不但认真分析了学生已有的认知基础、学习能力、学习态度、学习习惯、意志品质等，还认真分析了学生的发展潜能。教师在学情分析时，认真践行了"以学生为本"教学法的九大原则中的第一条"要充分利用学生已有的知识和经验"和第二条"要考虑到学生的需求和学习爱好"。

基于学情分析，教师设计了明确的教学目标。在课堂教学中，教师引导学生在阅读中首先识别故事发生的时间、地点、人物、事件；引导学生在猜测和理解故事的部分核心词汇之后，通过小组合作，梳理、归纳并分析文章的结构，包括故事的开端、发展、高潮、结尾，同时总结出每部分的大意，达到理解段落与文章主旨的目的。在这个阅读教学过程中，教师通过任务的设计与实施，发展和提升了学生的思维品质。在读后阶段，教师注重发展学生的语言运用与表达能力，引导学生用口头语言描述 Danny 面对欺凌时的一系列行为表现。在此基础上，教师进一步引导学生进行故事主题意义的探究与阅读策略的归纳，提升了学生正确面对校园欺凌的能力，丰富了学生的阅读策略，实施了情感态度与价值观的教育和学习策略的指导。

案例 6

高二英语新授课"Mind Your Manners"

● 专家箴言

"速配"（speed dating）是一种有效的促进学生参与、实践和运用英语交际的活动。

● 教学设计

一、课标要求分析

本节课着重落实《普通高中英语课程标准（2017年版）》（简称《英语课标》）英语学业质量水平二中 2-5 "根据交际场合的正式程度和行事程序，选择正式或非正式、直接或委婉的语言形式表达道歉、请求、祝愿、建议、拒绝、接受等，体现文化理解，达到预期交际效果"的课标要求。以训练语言能力为基础，着重培养学生的思维品质和文化意识，是英语运用与表达能力的重要基石。按照课标要求，学生需要根据不同语境和人物关系合理完成英文表达。

二、学习内容分析

本单元核心主题"culture shock"（文化冲击）包含在"人与社会"的主题语境下，要求培养学生具备良好的人际关系与社会交往技能，能够合理进行跨文化沟通、包容与合作。本节课"Mind Your Manners"为口头对话语篇，听力语篇为四段对话。第一段对话是请求陌生人帮助，第二段对话为朋友间讨论假期计划，第三段对话为请求长辈帮忙，第四段对话为忘记带要给朋友的东西表示歉意。这四段对话要求学生根据人物关系确定谈话语气，确保符合身份和交际礼仪，培养学生的语言技能，以及跨文化交流意识，能够根据人物身份背景进行合理有效的交流与沟通。

本节课的四个对话按照说话人的关系亲疏和说话场合进行了正式与非正式的会话分类，通过图片的形式让学生学会有效的口头交流，能够根据对方的文化背景进行道歉、请求、祝愿、建议、拒绝、接受等表达。

三、学生情况分析

本节课授课对象为高二年级学生。高二学生对礼貌表达有一定的意识，但不太清楚"什么样的英语表达是礼貌的"和"如何进行礼貌表达"，且缺乏对人物关系与会话场合的考虑。因而，本节课拟采用"以学生为本"教学法，让学生在语境中充分体验人物身份与会话场合，增强活动性，在体验中完成教学任务。

四、学习目标

本节课结束时，学生能够：

1. 有意识地注意语境中人物的身份和说话的场合。
2. 根据人物的身份和场合选择礼貌用语。
3. 在不同情境下恰当使用语言进行交际。

五、学习重点

根据《英语课标》中要求学生能够根据交际场合的正式程度和行事程序，选择正式或非正式、直接或委婉的语言形式表达道歉、请求、祝愿、建议、拒绝、接受等，体现文化理解，达到预期交际效果，将学生能根据人物不同的身份和语境场合礼貌表达确定为学习重点。

六、学习难点

根据《英语课标》要求及授课学生在英语情境中对交际场合和礼貌程度概念不清的情况，采取情境对比、情境体验等策略突破学生根据人物身份和语境场合进行礼貌表达的学习难点。

七、学习流程

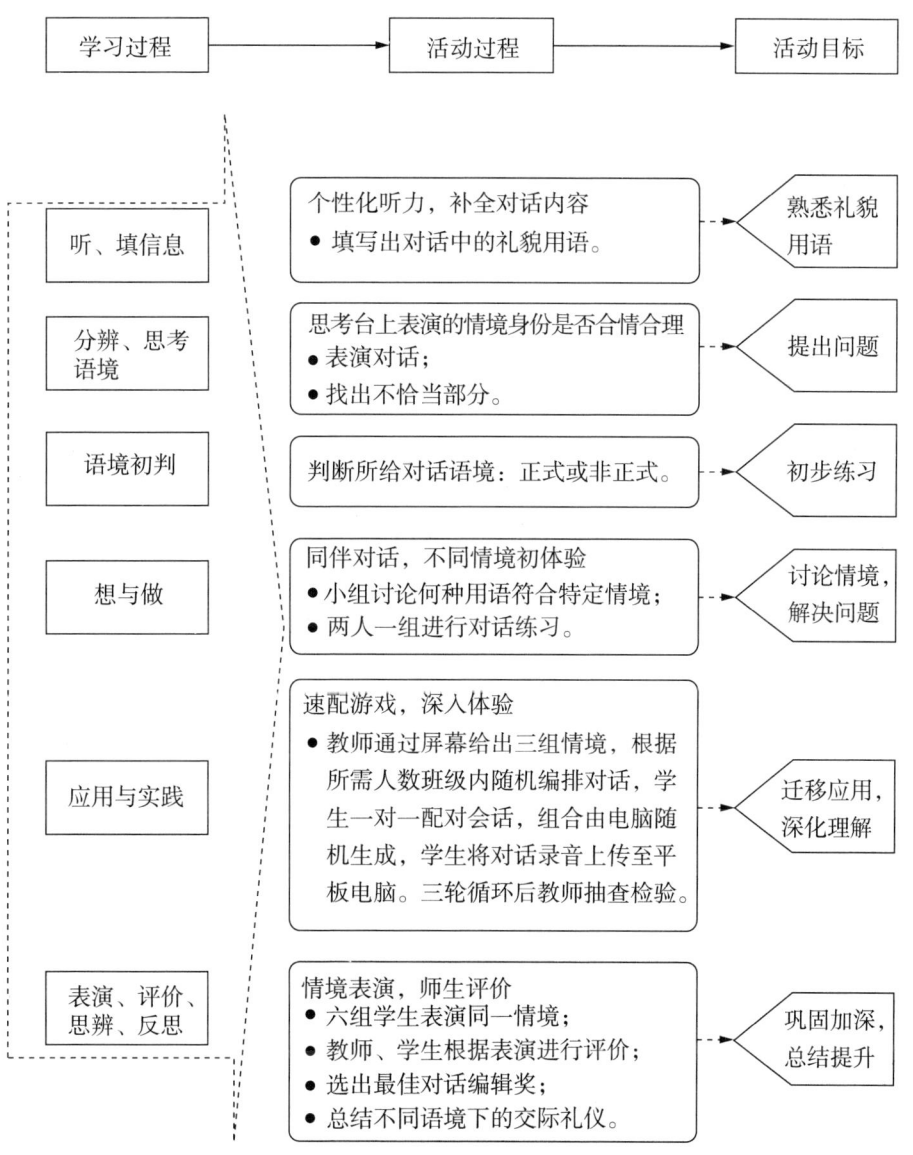

图 4-2-1 学习流程图

八、教学过程

表 4-2-1　教学过程表

教学步骤	SCL工具	教学过程	活动目标	时间安排（分钟）
观看情境，发现问题		观看《唐顿庄园》视频片段,思考片中人物的表现是否得体。	导出主题,引发思考。	5
自主听力，语言输入		活动1：听全文,找出听力材料的主旨大意。 活动2：把四段对话音频切分出来,让学生用平板电脑进行听力填空练习,用最快的速度完成任务。学生可以在听的过程中根据个人水平暂停或重复收听所给材料。通过听力填空体会礼貌会话。	自主学习语言。	5
辨析情境，礼貌会话		选取两段非正式场景让学生表演,在找错误的过程中进一步巩固听力材料中礼貌用语的学习,并且补充对话中没有体现的打断说话和适当道歉的部分。	思考谬误,深化理解。	5
问题思索，深入学习	接力游戏	学生根据游戏规则在组内依次讨论,之后到教师处回答问题。	思考身份,总结语言。	15

续表

教学步骤	SCL工具	教学过程	活动目标	时间安排（分钟）
问题思索，深入学习	接力游戏	Rules： 1. Discuss the questions in your group. 2. As soon as you have the answer, you can tell the answers to the teacher. 3. If your answer is right, you can take the next question to the group for discussion. 4. The student who tells the answer to the teacher should be in turns. 5. The group that finishes the fastest can have a VIP right. Questions： 1. Read the dialogues on your handout carefully. Why are the dialogues divided into two parts? 2. When do we need to speak formally? 3. Why do these dialogues we hear sound more politely? What kind of words and expressions or sentences did they use? Try to summarize.	思考身份，总结语言。	15
学习总结，交流分享	速配游戏	教师创设七个情境。学生随机找伙伴根据情境进行对话，且每次对话伙伴不能为同一人，不可找同组内伙伴。 Speed dating situations 1. You are at a train station and you want a timetable. 2. You are in the reception, at a hotel. The receptionist has just given you your passport back and said, "thank you".	实践操练，情境体验。	10

续表

教学步骤	SCL工具	教学过程	活动目标	时间安排（分钟）
学习总结，交流分享	速配游戏	3. A friend has just invited you to a party. You can't (or don't want to) go. 4. You are staying as a guest at the home of an English teenager. You want to speak to the parents. 5. You didn't reply to a friend's letter. The friend asks you about it. 6. You are speaking to the parents of an English teenager in their home. You want a lift tomorrow. 7. The parents of the English teenager have just given you a lift. You want to thank them.	实践操练，情境体验。	10
体验巩固，加深理解	情境表演	教师创设情境，学生在小组内分角色进行情境表演。 Read the task for today in the table. You are invited to your friend's dinner with his or her parents. It is the first time for you to have dinner together. In your play, you need to include the following key points. （二维码） 1. On the table, one of your friend's parents needs a jar of salt. 2. You need to apologize for not bringing your guitar for your friend. 3. Your friend wants to go to the cinema with you. He or she needs the permission from the parents. 4. Your friend's parents want you to bring your parents some tea as gift. Choose the best actor, best actress and best group for today's show, according to the criterion on the handout.	综合运用，体验提升。	15

九、板书设计

板书设计见图 4-2-2。

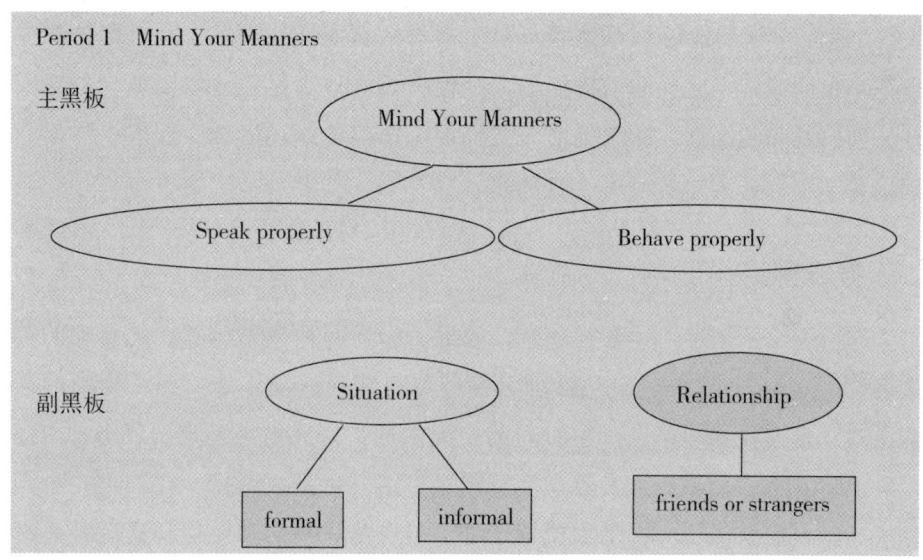

图 4-2-2　板书设计图

⊙ 教学反思

学生英语自主高效对话的试金石——"速配"活动

一、案例背景

本节课为听说课,其主要目的是让学生在学习后有意识地针对对话对象和场合进行合理表达。本节课听力输入部分涉及四个对话。教材将对话分为正式与非正式两种。教学设计中为了让学生进行体验,避免灌输式教学,让学生采用平板电脑自由听力,并且在学生自主听力的学案中不体现正式与非正式两种分类。授课班级为本校文科重点班,学生英语口语和听力水平较高,教材听力材料简单易懂，本班学生在听力材料的输入部分问题不大，但需要更多地进行对话训练来体会人物的身份与对话的场合。

在设计对话活动时考虑到学生需要对话的真实性，为了让对话内容鲜活、活动的互动性强、参与学生多，本节课采用"速配"活动让学生进行对话训练。"速配"活动能够很好地满足学生对对话真实性的需求，并且能够改变以往小组内或同桌之间活动搭档的单一性，更好地满足英语情境教学的真实性、随机性和实用性，让学生实实在在成为语言的运用者和实践者，从而达到培养学生的真实语言运用能力目标。

二、概念界定

"速配"活动是"以学生为本"教学法中的一种教学活动。此活动的英文名称为"speed dating"，从活动名称即可得知此活动犹如大型活动中的速配游戏，迅速找到同伴进行短时间的交流沟通，完成情境规定的任务。"速配"活动一般按照班级人数将学生分组，每组学生站成两排。在与第一个同伴会话结束后，保持一排学生位置不变，另一排学生后移一位，最后一名学生走到最前面。以此类推，形成新的对话伙伴关系。

三、情境再现

活动前教师为学生准备了七个情境，每个学生通过平板电脑在活动前进行阅读与对话。因活动规定学生不能选择小组内成员进行对话操练，所以学生会自主离开座位寻找对话目标人物。找到目标人物后两个人表明各自选择的情境，之后需沟通角色分配和完成对话的先后顺序。因活动规定两人只能完成一个选择的情境，在完成各自所选对话后，学生需要继续找寻下一个对话目标。以此类推，学生需要在规定的四分钟之内尽其所能完成七个对话。经过设计改进后，学生需要将每次对话录音存储到平板电脑中并上传，完成对话最多最快的学生的对话录音将会被随机播放出来。

四、聚焦分析

本节课应用"速配"活动，让英语课堂活动彻底摆脱一成不变的同桌或小组互动模式，真正让课堂鲜活起来。

第一，学生的活动真的活了。

"速配"活动并非仅在形式上给予学生新的刺激源，而是从根本上让学生拥有真实的、随机的会话体验。只有在每次与不同的伙伴会话的过程中才能够真正检验学习是否发生了。

以教师为中心的讲授式课堂在某种程度上是被动的，师生关系的表现形式是顺从和奖惩。这种教学模式常伴随着不信任、冲突甚至是恐惧等特征。我们是否常常觉得学生总是怠惰的？或者班级里出现学生表面顺从而无法判断学生真实学习情况的问题？如果我们未曾考虑到个体差异并且以教师为中心，这样的课堂是不容易为学生所接受的。每一个学习者都有其自身价值且需要被充分信任。"以学生为本"的教学充分提高了学生的个体意识，让他们为自己的学习负责任，鼓励学生在自主学习的过程中得到最大程度的自我满足，即让学习者真正为了自身学习目标的达成而努力获取新知识。

"速配"活动打破了以往的活动形式，打破了环境上对话伙伴之间的互相依赖，抛去纸与笔的准备时间，让学生活动真实而鲜活。

第二，教师的教学设计真的活了。

本节课在进行教学设计时根据教学环境和学生语言运用能力的真实情况将原有的活动方式进行了改良，让教学活动真正为学习者的语言学习服务。

教师不再被动、机械地进行教学设计。"以学生为本"既不是让教师变成变戏法的魔术师，每节课拿出一个新的活动，也不是简单玩弄技巧，更不是用各种新奇的活动来支撑教学设计。

以本节课为例，在给三个不同学习层次班级上课时，对"速配"活动进行了不同的设计和实施。文科重点班学生自律性强，口语表达欲望高，因而采用了自主寻找伙伴比拼数量的方式。第二层的理科班学生自律性稍差，需要一定的教师监控，因而采用分组错位式"速配"活动。而第三层学生需要教师的指导与帮助，教学活动则采用软件辅助的方式进行，让每个学生在计算机软件的随机配对下进行对话，此过程可以寻求教师的帮助。这样真正实现因材施教，让学生主动进行语言学习。

教师每一次的教学设计都需要根据学生当下的学习状况进行预设。此时不再是"how they do it",而是"how we do it",教师与学生变成了学习这艘大船上的伙伴。教师需要与学生共担风险,砥砺同行,需要考虑学情等问题。例如,班级学生的英语语言能力不够支撑全班自由"速配"怎么办?"速配"活动如何进行有效的检测?教师在这个过程中是否参与指导?从指导学生"如何做"到"我们一起怎么做"的转变让教师的设计真正活了起来,有了生气。

第三,学生的英语学习真的活了。

本课例中的"速配"活动让学生置身在七种不同的情境下进行有效的英语表达。学生需要在规定的时间内对情境做出应对,同时对同伴的语言逻辑迅速做出判断,这一活动考查了学生的语言运用与应变能力,体现了英语学科核心素养的要求。英语学习不再是机械的记忆与理解,而是上升到应用与创新的学习层面,让英语学习真的活了起来。

《英语课标》指出,发展学生的英语学科核心素养是普通高中英语课程的具体目标。在语言学习过程中,学生基于具体的主题及语篇,主动参与语言实践活动,运用各种学习策略,学习语篇呈现的语言和文化知识,分析、理解主题意义并使用所学语言进行思考、表达和交流,逐步发展语言能力、文化意识、思维品质和学习能力等英语学科素养。

"速配"活动在逻辑性、创新性等思维品质方面对学生进行训练与培养,增强了学生的语境意识,让学生体会到要根据不同情境、不同身份用适当的语言进行表达。在体验中学习,在实践中进行思维的碰撞,学生的英语学习真正有了灵魂。

本节课也有需要反思的地方。"速配"活动需要教师在进行教学设计时考虑话轮问题。也就是说对话是两个人的活动,需要考虑学生 A 寻找学生 B 做第一个对话时可能学生 B 需要进行第二个对话。所以教师在设计活动时需要提前提醒学生。此外,学生的自律性和教室大小决定了活动的频率、方式和范围,教师需要灵活安排。

五、结语

英语学科作为一门语言类学科,其教学需要教师关注学习者的体验感与参与度。当教师从岸边的指挥家变成学生学习轮渡上的随行人时,课堂才能变成对学习者情境体验有利的环境。要从学习者的视角出发设计语言情境、提出问题、组织活动，考虑学习者的习得状况，保证学习的真实性、可参与性与现实生活中的可实践性。"速配"活动真切地让英语会话教学"活"了起来，让学习者更有灵魂。

专家点评

英语教学的最终目的是能够提高学生用英语进行交际的能力。随着英语教学不断向实用性发展，传统的"以教师为本"的教学方法受到了巨大的挑战，并逐渐被"以学生为本"的教学方法取代。这就意味着学生将承担更多的学习责任，即增强学习自主性。目前，英语教学所面临的关键问题是如何从"以教师为本"的传统教学变为"以学生为本"的教学。

本节课是"Mind Your Manners"主题单元的听说教学课，以《普通高中英语课程标准（2017年版）》为指导，以培养和提升学生的英语核心素养为目标，努力在英语教学中践行课程标准所提出的英语课程活动观，将"以学生为本"这种教学方法所提出的九大原则作为自己教学设计和实施的指导，积极设计和使用该教学方法所提倡的教学活动，如接力游戏、速配活动、角色扮演等。

在教学过程中，教师还引导学生使用能够促进学生自定步伐进行听力的现代教学媒体平板电脑。

在听的基础上，教师引导学生对本课的四个对话按照说话人的关系亲疏和说话场合进行了正式与非正式的会话分类，并且通过图片的形式让学生学会有效的口头交流，进而能够根据对方的文化背景进行道歉、请求、祝愿、建议、拒绝、接受等表达。

在听之后的语言输出阶段，教师设计了多种真实的和模拟真实的情境。在这些情境中，学生借助"速配"活动，运用本节课听力材料中学到的正式和非正式会话语言，培养了跨文化交流意识，能够根据人物身份背景进行合理有效的交流与沟通，取得了良好的英语交际效果。

第五章
"以学生为本"的
教学设计：高中物理

案例 7

高一物理新授课"测匀变速直线运动的加速度"

● 专家箴言

实验法是物理学研究的基本方法,逐差法与图像法都是处理实验数据的常用方法。学生要学会正确选择和使用多个原始测量数据,分析计算得出规律,并学会通过多次测量求平均值,减少测量的偶然误差。

● 教学设计

一、课标要求分析

测匀变速直线运动的加速度的课标要求为"用打点计时器实验方法研究匀变速直线运动"。从内容上看,本节课要完成匀变速直线运动加速度的测量。加速度是描述运动的重要物理量,而匀变速直线运动的加速度在高中物理阶段是可计算、可测量的。学生需要在熟练使用打点计时器的基础上,完成实验操作,同时学会数据处理的方法。

二、学习内容分析

从实验教学的角度看,本节课内容是对高一物理第一个学生实验"用打点计时器测量平均速度"操作技能的进一步熟练,是对第三章"探究加速度与力、质量关系"实验数据处理的铺垫,起着承前启后的作用。

从理论教学的角度看,本章前面几节已经系统地学习过"加速度"这一概念和"匀变速直线运动"这一经典的运动。本节课一方面要通过实验加深学生对这两个知识点的理解,另一方面要让学生体会通过科学方法研究物理问题的过程。

综上，本节课内容的主要特点是具有一定的综合性，对实验及其原理都提出一定的要求，两方面相辅相成。学生需掌握打点计时器的基本原理，能熟练地进行实验操作，打出纸带。在此基础上，运用运动学基本规律进行实验数据的处理。最后提炼总结，得出实验结果。

三、学生情况分析

学生学完匀变速直线运动、加速度的理论知识及相应规律的应用后，尚缺乏灵活应用的能力，对公式的理解还比较粗浅，对数据处理的相关知识理解较为片面。本节课通过建立一个实际而简单的物理实验情境，帮助学生理解消化，由感性认识上升为理性认识，掌握探究学习的一般方法。

四、学习目标

1. 通过复习使用打点计时器，掌握打点计时器的基本原理和基本参数。

2. 掌握用打点计时器纸带的数据信息计算某点平均速度的方法。

3. 会用图像法处理实验数据，计算匀变速直线运动的加速度，并体会该形式的优点。

4. 知道一份完整实验报告的内容模块，并初步了解误差，学习实事求是的科学态度。

五、学习重点

图像法是利用特殊且形象的数学语言工具来表达物理过程和规律的数据处理方法，该方法的形成和应用能培养学生的归纳能力和抽象思维。利用图像法处理实验数据为本节课的学习重点。

六、学习难点

本节课的学习难点是由公式法到图像法的推演。基于学生对处理实验数据"平均值"思想的原有认知，设置问题链，引导学生应用图像法处理实验数据。

七、学习流程

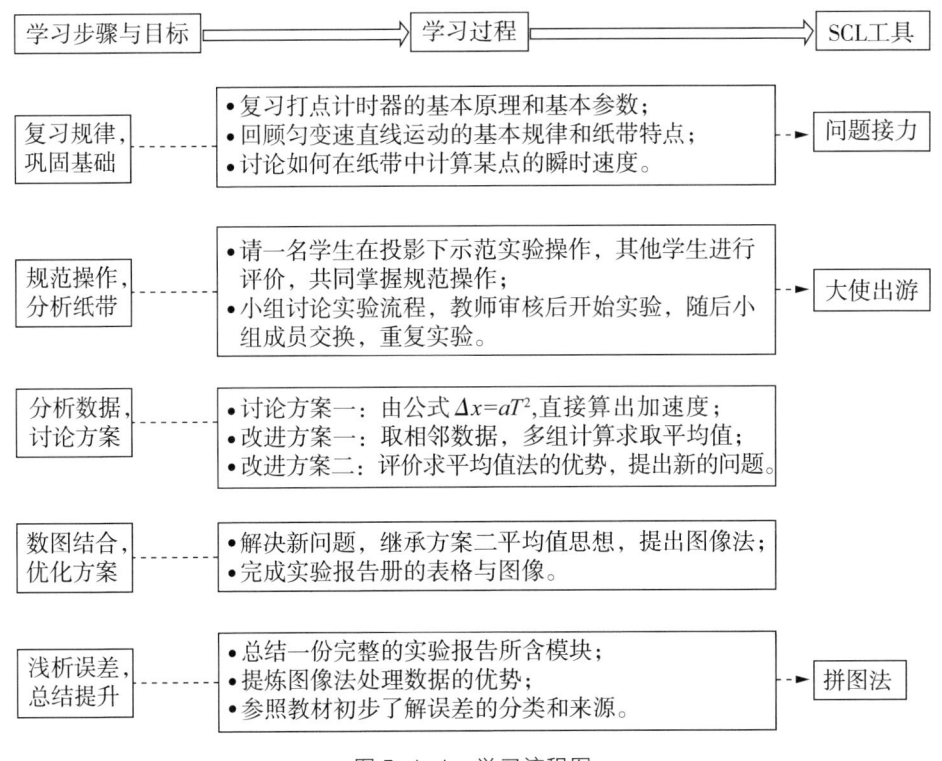

图 5-1-1　学习流程图

八、教学过程

表 5-1-1　教学过程表

教学步骤	SCL工具	教学过程	活动目标	时间安排（分钟）
复习规律，巩固基础	问题接力	我们在本章第三节做了高中阶段的第一个物理学生实验，请同学们观察今天给出的实验仪器，如图5-1-2所示，回顾实验"用打点计时器测量平均速度"。	激发主动，发现问题。	7

续表

教学步骤	SCL工具	教学过程	活动目标	时间安排（分钟）
复习规律，巩固基础	问题接力	(1) 按实物指出本节课需要的实验器材有哪些。 (2) 我们所使用的电火花打点计时器使用的电源输出多少伏电压？频率是多少？ (3) 在这样的频率下，打出的纸带上相邻两点的时间间隔是多少？ 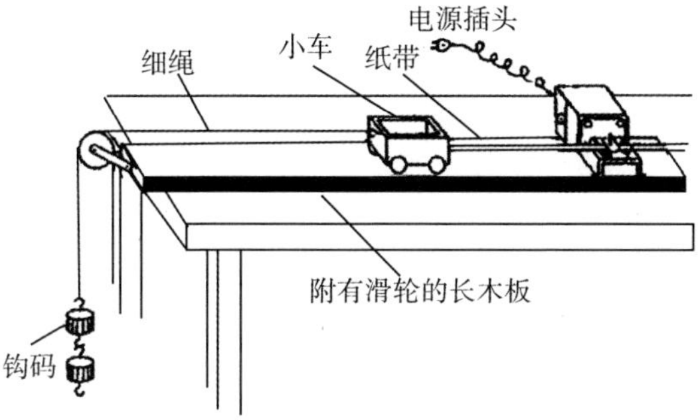 图 5-1-2 学生按照以上学案设问进行回答。 (1) 假设我们的纸带某一片段如图 5-1-3 所示，已测得 x_1、x_2、x_3，那么点 1 处的瞬时速度如何计算？ (2) 从该纸带片段看，小车做的是什么性质的运动？ (3) 一些同学认为小车做匀加速直线运动，从纸带点迹粗略地看，我们可以肯定小车做加速运动，但一定是匀加速吗？如何判定？ 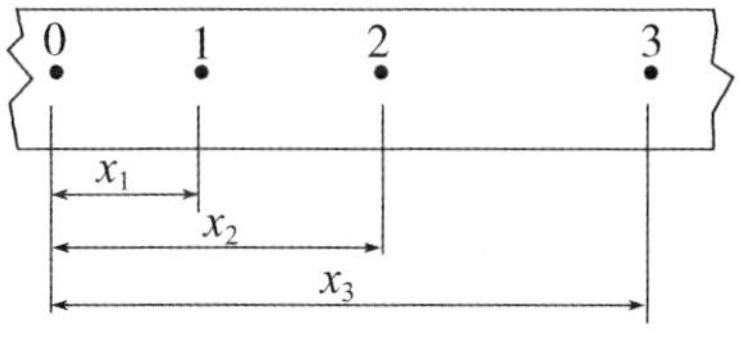 图 5-1-3	激发主动，发现问题。	7

续表

教学步骤	SCL工具	教学过程	活动目标	时间安排（分钟）
规范操作，分析纸带	大使出游	从上面的复习中，我们知道了本节课的主要任务：测定匀变速直线运动的加速度。 (1) 请一名学生在投影下示范实验操作，其他学生进行评价，指出其不规范操作。 (2) 请指出不规范操作的学生演示实验，其他学生继续评价或纠错。 (3) 小组讨论实验流程，经教师审核后开始实验，随后小组成员交换角色，重复实验。	提升能力，深入交流。	8
分析数据，讨论方案		(1) 判定小车的运动性质。 在复习中我们有这样的存疑：小车一定做匀变速直线运动吗？本着科学的态度，我们先根据纸带判定小车的运动性质。计算两个连续相等时间内的位移差 Δx，若各相邻计数点之间的位移差为定值，则判定为匀变速直线运动。 一组同学：$\Delta x = 0$，各段位移几乎相等，小车做匀速直线运动。加速度为零。 四组同学：Δx 值不恒定，各段位移差不相等且无明显规律，小车做加速度不恒定的变速运动。 其他各组同学：Δx 值几乎恒定。在实际实验中，Δx 不可能完全相等。在误差允许范围内，判定小车做匀变速直线运动。 教师总结：首先，实验中存在误差是必然的，我们不必吹毛求疵。在误差允许范围内，小车在倾斜的轨道上做匀加速直线运动。另外，请同学们分析一组、四组与其他组结果不同的原因是什么。 学生总结：一组同学的实验导轨倾斜角小，拉力和摩擦力平衡，小车做匀速直线运动；四组同学可能操作存在失误，小车没能在导轨上正常运行，导致出现无规律的变速运动。	拓宽思路，学会辨析。	15

续表

教学步骤	SCL工具	教学过程	活动目标	时间安排（分钟）
分析数据，讨论方案		教师评价：同学们能从实际情况出发观察、分析实验结果，体现了科学探究、实事求是的态度。特别是能从受力情况去分析运动，为我们学习第三章"牛顿运动定律"打下了基础。 （2）计算加速度 a。 接着，请一组、四组同学调整装置，重新打纸带，其他同学直接开始计算小车加速度 a。 学生计算方案基本分为以下几类： 方案一：在纸带上任取相邻相等时间的两段位移，利用公式 $\Delta x = aT^2$，直接算出加速度 a。 方案二：处理原始数据，计算计数点之间各段的长度，分别记为 0—1、1—2、2—3、3—4 距离 S_1、S_2、S_3、S_4，计算 $a_1 = \dfrac{S_2 - S_1}{T^2}$，以此类推计算 a_2、a_3、a_4，最后求平均值。 学生经过自己计算体验后评价这两种方案。 学生总结：较之方案一，方案二采用了多组数据求平均值的方法，能够消除偶然误差，更接近实际结果。但是在求解过程中，出现中间项相消的现象，计算后，S_2、S_3 成为无效数据，其效果与方案一无异。 教师评价：在上述讨论中，同学们对数据处理方法进行了探索，尽管结果失败，但是其中求平均值的思想是可取的。现在我们的共识有两点：第一，不能只取任意一小片段计算得出结果；第二，要利用多组数据求平均值。	拓宽思路，学会辨析。	15
数图结合，优化方案		为了解决上述问题，请学生思考求加速度的其他方法：在 v–t 图中求斜率。而 v–t 图可以通过求各计数点瞬时速度，描点作图得到。	落实方法，深化理解。	10

教学步骤	SCL工具	教学过程	活动目标	时间安排（分钟）
数图结合，优化方案		学生完成实验报告册中的表格，见表 5-1-2。 **表 5-1-2** | 计数点					
---	---	---	---	---	---
时间 t/s					
瞬时速度 $v/(cm \cdot s^{-1})$					| 按照实验数据描点，并在报告册上画出 v-t 图，如图 5-1-4 所示。在作图过程中，使所描点均匀地分布在直线两侧，这样可有效消除误差。最后，计算斜率，求得加速度。 图 5-1-4	落实方法，深化理解。	10
浅析误差，总结提升	拼图法	学生分为三大组，请不同组回答不同的问题，最后请学生代表分享本组观点。 （1）一份完整的实验报告所含模块有哪些？	抓住核心，提升总结。	5

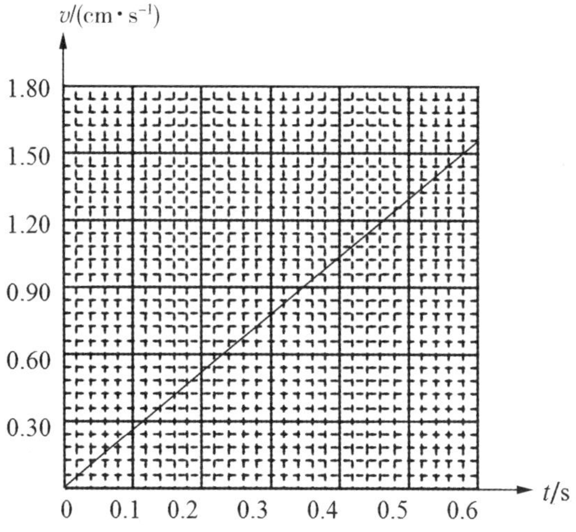

教学步骤	SCL工具	教学过程	活动目标	时间安排（分钟）
浅析误差，总结提升	拼图法	（2）图像法是高中物理实验处理数据的重要方法，本节课是通过 v–t 图求斜率求加速度的，这种方法有哪些优势？ （3）实际实验都是存在误差的，请参照教材 39 页，小结误差的分类，并指出本实验的常见误差。	抓住核心，提升总结。	5

九、板书设计

板书设计见图 5-1-5。

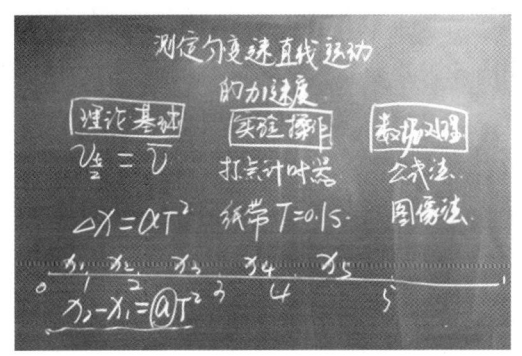

图 5-1-5　测定匀变速直线运动的加速度板书设计图

⊙ 教学反思

激活学生已知，促成图像法的新认知

一、案例背景

"测匀变速直线运动的加速度"实验课在高中物理实验教学中有着重要

地位。从知识结构上看，该实验很好地总结了第一章"运动的描述"的核心。从物理方法上看，该实验结合了公式法和图像法这两种贯穿整个物理研究的重要方法。从能力要求上看，该实验要求学生具备动手操作、发现问题、数据分析等多项物理关键能力。这些能力的培养与提升也是基于物理学科素养提出的具体要求。

本节课的关键教学环节是图像法的得出和应用，因此教学应关注如何在学生已有知识的基础之上，通过合理地设计推演出图像法。在第一次上这节实验课时，由于对学情的了解不够深入，活动设计不够合理，没能实现图像法的构建和推演过程，最后由于时间仓促，直接把图像法这一重要的实验数据处理方法讲给学生。虽然方法本身的讲解是清晰的，学生在课堂上也能听懂，但课后的应用和练习效果并不理想。基于此，教师在课下深入了解学生的实际情况，发现他们的问题主要有两点：第一，认为用公式就能直接处理实验数据，无须用图像法处理。第二，课上可以跟着老师的步骤一步一步地应用图像法，但课下练习时很多关键步骤都遗忘了。基于以上问题，教师重新设计实施了本节实验课。

二、情境再现

基于对学情的了解，结合 SCL 教学法，本节课在教学安排上做了大量调整。在课堂组织形式上，应用"大使出游"等方法。在理念上，秉持"教师应充当学生的促进者，而不是知识的呈现者"的原则，引导学生充分思考和探究。其中数据处理这一环节的教学情境如下。

我们有这样的疑问：小车一定做匀变速直线运动吗？因此我们首先要通过纸带判定小车的运动性质。通过对所打纸带连续相邻相等时间的位移之差 Δx 特点的判断，确定小车的运动性质。大部分小组得到 Δx 值几乎恒定的情况，个别组出现了 $\Delta x = 0$、各段位移几乎相等的情况。本着科学探究、实事求是的态度，教师引导学生分析出现上述情况的原因。经过讨论，学生们认为出现这种现象是因为实验装置中导轨倾斜角小，拉力和摩擦力平衡，小车做匀速直线运动。

随后各组进行邻组组员交换，学生开始计算小车加速度 a。学生计算方案基本分为两种，学生自己计算体验，并比较这两种方案。

通过计算，学生发现多组数据求平均值的方法本可以消除偶然误差，使实验结果更接近真实值，但是在求解过程中，出现中间项相消的现象，计算后，S_2、S_3 成为无效数据，其效果与任取相邻两段直接计算无异。

此时教师引导学生进一步思考，在上述讨论中，同学们对数据处理方法进行了探索，尽管结果失败了，但是其中求平均值的思想是可取的。我们需要保留这种思想，并更换数据处理的方法。

基于本章前几节课已学方法，学生打开思路，通过进一步讨论，获得求解加速度的其他方法，即在 v–t 图中求斜率。而 v–t 图可以通过求各计数点瞬时速度，描点作图得到。

至此，图像法顺利引出。

在这一教学片段中，教师设计了不同方案的学生讨论活动，在所有学生都认可平均值思想时，又引导学生推出该方案的无效，在学生以为柳暗花明之时，又将原来的结果推翻。就这样巧妙地设计思维冲突，让学生在短时间内体会成功和失败。同时，激励学生继承旧方法中积极有效的思想理念，从而推演出图像法。

三、聚焦分析

改善后的教学设计是如何让学生学到图像法的？主要有以下三个原因。

（一）改变课堂组织形态，变教师输出为学生输出，为学生自主建构图像法提供可能

对比前后两节课发现，好的课堂首先要秉承 SCL 的最高宗旨——以学生为中心，其次要针对不同环节设计匹配的学生活动，以达到高效课堂。具体分析，在第一次的课堂上，大部分时间都是教师在示范讲解，学生被教师牵着走，整个课堂更多是在灌输知识点。在第二次课上，教师把时间留给了学生自主探究，教师更多地充当了活动的组织者，并在必要的时候提出建议、点评结果。

（二）激活学生已有认知，适时设计认知冲突，将学生自主建构图像法的学习引向深入

在建构图像法这一教学片段中，设计了从方案一到方案二的学生讨论活动。通过设计思维冲突，让学生在短时间内体会成功和失败。同时，激励学生继承旧方法中积极有效的思想理念，从而推演出图像法。经历了这样的过程，学生明显更能接受图像法，感受其优越性，并且顺利地应用这一方法。

（三）教师由知识传授者变成学习的促进者，使学生自主建构图像法的效果达成

在这样的前后教学设计改进过程中，教师的角色发生了重大转变，课堂由教师一个人的舞台变成了师生共同的舞台，而学生不再做寂静无声的观众，他们走上舞台，真听真看真感受。这种对方法的探究，看似信马由缰地由学生想，实则是在充分了解学生知识构架的基础上，按照学生认知规律所进行的严格设计，使学生的逻辑思维得到自然生长。

综上所述，教师应充当学生学习的促进者，而不是简单的知识呈现者。教师从台前退居幕后，又有充分的幕后准备策划，同时不惧怕学生在台前犯错，好好利用学生的错误和问题，这些才是我们的教学应该努力的方向。

◆ 专家点评

本节课要求学生在熟练使用打点计时器的基础上完成实验操作，同时学会数据处理的方法。逐差法与图像法都是处理实验数据的常用方法，要正确选择和使用多个原始测量数据分析计算得出规律，以达到多次测量求平均值减少测量的偶然误差的效果。

为避免本节课方案二中相邻数据相减造成中间数据无效，可采取跳格相减的办法(板书中再增加一个测量数据6)，利用以上所有数据，实现逐差法处理。

图像法是通过描点作图来得到 v–t 图，在 v–t 图中求斜率得到加速度。按照实验数据描点，使所描点均匀地分布在图线两侧，有取平均值减少测量误差的含义。图像法直观，容易发现、剔除个别错误数据。注意：求斜率最好不是选取邻近的原始数据点，这样不便于反映直线规律。

案例 8

高二物理新授课"安培力"

◉ 专家箴言

安培力的重要意义在于进一步指出了电与磁的相互联系，电动机的工作原理就是基于安培力。磁场对运动电荷有力的作用，这是从实验中得到的结论。安培力做功的实质是传递能量。

◉ 教学设计

一、课标要求分析

本节课着重落实"通过实验，认识安培力。能判断安培力的方向，会计算安培力的大小"的课标要求。安培力是高中电磁学部分的重要知识内容，是电磁场中力学问题的最基本元素。按照课标要求，学生需要达到"能判断方向、会计算大小"的能力水平，学生需要在实验探究、分析讨论的基础上总结归纳出通电导线在磁场中的受力规律。

二、学习内容分析

本节课是研究磁场中电流的受力问题，进一步揭示了电和磁之间的联系，并为后面解决电磁场中的动力学问题提供了知识基础。该内容有以下几个特点。

在知识内容上，本节课既有定性分析——分析安培力的方向，又有定量探究——探究安培力的大小，理论性较强，学习难度大，因此可通过学生活动来降低难度，增强趣味性，促使学生进行自学探究。

安培力的大小和方向的探究都涉及三维空间，而部分学生的空间想象能力比较差，初学安培力具有一定的困难，因此要通过学生活动帮助学生定格空间情境，理解安培力的方向和大小。

在教育功能上，本节课通过实验探究，使学生掌握磁场对电流作用的大小和方向，培养学生的动手能力、归纳能力和空间想象能力；让学生体验通过实验和归纳总结得出物理规律的过程与方法；在实验和讨论中培养学生的沟通能力和合作意识。

三、学生情况分析

安培力一节对学生来说难度较大，一方面学生对磁场对电流的作用感知不足，缺少生活经验和知识基础；另一方面，在探究安培力的大小和方向上，涉及三维空间，部分学生的空间想象能力较差，在实验中总结归纳出一般规律相对困难。因此，本节课在教学过程中着重凸显"以学生为本"、自主探究、合作学习、学习进阶等教学策略和特点。

四、学习目标

1. 通过演示实验，知道安培力是磁场对通电导线的作用。
2. 通过分组实验，探究安培力的方向，掌握左手定则。
3. 通过定量实验，分析影响安培力大小的因素，掌握安培力的计算公式。

五、学习重点

根据对学习内容的分析，本节课重点要揭示磁场对通电导线的作用，也就是要让学生理解安培力的概念，掌握判定安培力的方向和计算安培力的大小的方法。因此，可以确定本节课的学习重点如下：

（1）通过实验探究安培力的方向，掌握左手定则；

（2）通过实验分析影响安培力大小的因素，掌握安培力计算公式。

为落实本节课的重点内容，本节课在教学设计上采用了"分组实验"和"小组会议"的方法，通过让学生进行自主实验探究，然后交流总结，得出结论，调动学生的积极性，发挥学生的主体作用。

六、学习难点

根据对学习内容和学生情况的分析,可以知道学生在探究安培力的方向上会有一定的难度,而且从现象中总结规律也是学生的弱势所在。因此可以确定本节课的学习难点为:确定安培力方向的科学探究过程,从实验结果中提炼和总结规律。

为突破学生可能遇到的难点问题,本节课通过"学案引导"和"小组会议"的方法来解决。通过教师课前准备的学案引导问题,一步步指引学生进行探究,通过"小组会议",让学生之间的交流更加充分和深入,最终得出结论,突破难点。

七、学习流程

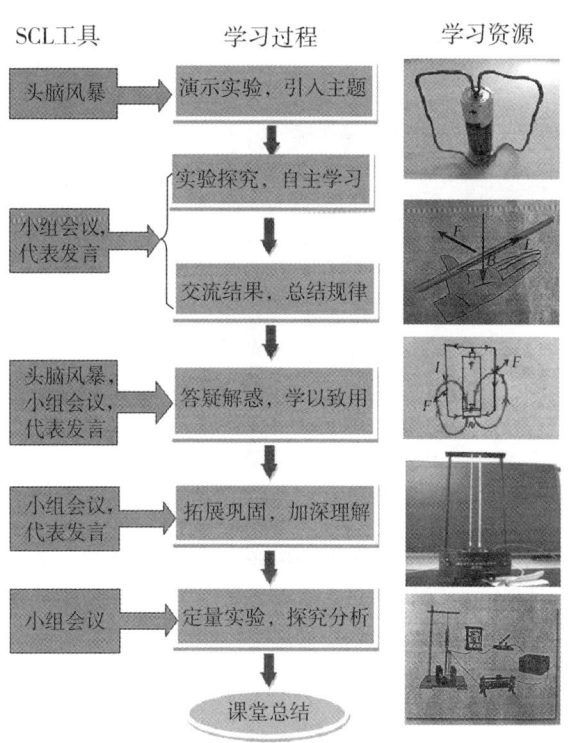

图 5-2-1 学习流程图

八、教学过程

表 5-2-1 教学过程表

教学步骤	SCL工具	教学过程	活动目标	时间安排（分钟）
演示实验，引入主题	头脑风暴	【观察】观察演示实验，了解简易电动机模型。 【思考】引起线圈转动的原因是什么？	通过观察演示实验、思考分析，知道磁场对通电导线有力的作用——安培力。	3
实验探究，自主学习，交流结果，总结规律	小组会议，代表发言	【探究】分组实验，探究安培力的方向，如图 5-2-2 所示。 【交流】组内交流，小组代表汇报讨论结果。 【总结】教师引导、总结规律。  图 5-2-2	1. 通过分组实验，丰富感知，探究安培力的方向。 2. 知道左手定则。 3. 培养探究、交流、合作的能力。	15
答疑解惑，学以致用	头脑风暴，小组会议，代表发言	【交流】学生讨论简易电动机的转动原理，并上台展讲，如图 5-2-3 所示。  图 5-2-3	1. 能解释简易电动机转动的原因。 2. 练习使用左手定则。	5

续表

教学步骤	SCL工具	教学过程	活动目标	时间安排（分钟）
拓展巩固，加深理解	小组会议，代表发言	【猜测】两根通电直导线间的相互作用。 【交流】学生之间交流自己的判断与理由。 【验证】学生通过实验检验自己的判断是否正确。	1. 进一步掌握左手定则。 2. 培养对复杂问题的思考方式。	5
定量实验，探究分析	小组会议	【观察】观察定量探究的实验装置，明确实验原理。 【记录】教师进行实验，学生记录实验数据。 【分析】学生进行数据处理，分析总结，得出结论。	通过定量实验，分析影响安培力大小的因素，掌握安培力的计算公式。	10
课堂总结		学生自己总结。		2

九、板书设计

板书设计见图 5-2-4。

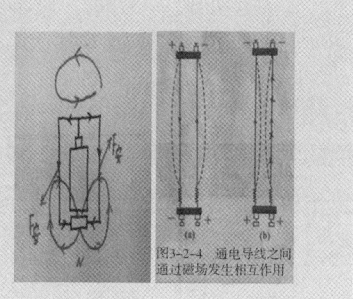

图 5-2-4　安培力板书设计图

教学反思

分组实验和小组会议，助学生探究安培力的奥秘

一、案例背景

安培力是高二物理电磁学中的重要内容，是磁场力的宏观体现。从电场的学习开始，到磁场以及安培力，学生所学习的研究对象从可以看得到和摸得着、日常生活中有丰富感知的物体，变成了电场、磁场这些看不见、摸不着又真实存在的物质，对学生的抽象思维能力有了更高的要求。安培力这一节的知识内容涉及三维空间，磁场方向、电流方向、安培力方向在同一空间出现，而且相互影响，给学生的学习带来了很大的难度。

因此，学习安培力实验探究必不可少。通过分组实验，丰富学生的感知，再通过讨论、归纳，总结得出安培力的方向的一般规律，最后进行组间的交流，让学生自己获得知识。而组织学生通过实验探究获得知识的过程与SCL教学法的思想高度吻合，故在本节课的教学中，采用SCL教学法，通过"分组实验"和"小组会议"的学习活动，帮助学生探究安培力的奥秘。

二、情境再现

"分组实验"是高中物理实验教学中常用的教学方式，而"小组会议"是"以学生为本"教学法中的一种组织学习活动的工具。使用"小组会议"，需要教师在课前根据学生的学习能力和沟通水平，将学生进行分组，每组5—6人。每组设置一名组长，负责组织活动进行、时间控制；一名记录员，负责及时记录组内成员的发言内容。在开始小组会议之前，由教师提出议题，之后小组内进行讨论，并根据讨论过程中的发言情况，推举一名发言人，代表小组与其他小组沟通交流。

在课堂上，首先通过一个"简易电动机"的演示实验，让学生观察和理解磁场对通电导线有力的作用，这个力即安培力。然后从力的三要素开始，

探究安培力的大小、方向、作用点。在这一环节，主要是学生自己进行分组实验和小组会议，具体过程如下。

第一步，教师先提出探究问题。安培力的方向是怎样的？

第二步，为学生提供必要的学习资源。主要包含两部分资源，一部分是分组实验器材，包括U形磁铁、电池、导线、线圈等，另一部分是学案，学案中的自主探究环节首先呈现了三个阶梯式问题。

问题1：猜想安培力的方向与哪些因素有关。

问题2：怎样直观判断安培力的方向？

问题3：实验时如何改变电流和磁场的方向？

第三步，让学生开展分组实验和小组会议。在这一环节，课堂已经完全交给学生，各个学习小组已经开始进入讨论和动手实验的阶段：有的小组是所有人都发表意见，叽叽喳喳讨论一番确定了实验方案，然后动手进行实验探究；有的小组是一个"领导"先说明自己的想法，其他人表示同意后就按照他的思路完成实验。每个小组的情况不太一样，但都进入了讨论和探究的学习状态，并且能不时传出小组获得成果时发出的欢呼声。

第四步，小组代表展示结果，组间交流，最终归纳总结，得出关于安培力方向判断的一般规律。这一环节，首先请一个小组的代表发言。学生说："安培力的方向与磁场方向垂直，与电流的方向也垂直。"再请其他小组的学生修正或补充。其中有一名学生说道："在以前的学习中可以用右手来判断电流产生的磁场的方向，我想能不能也用右手判断安培力的方向。"学生思考到这里，已经离真相非常接近，教师稍加引导，即可得出正确结论。

三、聚焦分析

通过这样的教学组织，改变了学生的学习状态，增进了学生之间的沟通交流，锻炼了学生的表达能力，提升了学生的思维品质，提高了学生的学习效率。

首先，"以学生为本"的教学理念改变了教师的教学方式和学生的学习方式，特别是改变了学生在物理课堂上的学习状态。把由教师做实验、讲知识的过程变成了学生的自主探究过程，极大地提高了学生的积极性，学生从被动学习变为主动学习。同时，探究学习的过程增加了学生知识学习的生成性。教师的身份也发生了转变，教师不再是简单的知识传授者，而是学生学习过程中的促进者、引导者、鼓励者；学生也不仅仅是学习知识，还能够更多地进行深入的思考、思维的碰撞以及沟通与合作。

其次，"分组实验"和"小组会议"提升了学生个人的动手能力和表达能力，增进了学生之间的沟通与合作。在小组设计实验方案时，学生之间经历了思想和信息的交换，不同意见的碰撞，最终达成共识，这一过程可以培养学生有效沟通的能力；在实验操作环节，几名学生共同完成一个实验方案，既可以培养学生的动手能力，还可以培养学生的合作意识；最终进行小组间的成果交流时，又培养了学生的表达能力。

再次，"小组会议"提升了学生的思维品质。在学习过程中，当完成多组实验之后，需要对实验结果进行归纳总结，得出一般性规律。通常，我们习惯于给学生提供完善、凝练的结果，而忽视了引导学生独立探索、总结归纳的过程，长此以往，学生的独立思考能力就会下降。通过"小组会议"的形式，注重学生思考的过程、沟通的过程、总结的过程，最终凸显知识生成的过程，提升学生的思维品质。

最后，"以学生为本"的教学方式提高了学生的综合学习效果。是否达成学习目标是评价学生课堂学习效果的重要标准。虽然一节课的学习时间不长，但往往有不同层面的学习目标要落实，如知识、能力目标等，而这些目标往往是不可割裂的，是有机统一的。以学生为中心的课堂，把不同层面的学习目标统合在一个学习活动中，让学生可以在完成一个学习活动的同时达成多个学习目标，这对提高学生的综合学习效果、培养学生的综合能力有极大的帮助。

专家点评

本节课教学重难点突出，教学步骤设计合理，始终以学生为主体，通过观察简易电动机模型演示实验，让学生分组实验探究安培力的方向，掌握左手定则。教学中采取学生自主学习、小组会议交流讨论、学生上台交流展示等形式，学习效果突出。

建议：在讨论安培力的大小时，可以让学生猜想 I、B 不垂直时怎么计算安培力的大小。注意电流是标量，不能用平行四边形法则，需要计算通电导线的等效长度 L。

第六章
"以学生为本"的
教学设计：高中化学

案例 9

高二化学新授课"酯的合成与水解"

● **专家箴言**

抽象的原理和具体的变化相互结合、相互作用，是引导学生学习化学的好方法。

● **教学设计**

一、课标要求分析

根据《普通高中化学课程标准（2017年版）》（简称《化学课标》），本节课着重让学生掌握有机化合物的结构特点及典型有机化合物的性质。酯是典型的羧酸衍生物，借助本节课，帮助学生认识有机化合物中的官能团，认识酯的结构、主要性质与应用，知道合成新物质是有机化学研究价值的重要体现，结合实例认识有机化合物在生产、生活中的重要应用。

二、学习内容分析

本节课内容来自人教版高中《化学》教材选修5第三章第三节。从整个中学阶段的化学教材编排来看，学生在初中阶段就已经接触过有机物的概念；在高中必修内容中，学生简单认识了一些代表性的有机物；在高中选修内容中，学生可以接触更多有机物的性质，以此实现有机知识体系的应用创新。作为典型的羧酸衍生物，酯由于其官能团而具有独特的性质。在此之前，学生已经初步学习了烃、卤代烃、醇、酚、醛、羧酸等有机物的性质，本节内容既是烃的含氧衍生物中的重要内容，也为后面的有机合成、基本营养物质学习打下基础。

三、学生情况分析

学生基础良好。在此之前，学生已经熟悉有机化合物的主要官能团及其性质，能完成简单的有机物转化。期待学生通过此节课的学习，掌握酯水解的规律，熟悉科学探究的一般过程：发现问题—提出假设—设计方案—实验验证，熟悉酯在生产生活中的应用，实现知识的情境化与去情境化。

四、学习目标

1. 认知酯的官能团及其主要性质，理解酯化反应和乙酸乙酯水解的基本规律，掌握羧酸、醇、酯之间的转化在合成和推断中的应用。

2. 体验科学探究的过程，强化科学探究的意识，能够发现和提出化学问题，敢于质疑，勤于思索。

3. 认识酯在生产生活中的重要价值，培养社会责任感和学习化学的乐趣。

五、学习重点

本节课的重点是酯的结构特点和酯的主要化学性质，二者相互联系。基于课标要求，学生可以联系生产生活中的真实情境，来掌握酯的化学性质。

六、学习难点

本节课的学习难点是酯水解的基本规律。针对学生在学习过程中往往重知识学习而轻能力提升的现状，本节课引导学生设计实验方案，借此提升学生的化学学科核心素养——科学探究与创新意识，研究酸碱性对酯水解反应的影响。学生在活动中完善实验方案，通过组内和班级分享，掌握实验方案设计方法。

七、学习流程

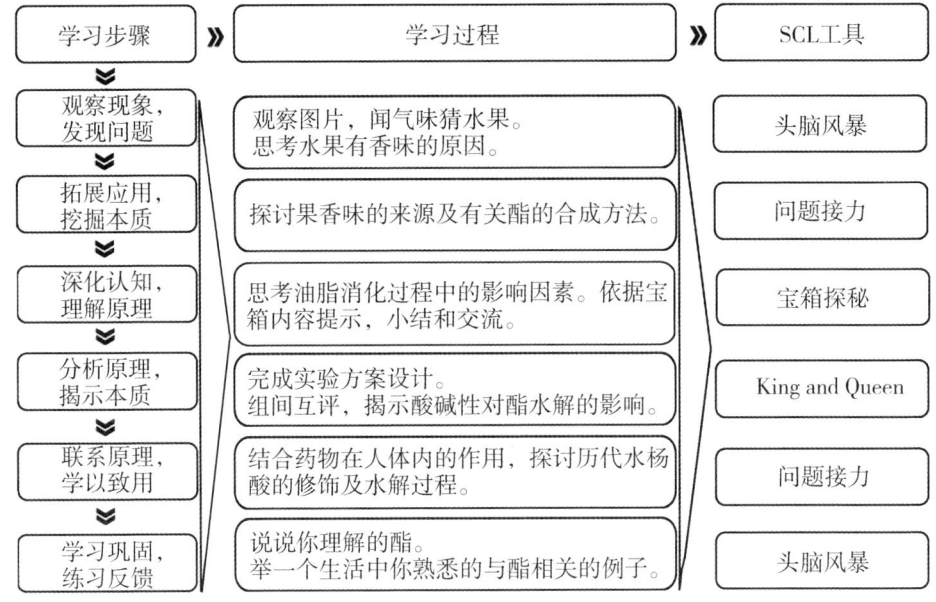

图 6-1-1　学习流程图

八、教学过程

表 6-1-1　教学过程表

教学步骤	SCL工具	教学过程	活动目标	时间安排（分钟）
观察现象，发现问题	头脑风暴	●观察图片，闻气味猜水果。 教师向学生提供若干个不透明的小瓶，内含某种水果，学生闻气味猜水果，引入之后的环节。以菠萝味为例，教师展示资料卡片——丁酸乙酯，学生观察、思考，通过具体的化学物质——丁酸乙酯，	丰富感知，引发思考。	3

续表

教学步骤	SCL工具	教学过程	活动目标	时间安排（分钟）
观察现象，发现问题	头脑风暴	与实际生活中的果香味联系起来，认识到酯离生活并不遥远。 • 为什么水果会有果香味？ 通过熟悉的果香味激起学生的兴趣，将果香味与酯联系起来，建立抽象的化学物质与实际生活的联系。	丰富感知，引发思考。	3
拓展应用，挖掘本质	问题接力	• 果香味是否是从水果中提取的呢？ • 若丁酸乙酯不是从水果中提取的，你是否可以合成丁酸乙酯？ • 酯化反应是可逆的，实际生产过程中，为了提高产率，你认为应该采取哪些措施？	感受化学的贡献：弥补自然资源的不足；体会控制条件改变世界。	9
深化认知，理解原理	宝箱探秘	• 油脂在消化道的哪个部分被消化？ • 为什么油脂在十二指肠处开始分解，而不是胃部？ • 依据宝箱内容提示，进行课堂内容小结和学习心得交流。	联系生理健康引发思考。	4
分析原理，揭示本质	King and Queen	• 小组完成实验方案设计。 • 结合其他组的设计，完善本组方案。 • 组间互评，揭示碱性利于油脂水解的本质。	体验科学探究过程，提升化学学科核心素养。	16
联系原理，学以致用	问题接力	• 如何减轻水杨酸的刺激性？ • 水杨酸是否也能发生酯化反应？发生反应的是羧基还是羟基？ • 缓释乙酰水杨酸后，它在体内最后的水解产物是什么？	拓宽视野，酚羟基也可以发生酯化反应，需要不同的反应物或条件。 提升学生的核心素养——社会责任感。	5

续表

教学步骤	SCL工具	教学过程	活动目标	时间安排（分钟）
学习巩固，练习反馈	头脑风暴	• 说说你理解的酯。 • 举一个生活中你熟悉的与酯相关的例子。	整合认知，总结评价。	3

九、板书设计

板书设计见图 6-1-2。

$$\text{酯的合成与水解}$$

一、酯的合成

$$CH_3CH_2CH_2COOH + C_2H_5OH \xrightleftharpoons{\text{浓硫酸}} CH_3CH_2CH_2COOC_2H_5 + H_2O$$

二、酯的水解

$$CH_3COOC_2H_5 + H_2O \xrightleftharpoons[\triangle]{H^+} CH_3COOH + C_2H_5OH$$

$$CH_3COOC_2H_5 + NaOH \xrightarrow{\triangle} CH_3COONa + C_2H_5OH$$

图 6-1-2 酯的合成与水解板书设计图

● **教学反思**

情境中的化学学习

一、案例背景

有机合成的教学，不仅要继续提升学生的科学素养，还要继续激发学生学习有机化学的兴趣，并激励一部分学生将来从事有机化学研究。美国心理学家布卢姆提出过如下理论：浓厚的兴趣能弥补智能的不足，持久的兴趣会导致发明创造。

传统的课堂教学一般采用"填鸭式"的讲授，其优点是知识脉络清晰，重点突出，但也有一定程度的不足，就是教学中的重点往往是对代表性物质性质的记忆，学生对学习易产生厌烦情绪，对有机化学的发展历史、价值功能、艰巨挑战、思路方法等很难有全面的了解。

《普通高中化学课程标准（2017年版）》要求学生能够以代表性物质为例认识有机化合物中的官能团，结合典型实例认识官能团与性质的关系，知道有机反应类型，知道有机化合物之间在一定条件下是可以转化的。并且通过化学学科的学习，形成结构决定性质的观念；知道化学变化需要一定的条件，并遵循一定规律，认识化学变化有一定限度、速率，是可以调控的；能发现和提出有探究价值的问题，能从问题和假设出发，依据探究目的，设计探究方案，运用化学实验、调查等方法进行实验探究；勤于实践，善于合作，敢于质疑，勇于创新；深刻认识化学对创造更多物质财富和精神财富、满足人民日益增长的美好生活需要的重大贡献。

因此，结合有机合成在生产生活中的应用及其发展历史和对人类发展的贡献，采用SCL教学法进行整体设计，给学生展示一个学科知识与生产生活相关联的广阔视角，以此激发学生兴趣，成为本节课的核心指导思想。

二、情境再现

（一）丁酸乙酯的合成

该环节采用了"以学生为本"教学法工具中的"头脑风暴"。教师向学生提供若干个不透明的小瓶，内含某种水果。学生闻气味猜水果，通过熟悉的果香味激起学生的兴趣，以此引入之后的学习环节。以菠萝味为例，教师展示资料卡片——丁酸乙酯，学生观察、思考，通过具体的化学物质——丁酸乙酯，与实际生活中的果香味联系起来，认识到酯离生活并不遥远。

教师继续追问果香味是否是从水果中提取的，引发学生思考，感受有机合成的贡献：合成用途广泛的天然有机物，以弥补自然资源的不足。

教师指导学生完成丁酸乙酯合成的化学方程式，联系实际应用，以此激发学生对合成果香剂的成就感。教师继续追问为了提高产率，可以采取哪些措施，促使学生体验在实际工业生产中化学合成与实验室合成的不同。

(二) 油脂的消化

创设情境：除了水果，酯还存在于哪些常见物质中呢？学生观察PPT展示的天然油脂及其分子结构，以此强化学生的分类思想，使学生认识到油脂也属于酯类物质。

创设情境：食物中的大分子，如蛋白质、油脂并不能被人体直接吸收，需要经过消化过程，大家知道油脂在消化道的哪个部分被消化吗？学生通过回忆以前的知识，进行思考。

教师设问：为什么油脂在十二指肠处开始分解，而不是胃部？通过资料卡片铺设台阶，指导学生猜想原因，引发学生思考酸碱性对酯水解的影响。

教师指导学生设计实验方案，评价学生实验方案的设计优劣，并通过微视频的方式演示实验，引导学生对比实验，得出结论碱性环境利于酯类水解。

教师设问：为什么碱性环境利于酯类的水解？以此落实水解方程式的书写，并在此过程中渗透平衡移动思想。学生完成酸性和碱性条件下乙酸乙酯水解方程式的书写，用新学到的原理解释之前水解环境的问题。

(三) 阿司匹林的前世今生

教师用PPT展示部分药物（红霉素、阿司匹林等）的结构简式，学生观察药物的分子结构，进一步体会化学中的分类思想，认识到有一些药物也属于酯类。

教师提供资料卡片——阿司匹林的发展史，拓宽学生视野，使学生认识到酚羟基也可以发生酯化反应，但是需要不同的反应物或条件，以此理解"反应是有条件的"这一化学基本思想，并借此过程感受人类改造自然、战胜病痛的精神。

教师设问：服用缓释阿司匹林后，它在体内最后的水解产物是什么？学生通过小组讨论、观察，思考酯的合成与水解在医药中的应用。

三、聚焦分析

(一) 情境教学的现实意义：让抽象的化学知识具象化

传统的化学教学对学生化学创新能力培养强调不足，重化学理论学习，轻化学实践探究；重化学知识的纵向拓展，轻化学知识跨领域、跨学科的横向综合。因此在平时的教学中，教师不应仅以化学知识的传授为主，应以培养学生相应的化学能力为核心来组织课程内容，融入具体的生活情境，避免造成化学知识理论性强、抽象的刻板印象，脱离现实生活。

（二）情境素材的选择标准：立足学生发展

教学实践发现，问题情境式教学可贯穿化学教学全过程，无论是元素化合物知识的教学，还是化学基本概念、化学基本原理、化学实验的教学，均可使用情境素材创设问题情境，优化教学过程。而无论是情境素材的开发还是情境素材的应用，应以培养完整的人格为宗旨，以人为本，立足于学生的全面发展，对学生的素质进行全方位培养。也就是说，教学过程的每个环节都以学生的发展为本，以学生的自主学习活动为主线，注重发挥学生的主体作用，让学生积极主动地参与整个教学活动。

（三）情境素材的呈现逻辑：符合学生认知规律

建构主义认为，学生的学习需要一定的情境。而有效的教学也需要创设一种良好的教学情境，因为良好的教学情境能促进学生主动学习。建构主义强调以学生为中心，学生是学习的主体，因此，教学情境设计必须符合学生的认知规律。在教学实践中，高中化学教师在创设教学情境时常用哪些素材？如何呈现这些素材？新手教师和有经验的教师所选择的素材和素材呈现方式有什么不同？创设教学情境常受到哪些因素的影响？创设的教学情境又如何影响教学效果？这些是很多一线化学教师、研究人员关注的问题。要提高化学教学的质量，就要分析化学教学情境创设的影响因素，尤其是创设的主体——教师对教学情境的创设和选择。

（四）情境素材的使用宗旨：促进教学目标的达成

化学教学情境中的"情"，就是指学生的情感。积极的情感体验可以促进学生形成积极的态度、行为和良好的个性，能启发学生的思维，引导学生探究知识，解决问题；积极的情感氛围还能对整个学习过程起引导、定向作用。所以在创设化学教学情境时，一定要重视学生的情感。如教师引导学生"查阅反映20世纪化学发展过程中重大事件的资料（或观看录像）"，使学生"知道化学科学的主要研究对象，了解20世纪化学发展的基本特征和21

世纪化学的发展趋势";通过"讨论合成氨、药物合成、合成材料、环境保护等对提高人类生活质量的影响",使学生"认识并欣赏化学科学对提高人类生活质量和促进社会发展的重要作用"。通过上述教学情境,激发学生对化学学习的兴趣。

(五) 情境教学的基本特征

以本节课为例,教学在情境的创设和展开的过程中进行,先后体现出了以下特点。

1. 学科综合

本节课以油脂的消化过程为例,让学生思考油脂消化的发生地点。PPT给出资料卡片"部分体液的pH",由此引入酸碱性对酯水解的影响。将酯在酸性与碱性环境中的水解置于真实的情境中,与真实的生理过程相结合,引发学生对酯在酸碱性不同的环境下水解的思考。

2. 科学史观

以乙酰水杨酸的合成为例,展示阿司匹林的发展历史,模拟霍夫曼对水杨酸合成的改进过程,巩固学生对酯合成这一知识点的理解,感受科学的发展过程,体会人类改造自然、战胜病痛的精神。同时拓宽学生视野,体会酚羟基也可以发生酯化反应,但是需要不同的反应物或条件。结合科学史,便于学生从医药中的应用落实酯的合成与水解的知识点。

3. 兴趣提升

本节课结合实际生产与生活,通过生活中熟悉的果香味活跃课堂气氛,将抽象的化学物质与生活结合起来,激起学生的兴趣。通过丁酸乙酯的合成感受有机合成的贡献:合成用途广泛的天然有机物,弥补自然资源的不足;天然提取成本高昂,产率有限,工业生产才是主力,以此体验在实际工业生产中化学合成与实验室合成的不同;通过控制反应条件实现产率的最大化,感受化学改变世界的成就感。

一个优秀的教师,一定是一个在课堂教学中不断追求创新的教师。而课堂教学的创新,首先是教学设计的创新。在新课程改革背景下,传统教学方法的弊端日益突出,应用SCL教学法的核心策略"充分利用学生已有的知识和经验""使用活动或资料来激励/帮助/挑战学生",可以激发和促进学生的情感活动、认知活动和实践活动，在促进化学课堂教学有效性方面有着其他教学方法无可比拟的优越性。

■ 专家点评

化学反应的原理是抽象的，呈现在学生面前的化学变化是具体的。本课例值得肯定的是：在"情境教学"中，将"实际情境"和"问题情境"密切结合，体现了抽象的原理和具体的变化相结合、相互作用。学生学习过程中几个节点的设计比较合理，逻辑性强，并且体现了学生的自主学习。

建议：结合教学设计中设置的"学习重点"看，整个教学过程对酯的结构特点以及酯的合成、水解反应中官能团的变化强调得不够。这可能会导致学生对基础知识掌握得不够牢固，影响其知识的迁移应用。

案例 10

高二化学新授课"原电池"

● 专家箴言

化学教学要以反应的实质为基点,从"原理"和"装置"两个维度引导学生自主进行实验探究。

● 教学设计

一、课标要求分析

《普通高中化学课程标准(2017年版)》(简称《化学课标》)要求学生了解原电池的工作原理,能设计简单的原电池。"原电池"内容位于教材选修4中,要求学生从微观层面对原电池及其原理有更加深刻的认识与理解,理解双液原电池与盐桥的作用原理,并且能够根据这些原理设计简单的双液盐桥原电池,能够写出其相应的电极反应方程式与电池反应方程式;要强调这种双液盐桥原电池中氧化剂、还原剂近乎完全隔离却能实现电子的定向转移,并能理解为什么将化学能转化为电能的效率更高。上述内容为原电池原理的实用性开发奠定了一定的理论基础。

二、学习内容分析

本节课教学内容是建立在学生知道原电池的实质为自发进行的氧化还原反应的前提下展开的,通过本节课进一步就如何设计出更高效的原电池进行理论基础、实验设计和科学探究的思考,重点是学生通过自主设计实验,体会盐桥传递离子的作用。

本节课内容理论性强、抽象,所以通过实验环节让抽象的问题外显化;

同时，本节课作为第四章"电化学基础"的第一节，为接下来第二节"化学电源"的学习打下基础，体现实用电池中盐桥的各种创新应用；另外，本节课系统构建了原电池的认知模型，为学生更好地认识原电池提供了视角。本节课内容侧重于学生自主设计实验方案、开展实验探究的方法培养，同时使学生体会实验流程设计及操作的科学性、严谨性。

三、学生情况分析

学生通过化学必修 2 的学习，认识了简单的 Cu-Zn 原电池模型，知道原电池的简单组成和实质，但是不清楚该种电池的优、缺点，对于如何改进装置设计出更高效的原电池，既没有理论基础，也缺少实验设计和科学探究能力的培养。因此，本节课在教学方法上要体现"以学生为本"，教学流程沿着"旧知重拾—实验验证—发现问题—深度思维—自主建构—合作探究"展开。

四、学习目标

1. 回顾已有原电池的理论知识，设计装置图并进行实验，探究原电池的实际工作状态。

2. 通过实验，发现问题，自主改进实验方案，开展实验探究，自主体会系统性、科学探究的方法在化学学习中的重要性，感受盐桥在双液电池中的作用。

3. 通过旧知重拾和实验探究，建构原电池认知的完整二维模型。

五、学习重点

根据《化学课标》和以往高考北京卷《考试说明》要求，学生要理解双液电池与盐桥的作用原理，并且能够根据这些原理设计简单的双液盐桥电池，因此本节课采用"旧知重拾—实验验证—发现问题—深度思维—自主建构—合作探究"的"以学生为本"的课堂理念进行展开，重点在于让学生认识掌握原电池的二维模型，从而抓住设计原电池的着手点。

六、学习难点

本节课的难点在于原电池的内电路如何实现导通。这方面的内容抽象,学生不容易理解,因此可提供多种样式盐桥让学生尝试、交流,体会原电池工作原理中盐桥的作用,这有利于学生后续对陌生电池体系的分析。

七、学习流程

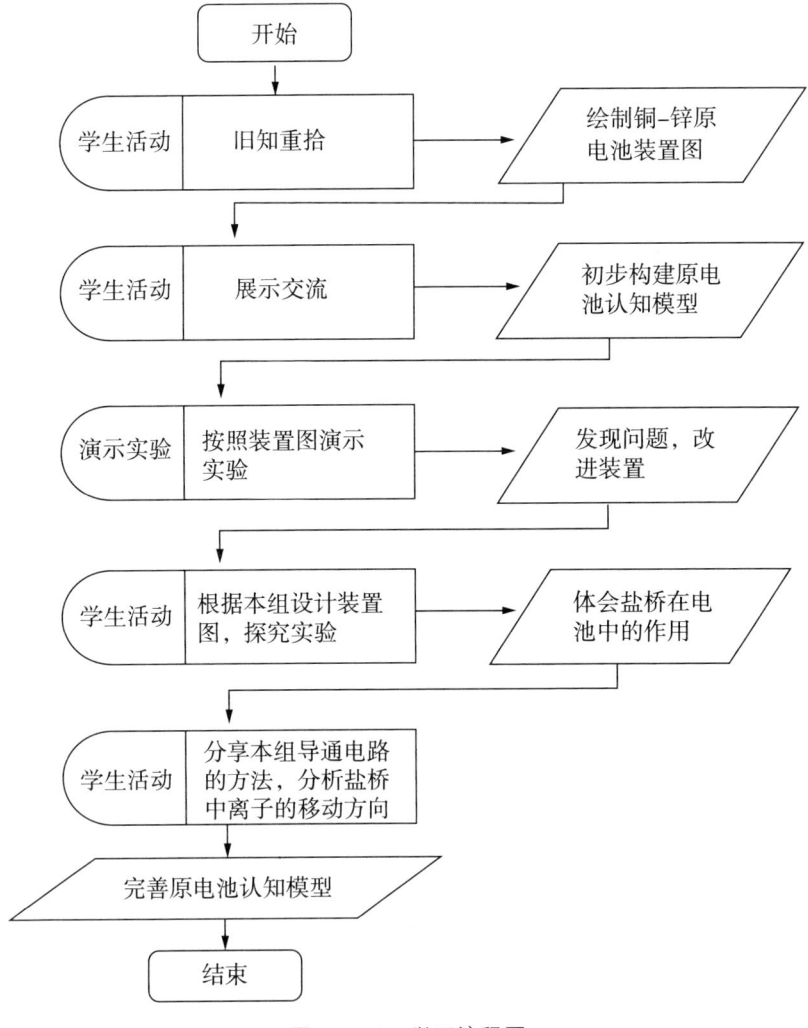

图 6-2-1 学习流程图

八、教学过程

表 6-2-1　教学过程表

教学步骤	SCL工具	教学过程	活动目标	时间安排（分钟）
旧知重拾	头脑风暴	**任务 1**　请根据反应 $Zn+CuSO_4 == ZnSO_4+Cu$ 的原理，自主设计原电池，画出实验装置图。要求：①写出电极方程式并预测实验现象；②标明电子流动方向；③标明离子流动方向。	系统性提取学生已有的原电池知识。	5
模型初建	成果分享	学生展示绘制的原电池模型，分享设计思路，并完成任务1中的三个小问题。重点由学生分析离子流动方向，预测实验现象，引出接下来的实验验证。	通过课堂学生互动，培养学生的语言表达能力和思维的完整性。	2
	提炼精华	帮助学生初步建立从装置要素、原理要素两个角度认识原电池的模型，并提出内电路、外电路的概念。	初步建立设计、分析原电池的二维模型。	3
实验验证，发现问题	认知冲突	**任务 2**　请认真观察并记录实验现象，分析原因。根据上一环节设计的原电池装置图，进行验证实验。学生认真观察实验现象，然后汇报真实实验现象与预测的差异性。	通过实验验证，体会预测与证据相结合的研究问题的方法。	5

续表

教学步骤	SCL工具	教学过程	活动目标	时间安排（分钟）
改进装置，解决问题	头脑风暴	引发学生思考产生差异的原因，并初步提出改进装置的方法。	培养学生从本质出发找原因，抓住问题的实质，解决问题。	3
		任务3 请改进实验装置，使其产生稳定的电流。 实验用品：锌片、铜片、盐桥（或滤纸条）、电流表；$CuSO_4$溶液、$ZnSO_4$溶液、Na_2SO_4溶液、$NaCl$溶液。 学生小组讨论绘制出改进后的装置图，并根据提供的仪器和药品完成实验探究过程。 教师在各小组观察，根据学生完成情况进行适时、适度指导。	培养学生小组合作学习的能力，体会盐桥的不同形式与相同作用。	12
分享交流，成果汇报		将学生绘制的不同实验装置图进行展示，小组间互相评价，得出绘制出不同装置图的原因是所提供的盐桥不同。让学生自主提炼出盐桥传导离子的作用，并解释实验室中所用盐桥的成分及工作原理。	培养学生多角度认识问题的能力，体会盐桥传导离子的重要作用。	5
突出重点，完善模型		进一步从"装置的导线→电子导体"和"电解质溶液→离子导体"两个方面完善原电池的认知模型。 进一步引出双液电池的概念以及由单液电池改装为双液电池的优点：获得稳定电流，提高电池效率。 完成整体板书的构建。	升华本节课的重点——学生自主进行实验探究，体会盐桥在双液电池中的作用，完善原电池的二维认知模型。	5

九、板书设计

板书设计见图 6-2-2。

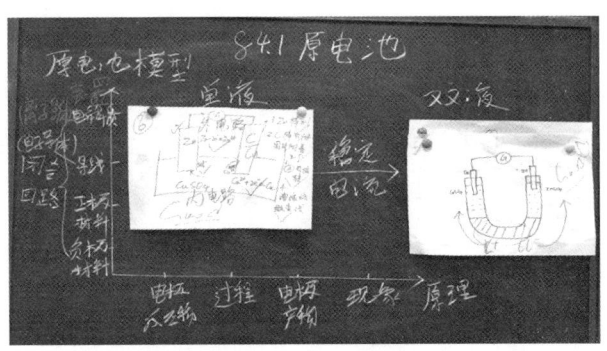

图 6-2-2　原电池板书设计图

◉ 教学反思

学生自主探究"桥"在电池中的作用

一、案例背景

本节课为人教版《化学》教材选修 4 第四章"电化学基础"第一节"原电池"。对于这节课，常用的授课方式如下。环节一：教师带领学生复习教材必修 2 中原电池的相关知识，给出实验装置图，然后按照装置图进行演示实验或者学生实验。环节二：发现存在电流不稳定的问题，教师启发学生分析原因，并按照教材中的实验装置图改进装置，然后每组发放预先制备好的盐桥，学生通过实验发现电流变得稳定。环节三：教师引导学生得出盐桥补充电荷、构成闭合回路的作用。采用这种上课形式，教师也充分考虑了学生活动和学生的自主学习，同时在有限的课堂时间里较好地完成了教学目标。但这种上课方式仍有不足之处，具体包括以下三个方面。（1）旧知识的复习方式效率不高，必修 2 中与原电池相关内容的学习是在高一下学期完成的，距离本节课的教学时间较久远，学生短时间很难回忆起来，因此，复习方式的实用性有待商榷。（2）原电池的内容重在构建系统化的原电池认知模型，教给学生设计、分析原电池的视角，而不是给出具体的模型分析，帮助学生以后在遇到各种"升级"版原电池装置图的时候知道如何"下手"。（3）本节课的重点内容为盐桥的作用，若教师有意让学生通过实验去体会，学生自主探究仍然体会得不充分，感觉仍然是教师在直接"传输"。基于以上三个方面，本节课立足于"以学生为本"教学法的内涵，进行了教学改进。

二、情境再现

片段 1 设计环节一：提出任务 1，请根据反应 $Zn + CuSO_4 == ZnSO_4 + Cu$ 的原理，自主设计原电池，画出实验装置图，并在装置图上完成三个小问题：①写出电极方程式并预测实验现象，②标明电子流动方向，③标明离子流动方向。5 分钟完成。

片段 2 设计环节二：通过任务 1 的完成，能够初步从装置角度、原理角度两个维度构建认识原电池的模型。装置角度具体包括：正极材料、负极材料、导线、电解质溶液；原理角度具体包括：电极反应物、反应过程、电极产物、反应现象。5 分钟完成。

片段 3 设计环节五：提出任务 3，请改进实验装置，使其产生稳定的电流。实验用品：锌片、铜片、盐桥（或滤纸条）、电流表；$CuSO_4$ 溶液、$ZnSO_4$ 溶液、Na_2SO_4 溶液、NaCl 溶液。12 分钟完成。

三、反思分析

（一）三个教学片段的设计意图反思

片段 1 是学生以小组为单位用 5 分钟时间进行复习。课前已经通过学案的形式布置了复习作业，课堂上各小组在黑板上展示复习成果，教师挑选完成情况一般的一组进行共性问题的分析，其余组同学聆听，随时进行补充。通过该环节完成对课前作业完成情况的检查，同时通过对比各组完成情况，激发学生的竞争意识，提高课堂效率。该环节充分体现了"以学生为本"教学法中充分利用学生已有的认知和经验开展教学活动的原则。

　　片段2是学生以小组为单位用5分钟时间完成建模。通过这样一个模型建构的过程，后面再给学生布置设计原电池的任务时，学生就会从反应的原理出发，找出对应的电极反应物，分析反应过程，得到电极产物，这一逻辑思维过程就是电极反应式的书写角度；同时从装置角度出发，就会考虑到需要为正、负极得、失电子提供场所，同时需要构建外电路和内电路，使原电池形成完整的闭合回路。模型的构建在高中化学的学习中具有很重要的作用，培养了学生有效学习的策略，提高了学习能力。

　　片段3是学生借助实验发现问题，改进实验解决问题，这一环节是本节课要完成的教学重点。学生已知环节1设计的原电池电流不稳定，大部分化学能转化为热能，电池效率低。因此给出的解决方案是：将Zn片从$CuSO_4$电解质溶液中取出，放置于另一个烧杯中，但是学生很快又发现新的问题：不能形成完整的闭合回路。因此本环节设计时间为12分钟，给学生充足的时间改进原有的装置图，然后根据所提供的仪器和药品，进行探索探究，体会发现问题、解决问题的过程，这也是对学生创新性思维的培养。同时，为了避免各组设计成果的重复，教师为邻近的组提供的是不同"款式"的"盐桥"：充满整个U形管的KCl-琼脂凝胶盐桥，充满部分U形管的KCl-琼脂凝胶盐桥，一张滤纸片"盐桥"。另外，为了更好地体现电解质溶液的导电作用，提供了$ZnSO_4$溶液、Na_2SO_4溶液、NaCl溶液三种电解质溶液供学生探索。课堂观察发现，学生一开始没有思路，于是开始尝试用提供的盐桥进行连接，然后选择一种电解质溶液进行实验，发现产生的电流很稳定。于是慢慢地学生开始找到感觉，尝试加入不同的电解质溶液，发现都可以形成稳定的电流。其中使用滤纸的这一组，用干燥的滤纸连接两个烧杯时，发现没有电流，因为没有提供胶头滴管，有的学生就尝试用Zn片或Cu片蘸上电解质溶液并向滤纸上滴，当滤纸被润湿后，发现电流表指针偏转，而且一段时间内很稳定，学生很开心。这时请学生说说自己的想法，学生很自然地说出"湿润的滤纸在传导电解质溶液中的离子"，然后学生画出实验装置图，并分析溶液中离子流动的方向。使用充满部分 U 形管的 KCl-琼脂凝胶盐桥的那组学生的第一想法是将盐桥倒扣，连接两个烧杯，发现操作稍有不慎 U 形管中就不能充满电解质溶液。这时教师询问他们遇到了什么困难，这样做的目的是什么，能不能换个角度思考。有学生提出将 U 形管正立能起到一样的作用，其他同学听后豁然开朗，实验证实 U 形管正立产生了稳定的电流，之后学生再次画出实验装置图。

学生受环节 1 的启发，能够想到电解质溶液中离子的迁移，但是想不出还可以通过外界提供离子，此时教师讲解 KCl-琼脂凝胶盐桥的作用原理。本环节教师积极鼓励学生提出自己的想法，培养学生问题解决的能力，适时指导各组学生开展实验探究活动，充分体现了教师在教学过程中的促进者角色，而不是简单的知识呈现者；同时通过巡视指导，鼓励、引导更多的学生参与到学习过程中。

（二）关于本课进一步改进的反思

总体来说本节课完成了教学任务，给了学生充分的小组合作、自主探究学习的时间，攻克了盐桥传递离子、导通内电路的教学难点，让学生认识到不同的盐桥作用是相似的。通过反思，本节课还可以在以下三方面进行改进。

第一，增加组间交流的环节，本组任务完成后，可以让学生离开座位，到别的小组进行交流。

第二，可以用实物或者投影展示更多的盐桥形态，如实用性电源氢氧燃料电池中的离子交换膜。

第三，可以通过水果电池，介绍电解质离子不仅可以在无机溶剂中迁移，还可以在有机溶剂、固体物质中迁移，增加学生对盐桥的全面认知，为下一节学习化学电源做好铺垫。

高中化学课程是落实立德树人根本任务、发展素质教育、弘扬科学精神、提升学生核心素养的重要载体。化学学科核心素养是学生必备的科学素养，是学生终身学习和发展的重要基础。化学课程对科学文化的传承和高素质人才的培养具有不可替代的作用。但是现阶段高中化学教学存在的普遍问题是学生学习动力不足，这与我们一线教师的上课方式有很大的关系。学生每天面对繁重的学业压力，对教师滔滔不绝的知识传输提不起兴趣，因此课堂参与度不高，课堂效率低，最终的结果是一节课下来学生累，教师也累。如何解决当前这种普遍问题呢？"以学生为本"教学法整合了先进的教育理念，使化学课堂变得生动起来。它使学生真正成为课堂的主角，学生之间互相合作，互相启发，产生学习化学的兴趣。

"以学生为本"教学法不仅适用于部分新授课，对习题课、复习课也很有帮助。在习题课中，根据学生层次布置相应的题型解析任务，让学生上讲台表达自己的思考过程和解题方法，分析知识点。通过一个月的尝试，学生由一开始的"胆战心惊""思路不清""表达不通""一知半解"逐渐过渡为"信心满满""思路清晰""语言简洁""一语中的"，部分学生还主动找教师多安排他们讲题。课堂变了，学生也能够更好地展现自己，学习信心满满，动力满满。当然，要想更好地实现"以学生为本"教学法的效果，教师必须对授课内容有更全面的把握，根据本班学生实际情况，提出难度适中、衔接顺畅的任务，尤其是对青年教师，必须对本学科的每一节、每一章、每本教材之间的关系有很透彻的理解。

专家点评

本节课例的教学内容是高中化学必修2中原电池知识的延伸和深化。值得肯定的是：授课教师以"以学生为本"的教学理念为纲，引导和启发学生在每个学习的节点上自主设计实验，进行探究，逐步深入地认识盐桥的作用和实质。这样的教学方式对培养学生的主体意识和科学探究精神非常有益。

建议：放在高中化学的整体框架中审视本节课的设计，如果在必修2初步介绍原电池的教学时就留下恰当的"伏笔"，如单液原电池存在哪些不足，如何改进等，可能在展开本节课内容时会更加自然顺畅，更能激发学生的求知欲。

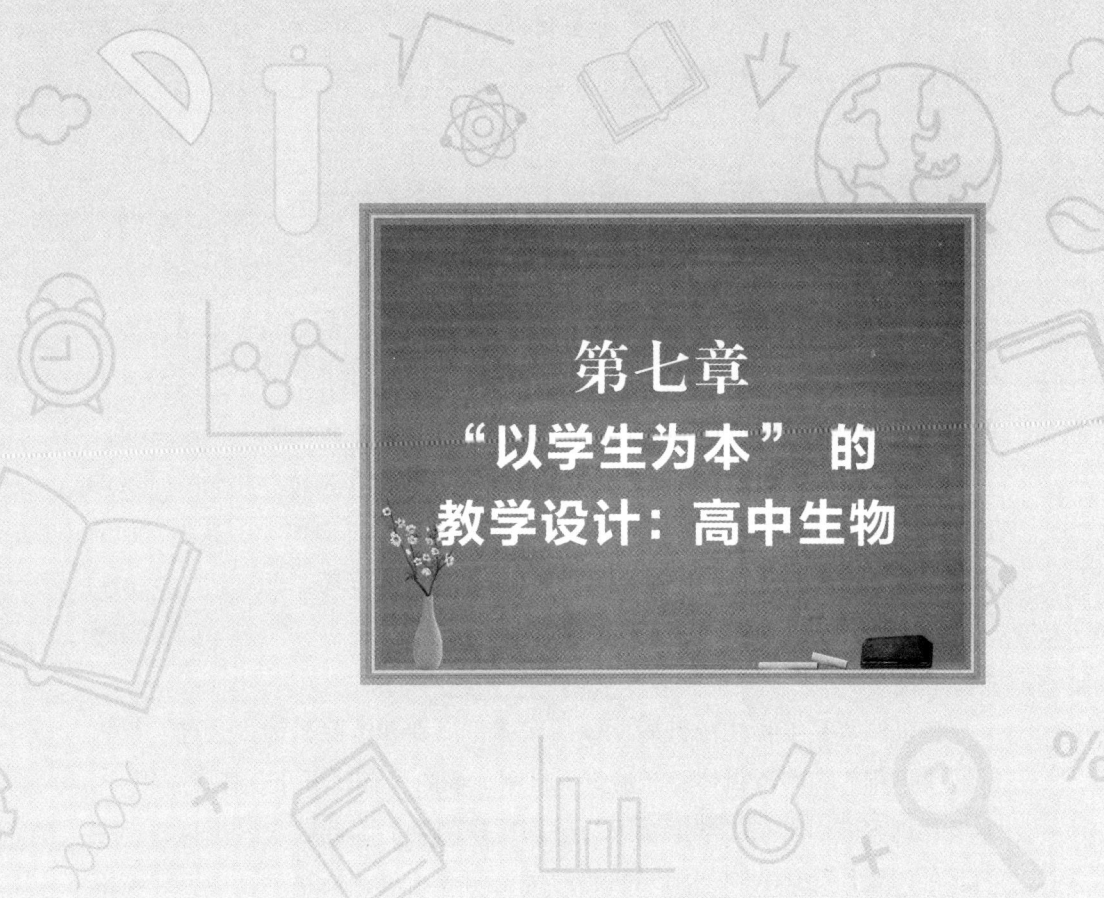

第七章
"以学生为本"的
教学设计:高中生物

案例 11

高二生物新授课"免疫调节"

● 专家箴言

人体免疫系统对学生认识机体如何以免疫系统维持稳态、理解生命系统结构和功能的整体性都有重要意义。

● 教学设计

一、课标要求分析

根据《普通高中生物学课程标准（2017年版）》的要求，本节课要求学生阐明免疫系统的防卫和清除功能。在学生已经了解神经调节和体液调节的相关知识之后，通过对免疫系统组成和功能的学习，特别是对体液免疫过程和细胞免疫过程的分析探讨，引导学生理解免疫调节对人体维持内环境的稳态具有非常重要的作用。同时本节内容对引导学生关注科学、技术、社会的关系有着重要的意义，有利于学生形成健康的生活方式。

二、学习内容分析

免疫调节是生物体抵御病原体的侵袭，识别并清除机体内衰老、死亡或异常的细胞，实现机体稳态的重要机制。该内容有以下几个特点：第一，本节课内容多而复杂，学生学习会感到比较困难。因此教学时可以找学生熟悉的问题作为切入口，围绕问题的讨论而逐渐展开。第二，本节课体液免疫的机制学生较难通过阅读教材理解，因此教学中可采用问题串的形式，帮助学生分析清楚各种细胞形成的关系，最后教师带着学生一起归纳免疫调节的过程。

三、学生情况分析

1. 学生在初中已学过免疫学的基础知识，知道人体的三道防线，初步了解免疫的功能，但对特异性免疫的过程认识比较缺乏。

2. 免疫学知识与生活联系紧密，与每个人的健康息息相关，学生对这一节内容有着浓厚的兴趣。教师可正好抓住这一契机，激发学生对免疫知识的学习渴望。

四、学习目标

1. 学会免疫系统的防卫和清除功能。
2. 运用免疫调节的相关知识分析相关实例，提高识图及图文转换的能力。
3. 体会免疫调节在动物和人体生命活动调节中的重要作用。

五、学习重点

本节课重在帮助学生认识"免疫"，突出它在稳态维持中的作用。教学中可引导学生认识体液免疫与细胞免疫的过程以及二者的关系，通过学案引导，带着问题观看动画，借助课堂交流讨论，动手画出过程图解，以此突破重点。

六、学习难点

特异性免疫是通过体液免疫和细胞免疫两种方式，针对特定病原体发生的免疫应答。体液免疫方式内容较抽象，学生不易理解，因此体液免疫的方式是本节课的难点。本节课采用问题接力的形式来落实学习难点。

七、学习流程

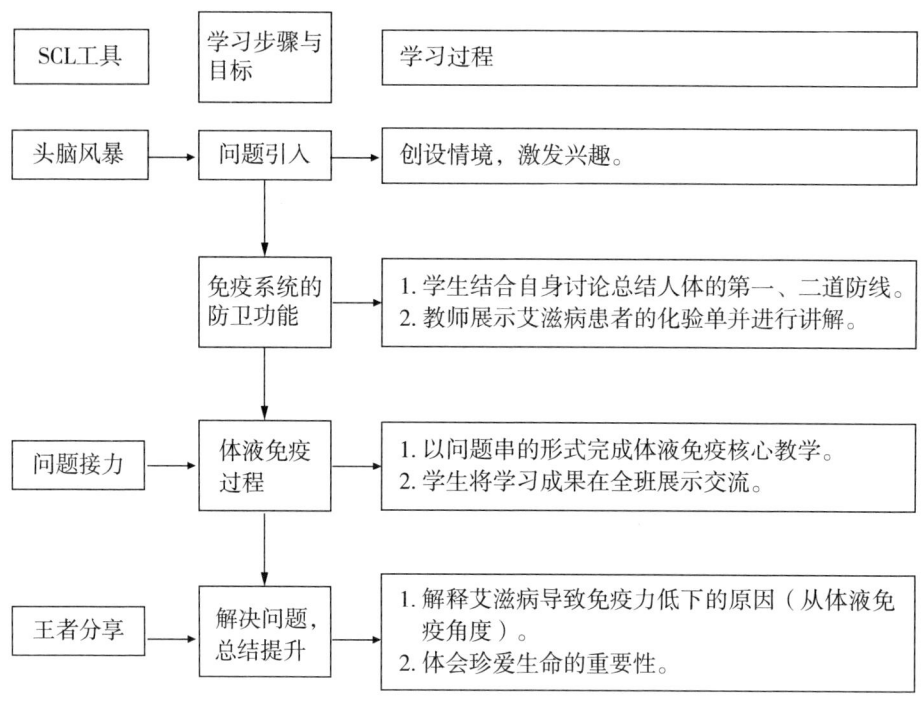

图 7-1-1　学习流程图

八、教学过程

表 7-1-1　教学过程表

教学步骤	SCL工具	教学过程	活动目标	时间安排（分钟）
创设情境，引发思考	头脑风暴	由12月1日"世界艾滋病日"引入本节课——免疫调节，提出问题：艾滋病患者患病概率为什么比普通人高？	创设情境，激发兴趣。	1

续表

教学步骤	SCL工具	教学过程	活动目标	时间安排(分钟)
合作探究，分析实验	问题接力	1. 学生结合自身讨论总结人体的第一、二道防线。 2. 展示艾滋病患者的化验单，引出抗原、抗体的概念教学。 3. 介绍重症联合免疫缺陷病和艾滋病，引出B淋巴细胞和T淋巴细胞的起源以及分化。 4. 思考艾滋病病毒（外源性抗原）是如何侵入机体的。 问题串： Q1：参与体液免疫的细胞有哪些？ Q2：吞噬细胞如何将抗原呈递给T细胞？T细胞又会产生什么？ Q3：一般情况下B细胞增殖分化需要什么条件？ Q4：B细胞会增殖分化成哪两种细胞？ Q5：产生抗体的是哪种细胞？ Q6：抗体如何发挥作用？ Q7：记忆细胞是如何产生的？其作用是什么？ Q8：再次接触到相同抗原时记忆细胞会发生哪些变化？	自主发现，合作建模。	29
深化认知，概念形成	成果展示	学生自己独立阅读体液免疫过程的文字资料，尝试把文字转化为流程图的形式。学生对展示出来的流程图进行评价，找出错误。教师最后强调记忆细胞在二次免疫中的作用。	总结提升，深化理解。	4

续表

教学步骤	SCL工具	教学过程	活动目标	时间安排（分钟）
学习总结，交流分享	王者分享	解释开篇引入的问题，艾滋病导致免疫力低下的原因（从体液免疫角度分析）。教师呈现宁波疾病预防控制中心发布的一篇文章，里面提到在校学生感染艾滋病的比例逐年提高，警示我们要珍惜生命，保护身体。	整合认知，总结评价。	5
学习巩固，练习反馈	独立学习	完成课后练习题。	强化认识，巩固练习。	1

九、板书设计

板书设计见图 7-1-2。

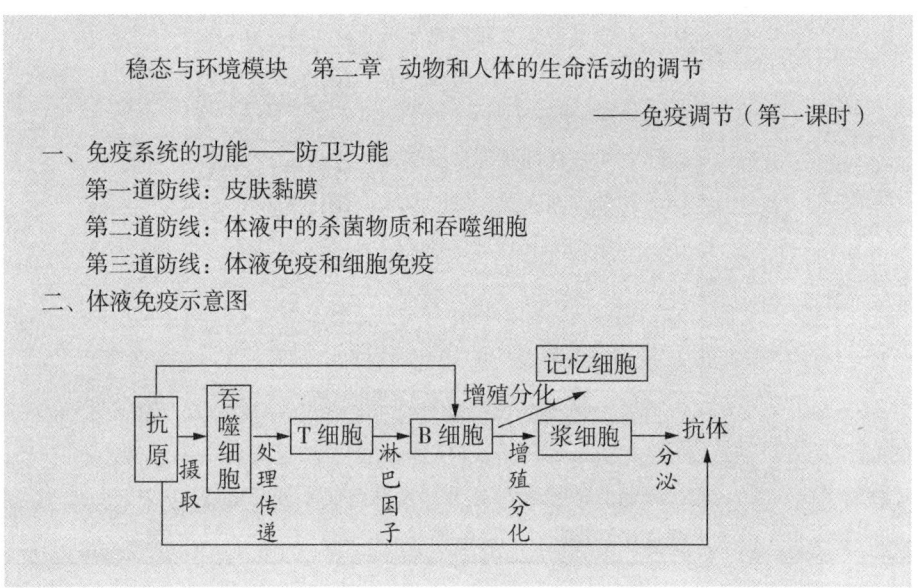

图 7-1-2　免疫调节板书设计图

⦿ 教学反思

如何使生物学科中抽象的问题简单形象化

一、案例背景

高中新课程理念之一是以全面提高学生的科学素养为宗旨，以培养学生的创新精神和实践能力为重点，以倡导探究性学习为突破口。教师作为学习的引导者，应引导学生主动学习，发现问题，解决问题。本节课内容较多，如果为了节省时间一味地让教师讲解，不符合新课程理念，学生始终处于被动学习的状态，不利于提升学生的科学素养。因此，本节课的设计强调"问题质疑"贯穿始终，通过教师的引导，充分发挥学生的主体作用，调动学生的学习积极性。

二、情境再现

教学片段1：体液免疫的过程

教师向学生提问：大家知道艾滋病病毒（外源性抗原）是如何侵入机体的吗？引出本节课的重难点。接下来设计一系列问题串：

①参与体液免疫的细胞有哪些？②吞噬细胞如何将抗原呈递给T细胞？T细胞又会产生什么？③一般情况下B细胞增殖分化需要什么条件？④B细胞会增殖分化成哪两种细胞？⑤产生抗体的是哪种细胞？⑥抗体如何发挥作用？⑦记忆细胞是如何产生的？其作用是什么？⑧再次接触到相同抗原时记忆细胞会发生哪些变化？等等。

问题的设置具有梯度和层次，每个小组的学生争先恐后地回答。在解答问题的过程中，学生之间有认知冲突，教师适时进行点拨。

教学片段2：体液免疫的图文转化

学生自己独立阅读体液免疫过程的文字资料，试着把文字转化为流程图的形式。学生之间互相观摩，对展示出来的流程图进行评价，找出错误。最后教师强调记忆细胞在二次免疫中的作用。

三、聚焦分析

体液免疫和细胞免疫的过程很复杂，是一个微观的动态过程，既是本节课的重点又是难点。教材中的内容和附图过于简化，不利于学生理解。进行教学设计时根据学生的实际水平，做了适当拓展。不一定要学生记住扩充的知识，只是希望通过这些知识，让学生更好地理解书上的重点和难点内容，否则学生只会死记硬背，不利于知识的掌握。在介绍免疫细胞部分时，本节课借助多媒体动画的仿真演示使呈现形象化，之后再借助表格加以对比，引导学生仔细辨别，准确理解，从而有效突破这一难点。在学生观察、分析动画过程的基础上，总结体液免疫和细胞免疫的过程，找出它们的关系和规律。多媒体教学技术可以将静态的过程动态演示出来，使复杂的过程简单化，学生容易接受，教学效果自然提高了。

本节课通过问题驱动、比较联系，让学生的思维紧跟教师，学生始终和教师一起完成问题的探究过程，在创设探究问题和问题解决的过程中学生真正学到了免疫调节的核心概念和核心理论。这样的教学方式不仅降低了免疫调节的知识理解难度，让学生在轻松的探讨中解决了难点，了解了免疫是维持内环境稳态的重要内容，也让学生更好地感受到了珍爱生命、珍爱健康的重要意义。

不足之处：本节课虽然采用了丰富的教学资源，使用图表、视频材料等使学生对知识进行深化理解，但学生并没有建立起完整的机体免疫知识体系。基于课堂，学生只能把学科内知识的相互联系构成一个整体，但对于交叉学科以及学科的外延，还需要大量的阅读才能更进一步深化。

四、结语

聚焦于《普通高中生物学课程标准（2017年版）》，本节课按照核心素养的要求改进课堂教学的各个环节。在教学中多关注学生的认知，多采用对比归纳法引导并启发学生。对自身教育的不断反思是一线教育工作者走向成功的必经之路。我们要始终秉承终身学习的理念，始终告诫自己：多反思多积累，做可持续发展的专业化教师。

■ 专家点评

本案例教材分析较深入，教学目标清晰，重点和难点明确，学情分析具体。体液免疫是一种微观、抽象的复杂过程，涉及的名词概念较多，只看教材文字表述学生很难理解清楚。针对以上难题，本节课教学设计最突出的有三点：一是以剖析一名艾滋病患者的化验单为主线，变演绎为归纳，有利于将抽象知识变具体。二是在问题接力的启发下观看仿真动画，学生的多种感官受到多媒体中的文字、画面、动画等形象、直观的刺激，抽象难懂的知识变得简单。三是让学生独立阅读体液免疫过程的文字资料，并把文字转化为流程图进行展示和评价，这种概括策略也利于简化体液免疫的过程，便于学生理解。

案例 12

高一生物新授课"细胞中的糖类和脂质"

● 专家箴言

生物学概念是生物学理论的基础和精髓,历来是生物课堂教学的重点。怎样把抽象的概念具体化,如何帮助学生学会概念建构,是生物教师对生物学科理解和生物教学智慧的集中体现。

● 教学设计

一、课标要求分析

《普通高中生物学课程标准(2017年版)》(简称《生物课标》)要求本主题内容落实两个目标:第一,概述糖类有多种类型,它们既是细胞的重要结构成分,又是生命活动的主要能源物质;第二,举例说出不同种类的脂质对维持细胞结构和功能有重要作用。糖类和脂质是组成细胞有机物的重要内容,是后续学习细胞结构和功能的物质基础。学生需要在任务单的引导下,根据图文形式的学习资料,构建糖类和脂质的概念图,归纳出生物大分子的特点。

二、学习内容分析

糖类和脂质是生物体内两种重要的有机化合物,是构建生物学科核心素养中"生命观念"的"结构与功能观"的物质基础。该内容有以下几个特点。

第一,该内容涉及的概念多且分散。虽然概念理解难度不高,但需要短时间记忆大量概念。采用传统的授课方式不利于吸引、维持学生的学习注意力和兴趣，因此适合通过学习活动激发学生的学习积极性，帮助学生主动学习和思考，学会构建概念体系的方法。

第二，该内容涉及糖尿病、肥胖等与学生的日常生活、医疗保健相关的社会热点问题，在教学中引入这些问题可以帮助学生提高解决问题的能力和形成良好的生活习惯。

第三，高一学生还没有学习有机化学，缺少有机大分子的基础知识，在理解生物大分子时存在困难。在学习蛋白质、核酸、糖类、脂质后，可以通过学习活动让学生归纳出判断生物大分子的依据，提高学生的归纳与概括能力。

第四，学生使用的学习资料为教师自编材料，是根据高中教材、大学教材和相关文献中难度适合高一年级学生的糖类和脂质内容进行改编的，以文字、图表等多种形式呈现，可锻炼学生的提取信息能力和分析判断能力。

三、学生情况分析

"细胞中的糖类和脂质"对高一学生来说既有学习基础，又有学习难点。其一，学生对糖类和脂质有一定的生活经验基础，比如平日膳食中的主要糖类、脂肪及糖类和脂质在人体中的分布与功能等。学生很容易理解糖类和脂质的知识内容。其二，学生的前概念中存在"糖都是甜的"等错误概念，不但会影响新知识的学习，而且会导致学习中产生新的错误认知。其三，学生获取图、文信息的能力较弱，总结归纳能力较差，缺少构建生物概念体系的方法。

因此，本节课期望借助"以学生为本"教学法，通过激发学生的认知冲突，采用合作学习、自主建构、分析应用等教学策略来开展学生的学习活动。

四、学习目标

1. 通过自学学习资料，小组讨论完成任务单，参与拼图活动共享概念，能够简述糖类和脂质的种类、作用及分布。在此过程中，提高获取信息的能力和分析判断能力，提高团队合作能力。

2. 通过构建糖类和脂质的概念图，学会使用概念图梳理概念的方法。

3. 通过观察代表物的结构图，提高获取图表信息的能力，能解释说明生物大分子以碳链为骨架。

五、学习重点

"糖类的种类和功能"与"脂质的种类和功能"是掌握细胞结构和代谢的必要知识基础,是"结构与功能观"的重要组成部分。学生通过获取学习资料中的有效信息,讨论完成任务单,主动构建糖类和脂质的相关概念。

概念图能帮助学生将繁多无序的小概念梳理成逻辑清晰的概念体系。通过 SCL 教学法中的"拼图法",学生学会使用概念图梳理概念的方法。

六、学习难点

生物大分子的概念较抽象,学生缺少有机化学的知识基础,不易理解。通过精选几种典型生物大分子结构图,将抽象的问题具体化,学生即可归纳出生物大分子的概念和特点。

七、学习流程

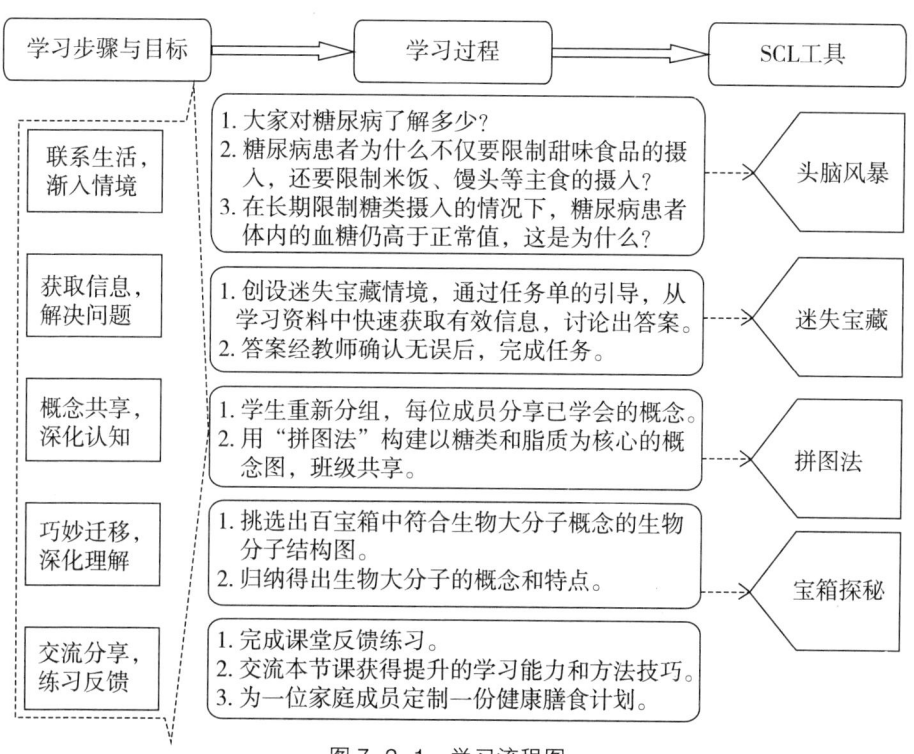

图 7-2-1 学习流程图

八、教学过程

表 7-2-1　教学过程表

教学步骤	SCL工具	教学过程	活动目标	时间安排（分钟）
联系生活，渐入情境	头脑风暴	1. 大家对糖尿病了解多少？ 2. 糖尿病患者为什么不仅要限制甜味食品的摄入，还要限制米饭、馒头等主食的摄入呢？ 3. 在长期限制糖类摄入的情况下，糖尿病患者体内的血糖仍高于正常值，这是为什么呢？	激发兴趣，引发思考。	5
获取信息，解决问题	迷失宝藏	1. 迷失宝藏情境（一）：想要找到传说已久的迷失宝藏，需要各小组分工完成任务，获得宝藏地图的拼图一块。 2. 活动规则说明：各小组通过任务单的引导，从学习资料中快速获取有效信息，讨论出答案，经教师确认无误后，完成任务。 **任务单一（单糖）** （1）以表格的形式总结单糖的种类、元素组成、在生物体内的分布、生理作用等。 （2）人在患急性肠炎时，往往采取静脉输液治疗，药物成分中的葡萄糖起什么作用呢？ **任务单二（二糖）** （1）以表格的形式总结二糖的种类、元素组成、在生物体内的分布、生理作用等。 （2）以示意图形式画出二糖的特点。 （3）人在患急性肠炎时，往往采取静脉输液治疗，药物成分中的葡萄糖可否用价格更低的蔗糖代替呢？ **任务单三（多糖）** （1）以表格的形式总结多糖的种类、元素组成、在生物体内的分布、生理作用等。	主动学习，构建概念。	10

续表

教学步骤	SCL工具	教学过程	活动目标	时间安排（分钟）
获取信息，解决问题	迷失宝藏	（2）糖尿病患者的饮食受到严格限制，受限制的不仅仅是甜味食品，米饭和馒头等主食都要少食，为什么？ 任务单四（脂肪） （1）以表格的形式总结脂肪的元素组成、分布、功能。 （2）熊在入冬之前要吃大量食物，冬眠时靠什么物质来提供基本生命活动所需的能量？ （3）人体脏器周围的脂肪对人体有何利弊？ 任务单五（磷脂） （1）以表格的形式总结磷脂的元素组成、功能。 （2）磷脂分子的结构有什么特点？（示意图） （3）判断磷脂是否是组成所有细胞必不可少的脂质。 任务单六（固醇） （1）以表格的形式总结固醇的种类、元素组成、分布和生理作用。 （2）某品牌 AD 钙奶中的 A 和 D 分别是什么？在钙奶中添加维生素 D 的科学意图是什么？	主动学习，构建概念。	10
概念共享，深化认知	拼图法	1. 迷失宝藏情境（二）：将所有拼图拼在一起，就能得到完整的宝藏地图，找到迷失宝藏。 2. 活动规则说明：每组学生依次编号 1、2、3、4、5、6，所有编号为 1 号的学生重新组合在一起成为 1 组，编号为 2 号的学生重新组合在一起成为 2 组，以此类推。新形成的小组以糖类和脂质为核心概念，以"包括""作用""分布"等为连接词，合力构建概念图。	合作学习，总结提升。	15

续表

教学步骤	SCL工具	教学过程	活动目标	时间安排（分钟）
概念共享，深化认知	拼图法	3. 活动要求：第一步，每个学生讲清楚自己在上一环节所学的核心概念及相关内容。第二步，学生需要从盒子中挑选出符合要求的关键词（有很多干扰概念词）。第三步，学生在海报纸上构建出糖类和脂质的概念图。 各组完成后，将海报纸张贴在班级墙壁上，教师和学生依次评价。	合作学习，总结提升。	15
巧妙迁移，深化理解	宝箱探秘	提问：淀粉、纤维素都是由葡萄糖缩合而成的多糖，为什么它们的功能差异如此之大？ 学生：物质的结构不同造成的。物质的结构决定功能。 活动规则：每个宝箱中都包含常见的生物分子结构图，挑选出符合生物大分子概念的物质，并总结出生物大分子的概念和特点。（生物大分子都由单体连接而成，以碳链为骨架。）	方法总结，提升能力。	6
交流分享，练习反馈		1. 完成课堂反馈练习。 图 7-2-2 为细胞中由 C、H、O 三种元素组成的某种化合物的反应图，据图回答： 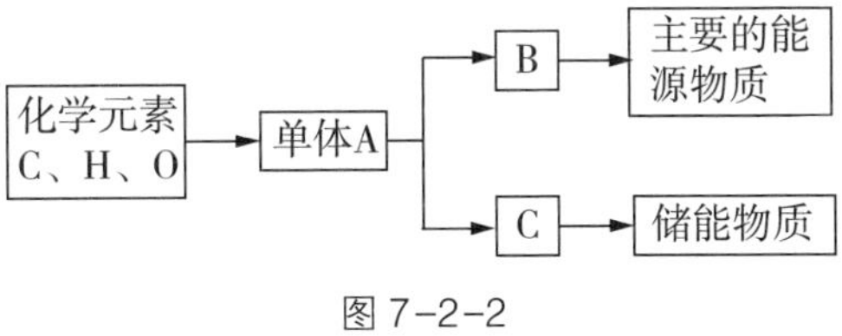 化学元素 C、H、O → 单体A → B → 主要的能源物质 　　　　　　　　　　　　 → C → 储能物质 图 7-2-2 (1) 若 A 是单糖，则在核酸中的种类有_____ 和_____，除上述两种外，还有_____、_____、_____ 等。	总结评价，灵活应用。	4

续表

教学步骤	SCL工具	教学过程	活动目标	时间安排（分钟）
交流分享，练习反馈		（2）若B是由两分子单体缩合而成的化合物，则B称为_____，在植物细胞中最重要的是_____和_____，人和动物乳汁中含量最丰富的是_____。 （3）若B是由大量单体缩合而成的化合物，则B称为_____，在人和动物的肝脏中是指_____，在马铃薯块茎中，主要指_____和能形成高等植物细胞壁的_____。 （4）物质C是_____，在动物体内除图所示功能外，还有_____的作用。 （5）与物质B相比，物质C作为储能物质的原因是_____。 2. 交流本节课获得提升的学习能力和方法技巧。 3. 为一位家庭成员定制一份健康膳食计划。	总结评价，灵活应用。	4

九、板书设计

板书设计见图7-2-3。

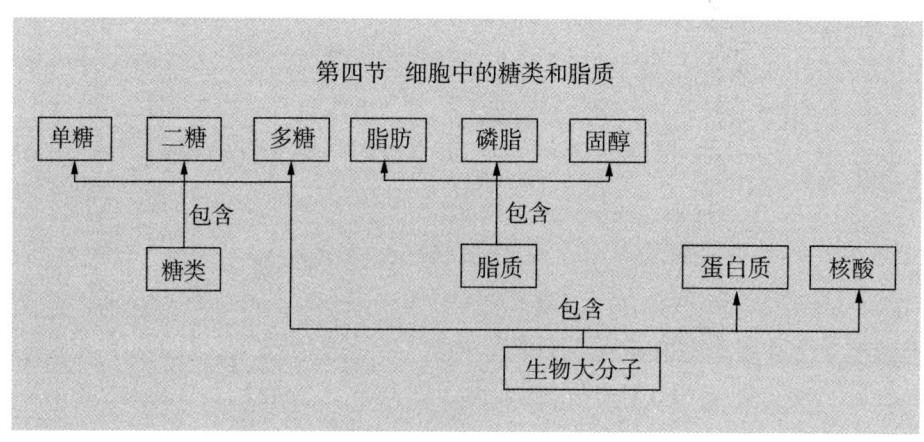

图7-2-3　细胞中的糖类和脂质板书设计图

教学反思

"拼图法"如何让生物概念记得又快又准？

一、案例背景

糖类和脂质是学生学习细胞结构、功能和代谢的基础。这部分内容讲起来不难，但让学生把这么多散乱的概念"理解透""记得牢"却不容易。传统的授课方式由于教师讲授过多，学生很容易记忆混淆。在"以学生为本"教学理念的指导下，本节课将"拼图法"和概念图相结合，帮助学生在主动学习中理解和分享概念。

二、概念界定

"拼图法"是一种"以学生为本"的学习方法。首先将学习内容分割成不同的小体系，每个小体系交给一个学习小组来学习；之后将学生重新分组（以5人小组为例），小组内学生依次获得1—5的编号，所有编号为1号的学生重新组合在一起成为1组，编号为2号的学生重新组合在一起成为2组，以此类推。新组中每个学生掌握的学习内容互不相同，他们组合在一起代表了完整的知识内容（见图7-2-4）。

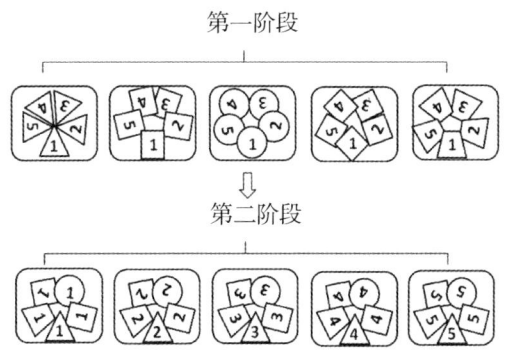

图7-2-4 "拼图法"教学策略示意图（数字和图形代表不同的学生，以25人班级为例）

概念图由概念、揭示概念间意义关系的连接线以及对意义关系的文字标注三部分组成，是一种能形象地表达某一命题中一系列概念间逻辑关系的图解。

三、情境再现

第一阶段，学生分成 6 组，每组 5 人。每组分发不同的学习资料、任务单和关键词（任务单主题包括单糖、二糖、多糖、脂肪、磷脂、固醇）。一开始班里鸦雀无声，每个学生的行为都高度一致：一边快速阅读一边用笔在资料中画出任务单中问题的答案。过了一会儿，率先完成的学生开始催促本组其他成员讨论分享，班级瞬间变得"热火朝天"。

生 1：熊在入冬之前要吃大量食物，冬眠时靠什么物质来提供基本生命活动所需的能量？

生 2：靠它吃的这些食物啊。

生 1：那这些食物是什么物质组成的呢？

生 3：熊吃鱼和蜂蜜，应该是蛋白质和糖类。

生 4：我不赞成，食物中过多的糖类和脂肪应该是转化成脂肪储存起来，你们可以想想自己是不是吃的多了就容易变胖。冬眠的时候熊消耗的肯定是脂肪。

生 5：有道理，大家看资料上的信息"脂肪中的 C、H 比例比糖要高"，说明同质量的脂肪比糖所含的能量要多。这是熊冬眠消耗脂肪的直接证据。

每个小组争先恐后完成任务单的讨论，奔到讲台找教师确认答案。所有小组都能很快完成知识性问题，解释真实情境的问题通常要两三次才能答全。

第二阶段，学生被重新分组，原来每组编号为 1 号的学生集合在一起组成了新的第一组，每组编号为 2 号的学生成为新的第二组，以此类推。新小组的每个学生需要给本组其他人讲清楚自己在第一阶段习得的概念及相关内容，然后大家合力完成糖类和脂质的概念图。大部分学生能非常流畅地讲述自己所学的概念，逻辑清晰地解答其他学生的问题疑惑；少部分学习能力较差的学生尽管需要依赖学习资料，但也能够讲出概念的核心内容。但在构建概念图时，每组情况就大相径庭了。有的小组是大家集思广益提出想法，由小组代表集中呈现出来；有的小组是每个人负责自己在第一阶段所学的概念，一人写一部分，分工完成概念图。

四、问题发现

课程结束后发现一个很奇怪的现象，学生作业和知识小测中的错题十分有规律：那些糖类题目答错的学生，脂质的题目却答得十分精准；脂质的题目总出错的，糖类的题能掌握得较好。学生们听的都是同一节课，怎么会有这么大的差异呢？通过与几名学生访谈，发现他们往往对自己在拼图第一阶段所学的知识理解和记忆得深刻，而对第二阶段的活动记忆模糊。这又是为什么呢？

五、聚焦分析

在上述教学片段中，第一阶段，学生以教师提供的学习资料和任务单为支架，通过"独立思考—小组讨论—对比修正"的模式构建出本组关键词对应的概念。主动学习的方式能够调动起学生学习的积极性，锻炼学生的信息获取能力、表达交流能力、团队合作能力等，并加深学生对概念的记忆。但由于小组成员共同完成一个任务，有可能出现某些学生浑水摸鱼、消极学习的情况。因此第二阶段设计将各个小组重新组合，意图让每个成员都变得缺一不可，这样团队压力和自我表现欲会督促每个学生认真参与到课堂学习活动中。否则一旦有成员没有掌握原小组的核心概念，就会导致本组不能完成概念图的任务。

但是经过课后测验的反馈，发现很多学生都没有完成第二阶段的学习目标。原因在于该阶段弱化了学生的主动学习过程，学生新知识的来源是其他成员的"口口相传"，虽然有概念图的任务作为督促，但这是一个小组任务，学生可以借助同伴的帮助，导致自身对新知识的理解和记忆都不深刻。"概念分享"活动只加深了学生对自己分享内容的理解和记忆，而对其他同学分享的内容只是机械地记忆，缺少主动思考的过程。这样使得学生只"记得准"自己建构来的概念，而对其他概念则"忘得快"。

六、改进与反思

找到原因后,对"拼图法"的第二阶段进行了修改:第一,构建概念图前,学生需要从教师准备的概念盒子中挑选出本节课涉及的概念,考查学生是否理解本节课涉及的众多散乱的小概念。思辨的过程会加强学生的理解和记忆。第二,在画概念图时,要求每个学生先独立完成,再小组内讨论修正。给予学生足够的个人展示空间,不仅能反馈学生的学习效果,也增强了学生主动参与学习过程的动力。

经过在其他班级实践,修改后的教学设计成功解决了前面提到的"奇怪现象"。无论是课后作业还是反馈测试,学生都能准确掌握糖类和脂质的结构、分类和功能。

"以学生为本"教学法强调学生积极参与学习过程,教师是学习的促进者,而不只是知识的呈现者。在设计教学活动时,教师应充分利用学生已有的知识和经验,在学生的"最近发展区"帮助学生建构新的概念,提升学生的各项学习能力。同时还要避免教师讲授过多的情况出现,使用活动或资料来激励、挑战学生,真正让学生在课堂上做到主动学习和主动建构。"授人以鱼不如授人以渔",学生自己获得的知识无论是理解还是记忆都更加深刻。

知识只是教师培养学生能力的载体,在今后的教学中,我们不应局限于知识的教学,应该通过丰富多彩、有目的的教学活动,让学生在课堂真正"动起来"。我们应该充分调动学生学习生物的兴趣,帮助他们主动建构概念体系,减少记忆负担,培养他们的生命观念、理性思维和科学探究能力,树立他们的社会责任感,最终逐步提高他们的生物学科核心素养。

专家点评

本节课教学设计呈现了教师如何运用"拼图法"等多种教学策略的组合,促进学生在主动学习的过程中构建糖类、脂质、蛋白质、核酸等学科知识概念的过程。教师对教材分析深入,教学目标明确,学情分析具体,教学重难点把握准确,教学设计思路流畅,教学策略方法有效,各环节衔接紧凑自然。学生在独立思考、自主建构、合作交流中建构起抽象的学科知识概念，并在联系生活实际、练习反馈中巩固概念。整个过程突出体现了"以学生为本"的教学理念，学生的信息处理能力受到重视，教学效果显著。此外，教师在用教学设计初稿进行教学实践后，积极反思，对问题存在的症结进行分析，以及对"拼图法"对帮助学生学习抽象概念的作用认真分析，这些做法值得教师同行借鉴。

第八章
"以学生为本"的教学设计：高中思想政治

案例 13

高二思想政治复习课"社会再生产的四个环节及供给侧改革"

● 专家箴言

马克思从商品入手分析了资本主义社会发展的规律,我们也能从商品入手分析社会再生产的规律。

● 教学设计

一、课标要求分析

《普通高中思想政治课程标准(2017 年版)》要求学生能够认识现实生活中常见的经济现象,获得参与现代经济生活的必备知识和技能。社会再生产的四个环节是"经济生活"整个模块的逻辑主线,因此学生需要能够在显性的经济生活中抓住背后隐形的生产、分配、交换、消费这四个社会再生产的环节,从而更好地分析日常经济现象。为实现这一目标,本节课以社会再生产的逻辑主线和知识为依据,分析中国经济发展中的问题并提出建设性意见,培养学生的批判性思维与建设性行为相统一的科学精神,增强对中国当前供给侧经济改革的政治认同。

二、学习内容分析

本节课的教学内容以整本书中的社会再生产的四个环节为逻辑主线,串联"经济生活"中的核心知识点,知识的综合性较强,涉及社会再生产四个环节之间的逻辑关系,尤其是生产环节,难度较大。

三、学生情况分析

学生完成了"经济生活"模块会考知识点的复习，但对知识没有形成系统性认识，利用社会再生产的四个环节可以很好地帮助学生串联核心知识点。

学生对时政热点了解较少，尤其是经济类时政热点。供给侧改革的时政热点与社会再生产的四个环节关系紧密，学习本节课内容可以帮助学生更好地理解时政热点。

四、学习目标

1. 在问题情境中，区分社会再生产的四个环节，理解社会再生产四个环节之间的逻辑关系，能够用社会再生产的四个环节串联"经济生活"模块中的重点知识。

2. 能够运用经济学知识分析当前中国经济发展的问题，并提出建设性意见，理解供给侧改革。

五、学习重点

本节课的学习重点是用社会再生产的四个环节串联"经济生活"模块中的核心知识点。学生在"经济生活"模块的复习中，容易将知识碎片化，抓不住错综复杂的经济现象背后的知识之间的相关性及逻辑关系。本节课通过学生熟悉的校服情境，将背后的社会再生产的四个环节有逻辑地呈现出来，并通过"我们为知识来安家"的活动，串联核心知识点，落实重点知识。

六、学习难点

本节课的学习难点是社会再生产的四个环节之间的关系。教材分别在不同的单元呈现了生产、分配、交换、消费四个环节的知识，学生无法从整体上把握四个单元知识的逻辑关系。本节课首先通过"我们为知识来安家"活动，让学生建立知识之间的逻辑关系，并在"我们为中国经济发展来支招"的活动中，综合运用知识，解决问题，突破难点。

七、学习流程

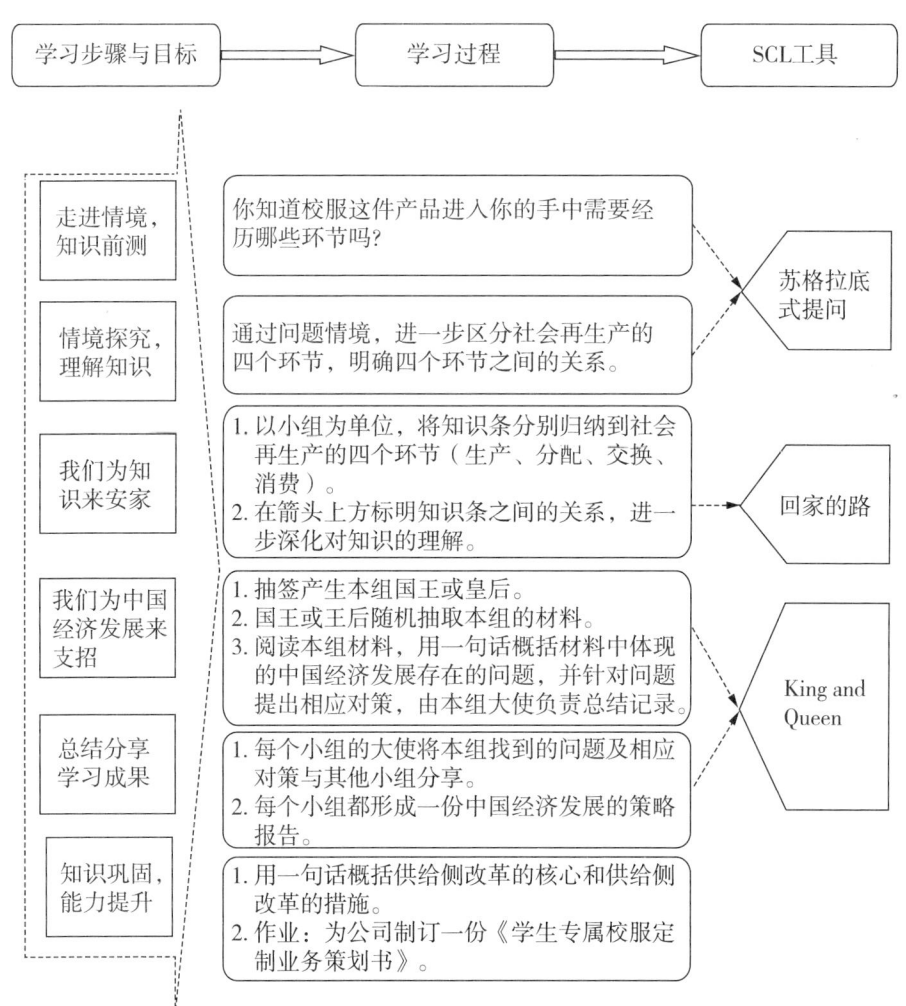

图 8-1-1　学习流程图

八、教学过程

表 8-1-1　教学过程表

教学步骤	SCL工具	教学过程	活动目标	时间安排（分钟）
走进情境，知识前测		你知道校服这件产品进入你的手中需要经历哪些环节吗？	以校服为缩影，化宏观为微观。	1
情境探究，理解知识	苏格拉底式提问	1. 假设校服是由多个生产厂家各自负责一个部分生产完成，各个部分由××科技股份有限公司购买，那么这一环节是什么？生产？交换？ 2. 你作为消费者从生产者手里用货币购买获得校服，这一环节是什么？交换？消费？ 3. 你作为买方用于交换校服的货币是如何获得的？ 4. 校服美观大方、舒适得体，满足了我们作为消费者的需求，我们获得了校服的使用价值，这一环节是什么？	问题引导，深入思考。	4
我们为知识来安家	回家的路	根据教师提供的社会再生产四个环节的重点知识，以小组为单位，将知识条分别归纳到社会再生产的四个环节（生产、分配、交换、消费），并在箭头上方标明它们之间的关系。	知识大归类，关系再明确。	10
我们为中国经济发展来支招	King and Queen	抽签产生本组国王或王后，国王或王后随机抽取本组的材料。每个小组阅读本组材料，用一句话概括材料中体现的中国经济发展存在的问题，并针对问题提出相应对策，本组大使负责总结记录。 第一小组：行走的钱包 第二小组：产能过剩，三大产业比重 第三小组：各类环境污染	问题重生，合作解决。	15

续表

教学步骤	SCL工具	教学过程	活动目标	时间安排（分钟）
我们为中国经济发展来支招	King and Queen	第四小组：企业品牌与创新能力 第五小组：生产要素成本	问题重生，合作解决。	15
总结分享学习成果		每个小组的大使将本组找到的问题及相应对策与其他小组分享，每个小组都形成了一份中国经济发展的策略报告。	分享整合，突出重点。	7
知识巩固，能力提升		1. 你能用一句话概括供给侧改革的核心和供给侧改革的措施吗？ 2. 课后作业：假如你是××科技股份有限公司负责校园品牌的主管，面对新的经济发展要求，你打算如何抓住学生对校服的个性化需求的市场空间？请为公司制订一份《学生专属校服定制业务策划书》。	总结提升，灵活应用。	3

九、板书设计

板书设计见图 8-1-2。

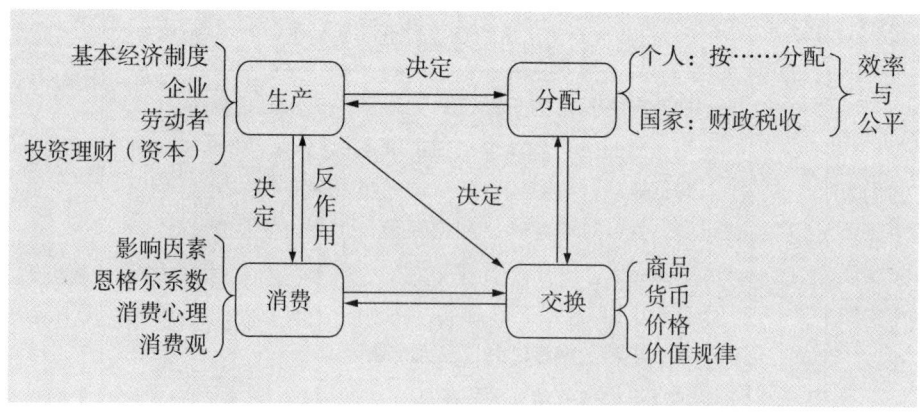

图 8-1-2　社会再生产的四个环节及供给侧改革板书设计图

● 教学反思

真、善、美的情境创设

一、案例背景

审视 2018 年颁布的普通高中课程标准，我们不得不思考当下教师创设的情境的思维广度、深度及其对学生行为的建设性作用。教师在课堂中使用的材料到底是真情境还是假情境？真逻辑还是假逻辑？传统的情境创设以知识为目的，忽略了学生主体，是为教师传递知识所用的情境。教师要想在教学过程中实现对学生核心素养的培养，就必须转变"以知识点为核心"的传统教学观念，构建"以核心素养为导向"的教学，具备情境设计能力。本案例尝试运用 SCL 教学法，分析教师如何创设情境，促进学生良好行为的构建。

二、概念界定

情境教学法是指在教学过程中，教师有目的地引入或创设具有一定情绪色彩的、以形象为主体的生动具体的场景，以引起学生一定的态度体验，从而帮助学生理解教材，使学生的心理机能得到发展的教学方法。自新课程改革以来，情境教学法已经成为教师课堂教学中的重要教学手段。

三、情境再现与聚焦分析

（一）真的情境

建构主义认为，知识不是通过教师传授得到，而是学习者在一定的情境下通过协作活动而实现的意义建构的结果。因此，教师在设计情境时，必须设计一个真情境才能激发起学生学习的积极性和主动性，才能把学生的认知活动和情感活动结合起来。

真的情境首先在于情境的真实性。这里的真实性是指教师使用的情境是真实的，不能脱离现实。学生的生活实践是课堂上最富有活力、最容易引发共鸣的情境源头。但这并不意味着教师把学生的生活原原本本照搬到课堂中，而是要源于现实生活，根据教学任务的需求对真实情境进行加工。真的情境要符合学生的"生活逻辑"，要从符合学生的生活体验和心理特点的角度切入。社会再生产的四个环节实际上是从社会生产持续进行的全过程来谈的，是一个宏观问题，在新授课时每个环节的知识是分开讲解的，因此对学生而言，他们很难把整个社会宏观的生产、分配、交换、消费四个环节有机联系在一起，并进行明确区分。这就需要教师依据学生的实际情况将宏观的问题微观化，本节课选择了北师大附中的秋季校服作为情境中的主题。北师大附中秋季校服深受学生们的喜爱，学生们称其代表了红色和蓝色的青春。通过这一主题来展示社会再生产的四个环节，符合情境的真实性。

其次，真的情境还在于真问题的提出。这里的真问题应该是从情境中内生出来的问题，而不是教师仅为完成教学任务设置的问题，不能出现设计的问题和情境不相干，问题设计不符合学生的认知逻辑、生硬而没有张力，设定的情境没有给学生足够充裕的条件导致学生无处入手等情况。真问题是搭建学生"生活逻辑"和"理论逻辑"的桥梁。学生从具有真实性的情境出发，必然会提出"符合生活逻辑的"问题，或者在教师的引导下对真问题有所期待，更好更快地思考现象背后的意义。只有在真情境中，伴随着真问题的提出，学生才会说出既符合"生活逻辑"又符合"理论逻辑"的真话。我们可以反观思想政治学科学业质量评价的策略和指标，高中思想政治课标修订组组长朱明光、核心成员陈友芳先生就曾经指出：评价情境是诱发真实预期行为表现的"催化剂"，情境设置的基本要求就是，在该情境中，学生愿意或不得不"说真话"，即他们在学科任务完成过程中的行为表现能够真实地披露其素养发展水平。因此，本节课从学生秋季校服这个情境出发，根据预设的学生可能存在的"理论逻辑"问题，以及学生在课堂现场生成的问题，提出了一系列问题链。表8-1-2是这一节课的大情境中第一环节的问题主链。

表 8-1-2　问题主链表

问题主链	设计意图
Q1：你知道校服这件产品进入你的手中需要经历哪些环节吗？	从情境中内生出来问题，生活逻辑+理论逻辑。
Q2：假设校服是由多个生产厂家各自负责一个部分生产完成，那么各个部分由××科技股份有限公司购买，这一环节是什么？生产？交换？	区分生产环节、交换环节、消费环节，插入小情境，明确生产环节。
Q3：你作为消费者从生产者手里用货币购买获得校服，这一环节是什么？交换？消费？	区分交换环节和消费环节。
Q4：你作为买方用于交换校服的货币是如何获得的？	插入小情境，明确分配环节。
Q5：校服美观大方、舒适得体，满足了我们作为消费者的需求，我们获得了校服的使用价值，这一环节是什么？	明确消费环节。

（二）善的情境

善的价值取向蕴含在教师的情境选择、情境设计、情境分析和情境落脚点上。善的情境并不意味着教师对情境、材料内容的选择必须是正能量的、积极向上的，而在于对情境的分析过程和最后的情境落脚点是积极的、具有建设性意义的。思想政治教师不能回避社会问题，思想政治课堂需要培养学生的批判性思维，需要在发现问题、批判现实的过程中寻找解决问题的路径，即促进学生的良好行为构建。同时，善的情境还在于教师要在情境中为学生提供充裕的条件，帮助学生发现问题，提出解决策略。正如陈友芳先生所说的，问题的解决条件是内生于情境的。有些教师不能引导学生从设定的情境中得出期望的结论，也就是说，解题的条件给少了，根据情境赋予的条件不足以得出预期的"解"。因此，在情境设计中，解决问题的信息支持应该是充分的，否则，这就不是一个善的情境。图 8-1-3 显示学生在情境的引导下认真讨论。

图 8-1-3　学生在情境的引导下认真讨论

本节课给学生提供了五段材料（此处略），给出的任务要求是用一句话概括材料中体现的中国经济发展存在的问题，并针对问题提出相应对策。

教师通过材料为学生提供了充分的信息，提示学生中国社会发展中存在的问题，如有效供给不足、不能满足消费者多样化的消费需求，部分产业面临产能利用率低、产能过剩的问题等。教师为学生提供了善的情境，学生们运用自己所学的经济学知识解决问题，提出建设性的意见，而这正是学生参与供给侧改革、参与公共生活的过程，同时也是对学生科学精神的培养。科学精神的素养不限于思维，更见于实践。在这一公共参与的过程中，学生加深了对当前供给侧改革紧迫性、合理性的理解，从而更加认同中国当前的各项改革政策，认同中国特色社会主义道路。

（三）美的情境

每个学科对学生的发展价值，除了相关领域的知识以外，还应该提供独特的学科学习经历和体验，提供独特的发现、欣赏和表达学科美的能力。美的情境应该是情境创设的最高境界。对思想政治学科而言，如何让学生发现学科的美，教师如何培养学生发现、欣赏和表达美的能力，是一个复杂且牵涉多方面的问题。就情境设计而言，可以归结为两个词，有趣、复杂。

有趣的情境才能够激发学生的学习兴趣。内容有趣和形式有趣的有机结合能吸引学生进入情境世界思考、分析、探究。因此，学生迈向学习的第一步是情境能充分吸引学生的注意力，而有趣的情境又建立在真的情境和善的情境的基础之上。

　　情境的复杂程度是度量核心素养发展水平的重要参考。在新课程标准指导下，我们要考查学生在复杂程度不等的现实生活情境中，运用学科知识与技能、学科思维与观念，分析情境、发现问题、分析问题、解决问题、交流结果的能力与品格。情境的复杂程度涉及情境中的主体多寡、主体间相互作用的程度、影响选择的因素的多寡等，因此这就需要教师对情境进行结构化处理，以呈现情境的美。

四、结语

　　"以学生为本"的教学法要求我们充分考虑学生的需求，利用学生已有的知识和经验。创设真善美的教学情境必须在尊重学情的基础上培养学生的关键能力。聚焦于学科核心素养的课程标准已经正式颁布，作为一线教师，必须按照核心素养的要求，审视自己课堂教学的各个环节，在砥砺自我中不断提升自身的专业素养，不忘初心，继续追求真善美的情境。

专家点评

　　本节课教师试图从一件校服的生产与消费的流程分析社会再生产的主要环节，使学生把抽象的经济学知识与自己的生活联系起来，应该说是在情境创设上做了自己的尝试，值得提倡。接下来教师让学生运用所学的经济学知识（社会再生产的环节）分析中国经济发展中存在的问题，并提出解决问题的建设性意见，从而更好地理解供给侧改革的必要性和重要性，拉近学生与社会的关系，体现出"以学生为本"的教育理念。

　　希望注意的是，情境的创造应首先考虑学生的真实需求和生活经验，从具体实际生活到国家政策的跨度需要进行必要的过渡，否则会在分析时出现断层现象。

案例 14

高三思想政治复习课"社会主义市场经济
——解读共享单车的兴与困"

⦿ 专家箴言

生活就是教育，理论是灰色的，但生活之树常青。

⦿ 教学设计

一、课标要求分析

本课着重落实"评析市场机制的优点与局限性，辨析经济运行中政府与市场的关系，解析宏观调控的目标与手段"的课标要求。我国的经济活动究竟是在什么背景下进行的？弄清这一问题，有助于学生加深对经济生活的了解，更好地参与经济生活，参与经济建设。按照课标要求，结合企业经营活动的特点，引用经典案例，学生需要达到"全面认识市场调节优缺点"的认知水平，需要对具体的经济事件做出分析和概括，从生活情境中提炼出理性思维内容。

二、学习内容分析

按照本册教材"生产什么、怎样生产、为谁生产及在何种背景和舞台上生产"的逻辑结构，本节课是所在单元的起始课，要引领学生了解社会主义市场经济。而认识市场经济的运行特征是正确了解社会主义市场经济的前提，所以本框题重点介绍了市场经济的一般理论，让学生对市场经济的运行规律有一个宏观的、初步的认识。学好本框题，有助于学生学好下一框题，进一步了解社会主义市场经济的基本特征，正确认识我国社会主义市场经济发展中的一系列问题。

三、学生情况分析

通过高一"经济生活"模块的学习，学生已经具备一定的经济学基础知识，但他们对"社会主义市场经济"这个概念和"市场在资源配置中起决定性作用"认识还不够深刻。本节课知识内容丰富，重点难点问题集中，对学生理解知识、把握其内在联系的能力要求较高。而授课学生的实际水平和能力状况参差不齐，因此，要加强教学的针对性，主要以学生生活实际为出发点，通过对身边事和热点问题的分析来呈现知识逻辑体系，多鼓励学生进行合作探究，共享感悟并融入教学情境，切实感受市场配置资源在我们身边的力量。

四、学习目标

1. 在具体情境中探究市场配置资源的主要机制，剖析市场价格在资源配置中如何发挥作用，感悟市场配置资源的基本原理和机制，在此过程中确信社会主义市场经济体制是人民幸福、民族振兴、国家富强的保障，树立政治认同。

2. 提升辩证思维能力和运用市场机制分析、解决现实问题的能力，树立科学精神。

3. 结合现实生活案例，分析市场失灵的原因，进而探究规范市场秩序和建立社会信用制度的必要性，树立法治意识。

五、学习重点

本节课学习重点为市场配置资源的机制。

在现代经济中，生产什么、如何生产和为谁生产，主要通过价格的涨落及供求行情的变化来引导、安排和调整，即市场配置资源的具体机制主要是价格和供求两个机制，而这两个机制是密不可分的——供求的变化本身就是通过价格信号的变化反映出来的。

该学习重点的突破，不仅要立足于"资源的内容—资源的配置—市场配置资源的优点"这一逻辑，还要调动学生已有的知识"价格与供求的相互关系"，以达到学生能有效认知、理解这一知识点的目标。

六、学习难点

本节课的学习难点是市场配置资源的优缺点。

市场的资源配置涉及市场调节、市场秩序和市场经济的局限性等理论较抽象、综合性较强的问题，使得学生掌握本课知识有较大的困难，运用本课知识指导学习和生活存在较大难度。

在这一难点的突破上，应让学生从"现象"入手，实现感性认识向理性认识的飞跃。同时，应该用矛盾的观点，让学生体会"在价值规律的自发调节下，市场主体自发地追逐利益，为了自己的利益而不顾他人的利益，于是可能导致不正当竞争行为与违法违德的逐利行为"，同时也可能出现"盲目决策，导致供求关系失衡，致使经济波动、资源浪费"。

七、学习流程

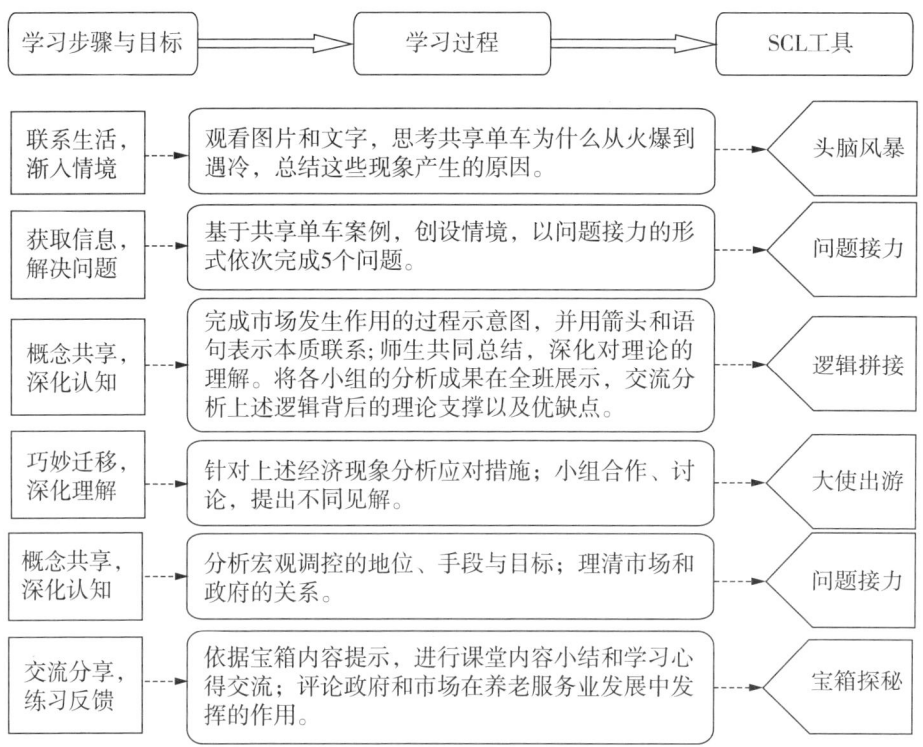

图 8-2-1 学习流程图

八、教学过程

表 8-2-1　教学过程表

教学步骤	SCL工具	教学过程	活动目标	时间安排（分钟）
联系生活，渐入情境	头脑风暴	观看图片和文字材料（此处略）中共享单车由火爆到遇冷，并思考为什么会这样。	丰富感知，引发思考。	5
获取信息，解决问题	问题接力	1. 展示共享单车兴与困的情境。 2. 活动规则说明：分组讨论完成问题接力，前一个问题回答正确后领取下一个问题任务，最快完成任务的小组获得一次抽奖机会，赢取神秘大奖。 3. 问题接力任务： （1）共享单车为什么起初那么火爆？ （2）共享单车为什么后来遇冷？ （3）背后谁在发生作用？ （4）市场是如何发挥作用的？ （5）根据示意图，概括市场发生作用的机制。	自主发现，合作解决问题。	11
概念共享，深化认知	逻辑拼接	1. 请根据以上分析完成市场发生作用的过程示意图，并分析其本质联系。 2. 小组合作回答：市场发生作用最根本是什么在发生作用？ 3. 小组合作，进一步分析市场发生作用使资源在部门间流动有哪些优点和不足。	总结提升，深化理解。	4
巧妙迁移，深化理解	大使出游	情境：投放暂停、相继倒闭、押金难退、"共享"变"私有"、遭肆意破坏、被乱停乱放……面对上述困难，应该怎么办？	运用理论，解决问题。	12

续表

教学步骤	SCL工具	教学过程	活动目标	时间安排(分钟)
巧妙迁移，深化理解	大使出游	1. 游戏规则：现在有编号分别为1、2、3的三项任务卡，请各个小组长到前台抽取本组的任务卡，带回去和全组成员一块讨论并完成系列问题。完成本组所有问题的小组，上交任务卡，待教师验收通过后，小组代表即可到讲台前为大家介绍研究成果。 2. 任务奖励：最快完成任务的学习小组，获得一次抽奖机会，赢取神秘大奖。 3. 各小组完成抽取到的任务卡上的问题，并派代表到讲台前讲解，获得有效信息后回来继续完善本组的研究成果。 任务卡1：国家如何解决共享单车之困？ 任务卡2：企业如何应对共享单车之困？ 任务卡3：个人如何对待共享单车问题？	运用理论，解决问题。	12
概念共享，深化认知	问题接力	1. 分析宏观调控的地位、手段与目标。 2. 理清市场和政府的关系。	自主发现，合作解决问题。	6
交流分享，练习反馈	宝箱探秘	1. 请获得神秘宝箱密钥的小组长宣布神秘大奖内容，兑现神秘大奖——知识小结题目。 2. 依据宝箱内容提示，各小组进行课堂内容小结和学习心得交流。 3. 我是小评论员：评价政府和市场在养老服务业发展中发挥的作用。	总结评价，强化认识，灵活迁移。	7

九、板书设计

板书设计见图8-2-2。

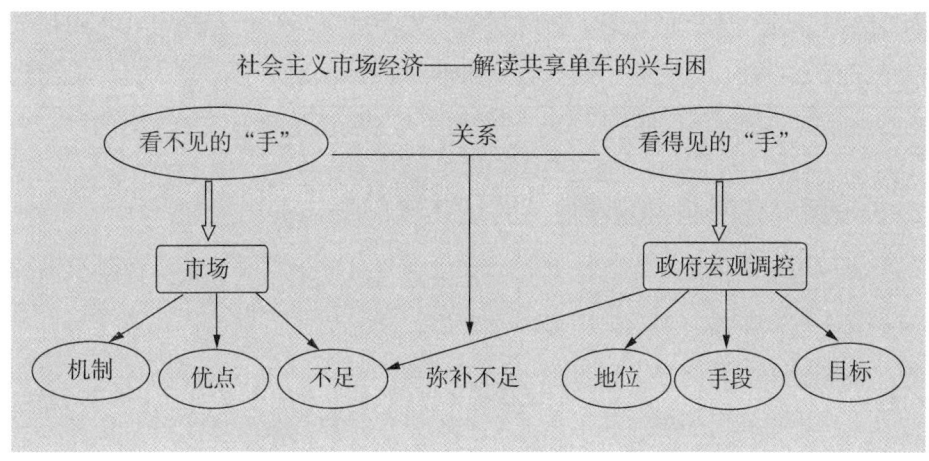

图 8-2-2 社会主义市场经济板书设计图

⦿ 教学反思

当生活走进思想政治课堂，你可能还不知道……

一、尊重课标，依据课标，引领方向

《普通高中思想政治课程标准（2017年版）》（简称《思想政治课标》）强调，思想政治课应坚持理论和实践相结合的原则，着眼于学生真实生活和长远发展，使理论观点与生活经验有机结合，让学生在社会实践活动的历练中、在自主辨析的思考中感悟真理的力量，自觉践行社会主义核心价值观。所以教学时要通过问题情境的创设和社会实践活动的参与，促进学生转变学习方式，在合作和探究学习过程中，提高实践能力。作为一名新手教师，只有尊重课程标准、依据课程标准，才能加深对课程标准和教材的研究与理解，从而提高执行课程标准的力度，增强思想政治课教学的主动性、针对性和实效性。

本课以"解读共享单车的兴与困"为例，落实课标中"评析市场机制的优点与局限性，辨析经济运行中政府与市场的关系，解析宏观调控的目标与手段"等要求，使学生在探究共享单车问题的过程中深刻理解市场和政府在

社会主义市场中发挥的作用,弄清市场在资源配置过程中起决定性作用但又存在局限性,明白政府是"裁判员"而不是"运动员"。本节课有助于学生进一步加深对市场经济问题的了解,更好地参与到经济生活中,参与经济建设。

二、设置有效问题,使学生从旁观者走向参与者

在思想政治课教学实践中,我们常常通过教学活动的开展,使学生的知识得到丰富和更新,能力得到提高与发展,同时形成正确的情感态度与价值观。虽然教学方式多种多样,都以促进学生的全面、和谐发展为目的,但我们从学生那里获得的反馈并不尽人意。课堂氛围热烈,但学生只是作为旁观者,没有真正参与到活动的探索中,结果就是学生既没有体会到教学活动的内涵,也没有获得知识,从而使教学偏离了主题。教学要使学生去发现、去探究,培养学生获取新知识的能力、分析和解决问题的能力、交流与合作的能力、探究能力和生存发展能力。这就需要教师在教学活动中努力使课堂向活动型课堂和议题型课堂转变,设置有效问题,实现理与例的有机结合。

在以往的课堂上,授课教师也试图不断克服传统教学中以教师讲授为主的教学方式,寻找案例,发挥学生的主体性作用,调动学生的积极性。但是,在学生分析案例时,理论和案例似乎是"两张皮",理、例没有达到真正的有机结合,以至于学生对案例并不感兴趣,不能有效调动起学生的积极性,而且学生自觉学习的意识不强。基于上述问题,本节课使用现实生活中的案例来调动学生的兴趣,通过运用 SCL 教学法中的"问题接力""逻辑拼接""大使出游""宝箱探秘"等工具,遵循 SCL 教学原则,克服了传统教学中的问题。

片段一:通过 SCL 工具"头脑风暴",给学生展示共享单车兴起和遇困图片,学生在图片的启发下说出共享单车出现的一系列问题,显得非常关心。通过头脑风暴,充分利用学生已有的知识和经验,鼓励学生提出自己的想法,培养学  生分析问题的能力,真正使学生走进生活去发现和解决生活中的问题,使学生回归生活。

片段二:在共享单车兴与困问题接力活动中,学生充分发挥小组合作的力量,争先恐后,每个人都积极参与其中。各小组讨论完成问题接力:前一

个问题回答正确后领取下一个问题任务，最快完成任务的小组获得一次抽奖机会，赢取神秘大奖。这种方式增强了学生的参与意识，使学生积极参与学习过程。

片段三：讨论共享单车"投放暂停、相继倒闭、押金难退、'共享'变'私有'、遭肆意破坏、被乱停乱放"等问题，寻找解决问题的办法。当小组长领回任务卡后，学生各抒己见，探讨很投入，最后大家从不同角度提出自己的见解。通过这种方式，鼓励学生提出自己的想法，培养解决问题的能力。在这个过程中，教师充当的是学习的引导者、促进者角色。

三、搭建平台，培养创新能力

创新能力以兴趣为基础，是潜在的，一旦受到外在刺激，它会形成兴奋点，推动令人激动的新思想、新概念形成。在本节课中，教师结合身边的共享单车案例，进行合理的选择和剪裁，并且扮演导演角色，把学生推上"舞台"，由他们去"体验生活"，激发他们的学习兴趣，使学生能够在教师搭建的舞台上真正动起来，分别代表政府、企业和个人，从不同角度畅所欲言，大胆提出自己的见解。一堂课就在这样浓烈的学习氛围中井然有序地完成，取得了良好的教学效果。

可见，如果我们培养一种鼓励学生创新和勇敢尝试的风气，就会创造出新东西来。因为这样可以把学生的心之灯点亮，造就更多的优秀人才。

四、以学生为中心，走近生活，回归生活

长期以来，思想政治教育在道德教育中发挥着重要的作用。面对还未真正成熟的中学生，教师该如何发挥思想政治课的德育作用，引导学生树立正确的人生观、世界观、价值观？这就需要教师引导学生去关注现实问题，探究生活真相。而我们常采用的基本方式是，在课堂上设置情境，传授有关的知识，告诉学生应当怎样做，要求他们掌握社会所倡导的行为规范。但我们忽略了培养学生用已掌握的知识来理解、体验和处理现实生活中的问题的能力，从而出现了知行分离、言行不一的思想道德状况。

通过活动型学习，让学生走近生活、回归生活。要提高学生的思想政治学科素养，就要从社会生活和学生生活两个角度入手，立足学生的生活经验，关注真生活，着眼学生的发展需求，研究真问题，使活动内容化、内容活动化。把理论观点的阐述寓于社会生活的主题之中，促进学科知识与生活现象、理论逻辑与生活逻辑有机结合，从而实现理与例的统一。

当今学生与社会接触广泛，学生周围处处是活生生的思想教育素材，以此为切入点进行教学，符合学生的认知特点。回归生活的真意，就是要通过社会实际生活激发学生的主动性和创造性，不断在实践中超越自我，把亲身体验转化为内在的道德素养，实现思想政治素养的提升。

五、结语

本节课还有一些不足之处。虽然运用 SCL 教学法取得了一定成效，但是为了在课堂时间内完成教学任务，课堂上"以学生为本"的思想体现得不够，没有给学生足够的发挥空间。"以学生为本"的教学需要更多地利用 SCL 工具和原则，以学生为中心，考虑学生的需求和学习爱好，培养学生的核心学习技能，使思想政治课走进学生内心，使学生自觉构建知识体系，掌握思想政治课的真谛。

◆ 专家点评

本教学设计利用学生熟悉的生活实际促使其理解、建构理论，很好地体现了"以学生为本"的理念。"小黄车"怎么了？这是最近不少共享单车使用者都有的疑问。那排着长队退押金的场面恐怕连共享单车的创始人都没有想到过。这就是市场。《百万英镑》影片中的场面我们没见过，但是现实的共享单车给很多人上了一课。社会主义市场经济是计划与市场的结合，既有看得见的手的调节，也有看不见的手在发挥作用。通过这样一个例子，学生可以很直观地感受到市场对资源配置的作用，从而更好地理解教材中抽象的理论知识。用这样非常现实的问题导入教学，可以让学生知道理论与实践的对应关系，从而产生对理论学习的兴趣，促使他们有效地进行学习。

第九章
"以学生为本"的教学设计:高中历史

案例 15

高一历史新授课"两极对峙格局的形成"

● 专家箴言

教学方法"大使出游"的设置，使学生融入了大国关系之中。

● 教学设计

一、课标要求分析

根据《普通高中历史课程标准（2017年版）》（简称《历史课标》），本节课要求学生了解冷战时期的典型事件，认识冷战的基本特征，理解冷战的发生、发展与世界格局变化之间的相互影响。学生需要描述两极格局的形成过程，从而提炼出美苏"冷战"的概念，通过不同视角的文字、图片材料，辩证地认识两极格局的影响，培养史料实证和历史解释的核心素养。

二、学习内容分析

本节课是岳麓版《历史》教材必修Ⅰ"政治文明历程"第七单元"复杂多样的当代世界"的第一课，需要学习的主要内容包括美苏"冷战"的源起、两极格局对峙的过程、美苏"冷战"的影响。该内容与相关知识的内在逻辑关系如图 9-1-1 所示。

政治文明历程之复杂多样的当代世界
- 以欧洲为中心 — "冷战"的兴起
- 美苏两极格局 — 两大集团的对峙
- 多极化趋势 — "冷战"的影响

图 9-1-1　世界政治格局图

本课内容具有以下几个特点。

第一，内容抽象。如教材内容第一子目"冷战"的兴起涉及美苏国家利益、社会制度和意识形态的冲突等抽象问题，难度较大，需要在提供一定材料的前提下，帮助学生进行分析。

第二，概念较多。如第二子目北约和华约需要重点讲解，其中涉及"杜鲁门主义""马歇尔计划""经互会""北约""华约""冷战""两极对峙格局"等重要概念，可用表格、问题链梳理知识点。

第三，与现实相结合。如第三子目可做适当延伸，展开来说。"冷战"是特殊时代背景下美苏选择的一种产物，对当今国际关系的处理仍有借鉴意义。学生需要通过阅读、分析不同类型的材料，学会辩证地看待问题，多角度分析美苏"冷战"的影响和启示。

三、学生情况分析

从学习态度来看，学生对"二战"后美苏对峙的来龙去脉较感兴趣；从知识背景来看，对"冷战""两极对峙格局"等历史名词的认识较浅，甚至不明了，知识较为零散，没有形成完整的认识；从学习能力和认知水平来看，高一学生经过近一个学期的历史学习，具备一定的概括和分析能力，但在概括时提取信息不充分，概括不完整，分析时角度不全面，独立思考能力不足。所以可以通过史料研习、文本阅读提升学生的概括能力，让他们对"冷战"概念充分了解后，通过小组合作综合分析"冷战"的影响。

四、学习目标

1. 通过史料研习学会辨别史料类型，并从材料中提取有效信息，初步掌握论从史出，分析美苏"冷战"兴起的原因。

2. 通过画表格的形式，梳理美苏"冷战"的过程和表现，了解"杜鲁门主义""马歇尔计划""经互会""北约"和"华约"等基本史实，提炼出美苏"冷战"的基本含义。

3. 通过阅读不同视角的材料，学会从多角度探究美苏"冷战"的影响，认识到国与国之间是相互依存的关系，逐渐养成寻求避免或解决冲突的方法的意识。

五、学习重点

本课的学习重点是两极对峙格局的形成过程。两大集团对峙的形成过程对学生来说是完全陌生的知识点，基于课标要求，学生可以通过画时间轴或表格梳理出相关史实。

六、学习难点

本课的学习难点是两极对峙格局形成的原因及影响。对原因和影响的分析是建立在一定史实基础之上的，这就要求学生首先必须掌握基本史实，然后建立不同事件之间的联系，并进行解释，最后形成自己的看法。对此，可以选用不同史料，帮助学生对比异同，通过组内和班级分享，获得尽可能多的信息，为最后的输出奠定基础。

七、学习流程

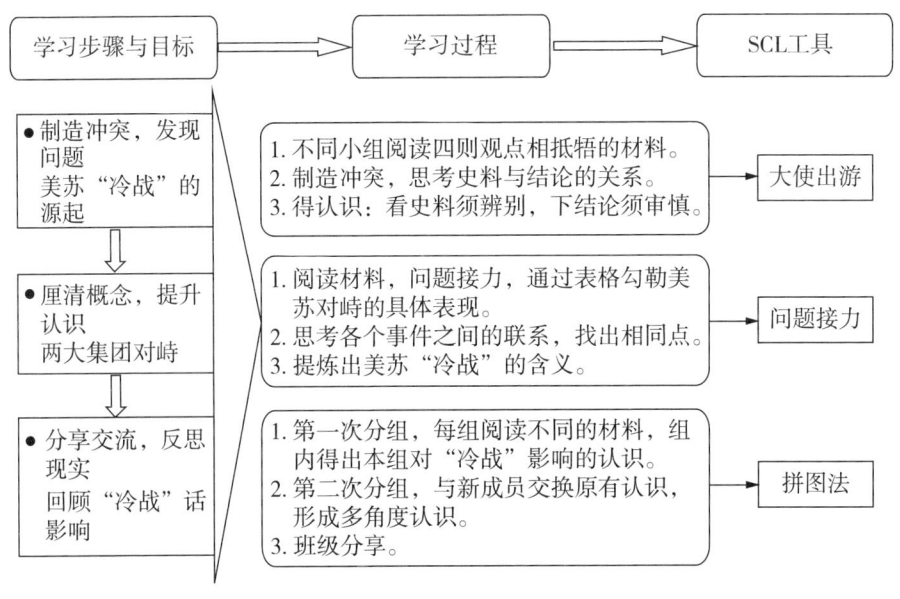

图 9-1-2　学习流程图

八、教学过程

表9-1-1　教学过程表

教学步骤	SCL工具	教学过程	活动目标	时间安排(分钟)
制造冲突，发现问题	大使出游	1. 讨论美苏"冷战"兴起的原因：将学生分成四组，不同小组阅读不同的材料，且每组材料观点相抵牾。 （1）观点一：美国挑起。 （2）观点二：苏联发动。 （3）观点三：英国怂恿。 （4）观点四：综合因素作用。 2. 大使出游：各组间交流意见，思考哪种观点正确。 3. 回到原组，进一步思考观点的得出受到哪些因素的影响，得出史料与结论的关系。	通过制造认知冲突，促使思考史料与历史结论的关系，学会论从史出，一分材料说一分话，从而培养史料实证的素养。	15
厘清概念，提升认识	问题接力	1. 每组阅读材料"两人集团的对峙"。 2. 每组先派一号成员上讲台领取写有问题的纸条，然后该成员回组跟小组成员依据教材和教师提供的材料，讨论得出答案，并将答案写在纸条上。 附：问题链 （1）美苏"冷战"开始的标志是什么？此事件目的何在？ （2）"杜鲁门主义"被第一次大规模运用是什么事件？目的何在？有何影响？ （3）针对美国采取的经济政策，苏联有何应对措施？ （4）美苏除了在政治、经济方面进行对峙外，还有哪些行动？	通过问题链梳理美苏对峙的过程，培养学生快速阅读的能力，提取、加工信息的能力和团队合作的意识。	15

续表

教学步骤	SCL工具	教学过程	活动目标	时间安排（分钟）
厘清概念，提升认识	问题接力	（5）美苏这三方面的对峙有哪些共同特性？为什么美苏采取这样的对峙方式？ 3. 每完成一个问题找教师核对结果，如果正确，继续领取下一个问题任务，如果不正确回组继续商讨，直至答对再领取下一个问题任务。 4. 每位成员依次上台答题，最先答对所有题目的小组获胜。	通过问题链梳理美苏对峙的过程，培养学生快速阅读的能力，提取、加工信息的能力和团队合作的意识。	15
分享交流，反思现实	拼图法	1. 将学生分成五组，每组阅读不同的材料，各自得出对美苏"冷战"的看法。 （1）第一组："冷战"与"热弹" （2）第二组：动荡与"冷和平" （3）第三组：威胁与进步 （4）第四组：单极、两极、多极 （5）第五组：借鉴与启示 2. 每组的一、二号成员组成新的第一组，三、四号成员组成新的第二组，以此类推，形成五个新的小组。 3. 每位成员在新组建的小组交流在原小组得出的观点，新的小组从多角度分析"冷战"的影响。 4. 班级分享，结合现实进行分析。	提高学生学习的参与度，学会多角度分析问题。	15

九、板书设计

板书设计见图 9-1-3。

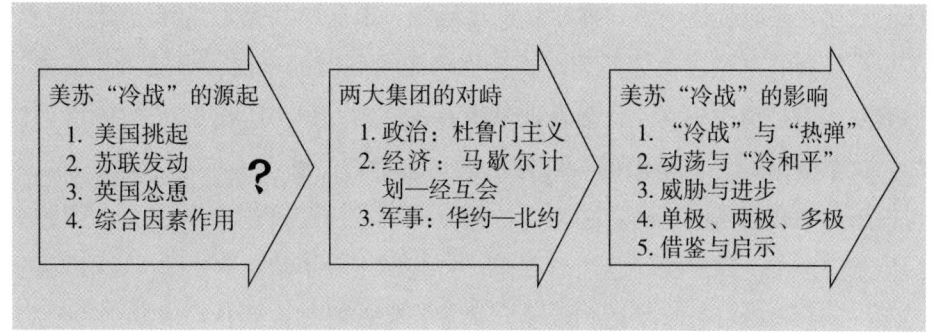

图 9-1-3　两极对峙格局的形成板书设计图

◉ 教学反思

学生在"大使出游"的过程中体会历史的真相

一、案例背景

（一）课标要求

历史过程是不可逆转和不可再现的，认识历史只能通过现存的史料，去伪存真，还原历史事实，形成合理的解释。学生往往认为教材就是客观历史的再现，他们无法分清史实和历史解释的差别。《普通高中历史课程标准（2017年版）》要求学生能够"知道史料是通向历史认识的桥梁，了解史料的多种类型，掌握搜集史料的途径与方法；能够通过对史料的辨析和对史料作者意图的认知，判断史料的真伪和价值，并在此过程中体会实证精神；能够从史料中提取有效信息，作为历史叙述的可靠证据，并据此提出自己的历史认识；能够以实证精神对待历史与现实问题"。要培养学生以上各方面的能力，必须通过史料构建学生和历史真相的桥梁，在此基础上，辨别史料，认识史料，得出认识。只有功夫下到位，课堂教学才能有效落实课标要求。

（二）改进缘起

"冷战"的兴起是"两极对峙格局的形成"一课中的第一目。以往这节课的教学常采取叙述的方式摆事实、得结论，最终结果是学生死记硬背获得了一个模糊的结论：美苏两国意识形态和政治制度的不同，导致了"冷战"的爆发。但是稍作深究，就会发现学生并没有独立思考得出见解的能力。比如：这个结论是怎么得出的？谁得出的？它是否能够全面解释事件的成因？意识形态和政治制度不同就必须"冷战"吗？……通过进一步的了解，发现学生暴露出来的深层次问题还有很多：有些学生分不清史料、史实和史论的关系，不知道教材上哪些语句是史实描述，哪些是观点表达；有些学生没有证据意识，喜欢随意下结论；……对这些问题，教师每解释一次，学生就"理解"一次，但随后遗忘得很快。显然，如果继续按照这种教学方式，是不可能完成新课标要求的。

在接触了"以学生为本"的教学法后，对本节课教学设计做了适当修改，改变了以往以教师为主的叙事方式，就如何提升学生的获得感以及史料实证、历史解释的能力做了一些尝试。通过运用SCL工具中的"大使出游"和精选史料，制造学生认知上的矛盾冲突，从而提升学生学习的内驱力，使其拨云见日，探索历史的真相。所谓认知冲突，是指"当一个人自觉或不自觉地暴露在新信息中，现存的旧认知将受到威胁，并有可能产生新认知"。有了"威胁"，才有新知产生的"可能"。

二、情境再现

（一）大使出游，制造认知冲突

在讲述"冷战"的兴起这一目时，采用了"以学生为本"的教学法"大使出游"。首先，将对"冷战"兴起持不同观点的四则史料（包括漫画材料和文字材料），分发给来自英、美、苏、中等国的"使团"小组，要求大家归纳出"本国"对于"冷战"成因的看法。

当每组对"冷战"的兴起有一定认识后,要求各国使团交换意见。每组派一名"大使"(也可以是多名"大使")去其他"国家"了解情况,剩下留守的"使团成员"给来交流的他国"大使"宣讲本国态度,并说明得出这个结论的原因。每交流一国,"大使"就会发现"别国"跟"本国"的看法不一样。回到"本国"后,教师要求大家再一次思考,探寻"冷战"产生的原因。

(二) 精读史料,培养证据意识

在分享环节,学生们炸开了锅。"苏联大使"说从漫画的名称(美国准备放出"原子弹和平鸽")、内容(美国人将原子弹伪装成和平鸽),以及文字材料("美国争夺世界霸权""苏联是最主要障碍""美国准备针对苏联的战争")中看出"冷战"应该是美国挑起的。对此,"美国大使"表示"强烈不满",争辩道:"从我们拿到的漫画来看,名称是'苏联准备放出冷战',内容是苏联人点火,准备解冻'冷战熊',这些都能证明'冷战'是苏联挑起的,而且文字材料中的'不可能有妥协''破坏我国生活方式''损害我国权威'进一步说明了这一观点。"还没等到其他"大使"表达看法,教室里已经吵得不可开交。正当大家满腹疑问、各执己见时,教师进一步提问:"你们得出不同结论的依据是什么?"这时,学生才恍然大悟,原来他们拿到的材料不一样,深深感觉被老师"欺骗"了。

(三) 追根溯源,寻找背后缘由

教师接着说道:"不同的材料导致了不同的结论,但事实的真相到底是什么,我们该相信哪一则史料呢?"这时,大家冷静下来,回看四则材料。借助前面所学,他们纷纷指出前三个观点的得出都依据了主观意识很强的材料,这种主观性可能会带来有意的粉饰遮掩或者污蔑抹黑,也有可能失之偏颇。"'冷战'是美国挑起的"这一观点主要来自苏联驻美国大使;而"'冷战'是苏联挑起的"这一观点则来自美国驻苏联代表;丘吉尔发表"铁幕演说",斯大林认为"'冷战'是由英国推波助澜的";至于白建才,作为一个后世的史学研究者和局外人,可能看待问题更全面和客观。每组都在反思本组在依据材料得出结论的过程中可能存在的问题。

最后,教师进行总结。史料是一切人研究历史、学习历史的基础,但史料并不等于史实。史料种类繁多，来源广泛，有些史料是时人或后人杜撰的，不具备可信度，应该剔除；还有些史料确实是历史遗存，具备真实性，但内容有出入。依据不同的史料，会得出不同的结论。不同时代、不同立场的人对同一事件的看法也是有所不同的。所以仅仅从已有史料中找证据是不够的，这就要求我们尽可能多地寻找史料，既要辨别史料的真伪、价值高低，进行正本清源的辨析工作，又要整理、储存、统计，为接下来的研究工作奠定基础。因而，用什么观点、站在什么立场、用什么方法来研究史料，就显得尤为重要了。

三、教学反思

（一）精选史料，激发辨析愿望

回顾这一节课的学习，我们会发现，教师的角色更多的是"游戏规则"的说明者，是学生学习的促进者而不是知识的呈现者。在教材资料不甚丰富的情况下，教师根据需要，有目的地、选择性地使用了课内外的不同史料，通过制造学生的认知冲突来刺激和挑战学生。第一，"各国大使"拿到的史料内容是相冲突的，能够引导各组学生得出不同的结论；第二，史料的类型丰富，有漫画、文字、地图，且史料中主体人物的身份、立场、学识水平等都有差异；第三，材料既有时人的叙述，又有后人的评论。

（二）"大使出游"，推动思维深入

除了史料教学外，"大使出游"的设计也是促使学生深入思考的重要推力。首先，在不同使团、不同观点的交流过程中，让学生扮演不同的角色，代入式地根据自己的身份和手中的材料，得出四种不同的历史认识，并归纳不同材料的解读方法；其次，引导学生具体分析四组材料各自的特点，以鉴别其高低不一的价值；最后，教会学生分清历史陈述和历史结论、历史事实和历史解释的差别。总结起来就是：一看史料找证据，得结论；二看史料辨真伪，判高低；三看史料区分陈述与结论。通过这个动态的过程，学生逐步学会发现问题，提出问题，然后试着解决问题。基于史料的问题链设计，激发学生质疑与批判，有利于培养学生的历史思维，提高逻辑分析能力和史料实证素养。我们既需要潜心研究教材内容，又需要研究教学方法，找到合适

的方式让学生自主获得知识，而不是仅凭教师讲述知识。本节课避免了平铺直叙、枯燥无味的上课方式，设计制造了学生认知上的冲突，激发了学生探究的兴趣。到最后，真相到底是什么似乎不那么重要了。

（三）用历史研究的方式学习历史，还原历史真相

历史学家杨奎松先生曾经说过："研究历史有点像刑警破案，通过种种蛛丝马迹，深入发掘拓展，找到更多的线索，运用逻辑分析和推理，把所有能够掌握到的历史碎片串联拼合起来，最后组成一张相对完整的历史过程图，弄清什么时间、什么地点、发生了什么、发生的经过情形以及原因何在等，从而揭示一个过去不为人知，或者被人误读的历史秘密。"（吴虹飞，2008）也许，历史课堂也应该借鉴这种历史研究的方式，让学生成为"破案的刑警"，抽丝剥茧，通过层层证据得出相对客观的结论，还原历史的真相。

专家点评

本课的教学设计有三个亮点：一是利用"大使出游"的情境设置，引发学生的认知冲突，激发学生的学习兴趣。二是分小组讨论，引导学生进行探究性学习。让学生在阅读分析材料的基础上，在合作研讨中得出结论，避免了教师空洞地画重点，单纯让学生记忆已有的结论。三是以学生为本，关注学生的学习过程。教师通过问题引领，层层深入，激发了学生的思维，提高了学生解决问题的能力。

建议：学生的主体活动很充分，教师的作用如何有效发挥？例如，学生对"冷战"有了各种看法，但是到底哪些看法是主流？教师如何就此进行引导和点拨？如何在这节课中渗透时空观念和历史理解？这些还需要我们教师做出不懈的努力。

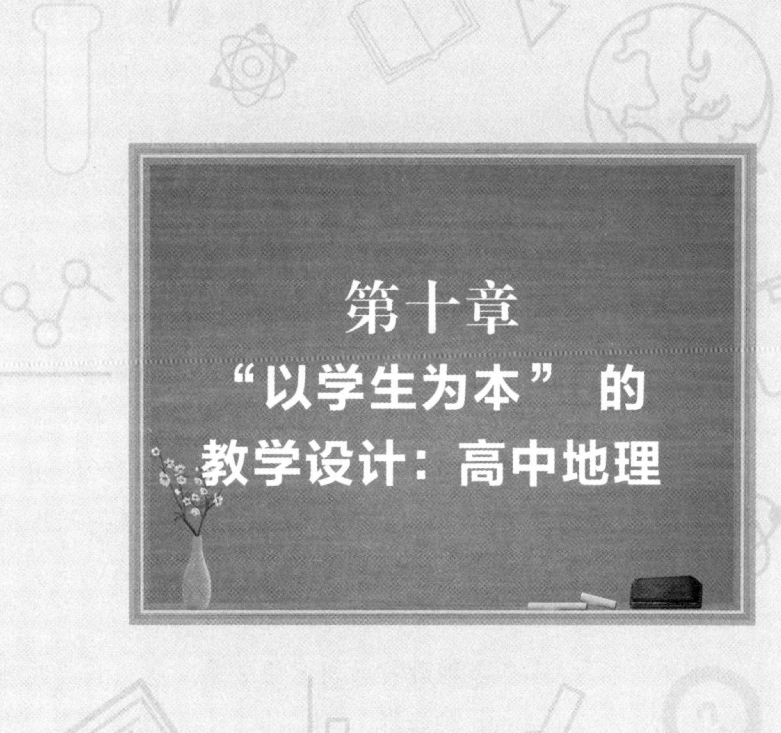

第十章
"以学生为本"的
教学设计：高中地理

案例 16

高一地理新授课"农业的区位选择"

● 专家箴言

学生能够真正走出课堂,走进实地进行观察调研,带着切身体验和问题来学习地理,是实现自主知识建构、落实地理学科核心素养的有效途径。

● 教学设计

一、课标要求分析

本节课着重落实《普通高中地理课程标准(2017年版)》(简称《地理课标》)中"结合实例,说明农业的区位因素"的知识点要求。"农业的区位因素"这一知识点不仅包括影响农业的区位因素有哪些,还包括如何运用影响农业的区位因素进行合理的农业区位选择。为了能达到"结合实例说明"的认知水平,本课采用农业调查的方式帮助学生学习、建构农业区位的相关原理性知识,并在案例中迁移运用所学原理解决实际问题。

二、学习内容分析

本课内容为人教版《地理》教材必修 2 第三章"农业地域的形成与发展"的第一节"农业的区位选择"。本节课的核心知识点为"农业的区位因素"和"农业区位选择的方法",重点落实地理学科核心素养中的综合思维能力和人地协调观。

土地利用方式最直接地反映了人地关系。一块土地用来作耕地还是发展非农产业,或顺其自然成为森林,最能体现人与环境的关系。利用得太充分、太集约化,经济效益、社会效益高,但人地关系就比较紧张;反之则经济效益差，不利于人类社会发展。所以农业区位选择需要权衡，权衡的因素不仅有地形、气候、水文、土壤、生物、市场、政策、交通、技术、劳动力等多个因素，还要有区域环境容量的考虑。在当前市场经济条件下，许多开发经营者不考虑环境容量这么宏观的问题，但并不是不存在这样的问题。比如，塔里木河断流与塔里木河流域长绒棉种植面积扩大过多有一定关系，由此引起人们对土地资源开发首先要留足生态用水的思考和重视，这也是农业能否可持续发展的重要问题。

学生在初中阶段的地理课程中学习过和本节课相关的农业知识，其中包括：农业的概念、农业分布的特点、农业分布的影响因素，以及农业生产中所遵循的地理规律。本节课学生需要在初中知识的基础上，借助案例分析和地理调查获得以下知识：农业区位的概念、农业区位因素的内涵、农业区位选择的方法、农业地域类型和区域农业的可持续发展等。本课的学习是在初中所学基础上内容、能力的进阶、综合和延伸（见图10-1-1）。

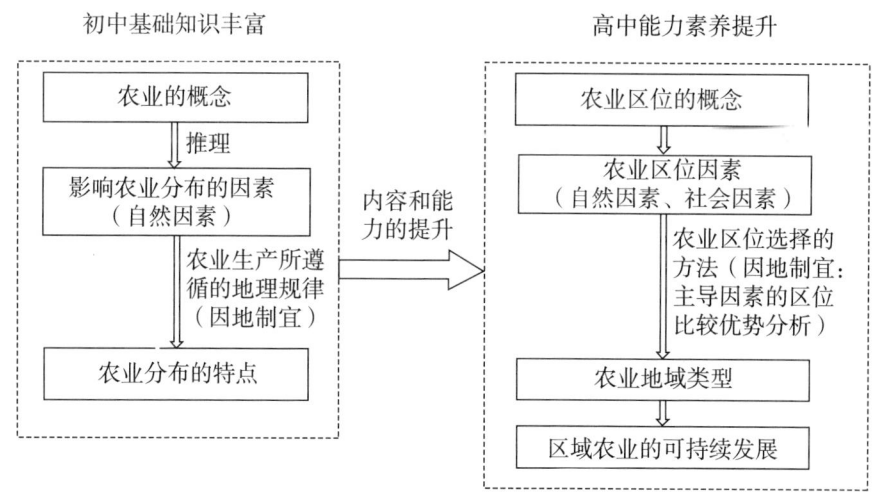

图 10-1-1　初、高中农业专题教学内容衔接结构图

三、学生情况分析

初中的学习使学生具备一定的农业相关名词储备。该班级部分学生来自农业区，对农业活动有一定了解，对本课学习的积极性与兴趣较高。但对农

业区位的理解、结合真实案例做出农业的区位选择方面，学生还存在概念模糊、综合分析能力不够的困难。需要提升学生的区域认知水平，帮助学生建立区位的概念，引导学生理解区位因素和区位选择的概念，培养学生进行农业区位选择的综合分析能力。本课采用课前地理调查、课上案例教学加小组合作学习等方法来帮助解决学生的学习困难。

四、学习目标

1. 结合地理调查报告，通过绘制思维导图，说出影响农业的区位因素。

2. 结合具体情境，以东北地区的农业生产为例，分析影响农业区位选择的主导因素和限制性因素，建构农业区位选择的一般方法。

3. 运用农业的区位选择方法，针对某一特定的农业生产进行农业区位选择，掌握针对特定农业生产进行区位选择的能力。

五、学习重点

本节课学习重点为：理解农业区位因素，学会分析真实农业案例中区位选择的方法。

学习重点落实策略：在教学过程中，用学生身边的桃子和草莓的种植实例，引导学生分析实际农业问题，帮助学生建立区位的概念，了解区位因素的含义，结合主导因素的区位比较优势分析，建立农业区位选择的综合分析方法，提升区域认知能力。

六、学习难点

本节课学习难点为：农业的区位选择方法。

学习难点突破策略：以区域为背景，借助思维导图列举农业区位的影响因素，结合区域特点，利用对比分析方法，帮助学生做出某一农作物的区位选择。

七、学习流程

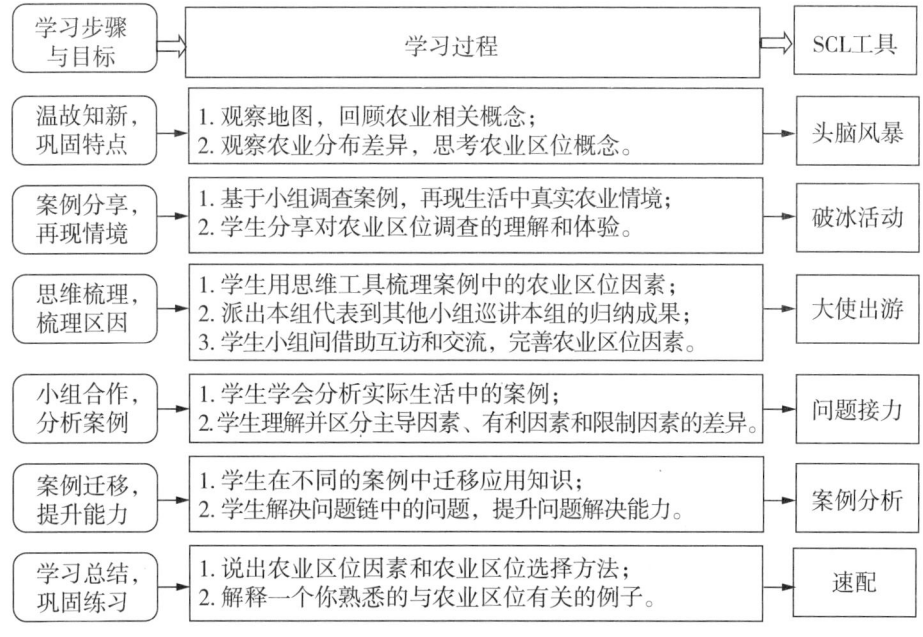

图 10-1-2　农业的区位选择学习流程图

八、教学过程

表 10-1-1　教学过程表

教学步骤	SCL工具	教学过程	活动目标	时间安排（分钟）
温故知新，巩固特点	头脑风暴	教师出示北京市平谷区农业分布图，借助问题，引导学生思考平谷区农业的分布，帮助学生复习回顾农业的概念和中国农业的分布特点与发展，了解农业区位因素。	回顾旧知，引发思考。	5

续表

教学步骤	SCL工具	教学过程	活动目标	时间安排（分钟）
温故知新，巩固特点	头脑风暴	问题1：读中国农业分布图，找出农业包含哪些生产。（如林业、畜牧业、渔业等。） 问题2：结合平谷区农业分布图，说出平谷区农业水果种类分布的差异。	回顾旧知，引发思考。	5
案例分享，再现情境	破冰活动	为学生分组。课前小组实地调研，课上学生展示调研结果，展示实际生活中身边的农业活动的区位影响因素。 实地调研激发学生的兴趣，学生结合身边的案例，通过分享增加对知识的理解和体验，锻炼野外实践能力，培养小组合作与分享展示能力。	实地调研，自主发现，合作探究。	10
思维梳理，梳理区因	大使出游	教师引导学生观察各组案例分享中的农业区位因素，各小组总结影响农业生产的区位因素，并绘制思维导图。农业的区位因素分为自然因素和社会经济因素，自然因素包括地形、气候、水源、土壤等，社会经济因素包括市场、政策、交通、技术、劳动力。 问题3：依据案例分享，说出影响农业分布的区位因素有哪些，试着用思维导图绘制出你了解的农业区位因素。 学生用思维导图工具进行梳理，锻炼思维能力，并通过相互反馈，相互促进。	思维梳理，深化理解，总结提升。	5
小组合作，分析案例	问题接力	教师结合东北地区的农业种植案例，以会考题为例，引导学生分析影响东北平原种植发展的主要因素，帮助学生学会辨别有利因素和不利因素（限制性因素），检测学生的落实情况。 （1）黑龙江农垦区地处五带中的_____带，主要地形类型是_____。	运用理论，分析案例，解决问题。	5

续表

教学步骤	SCL工具	教学过程	活动目标	时间安排（分钟）
小组合作，分析案例	问题接力	（2）该农垦区发展种植业的有利自然条件有_____、_____等；限制东北农业发展的自然条件有_____、_____等。通过该活动，加强学生对有利因素和限制性因素的理解，增加对主导因素的理解。借助练习，学生把遇到的问题反馈给教师，在此基础上，教师继续给学生反馈分析思路。	运用理论，分析案例，解决问题。	5
案例迁移，提升能力	案例分析	以"猕猴桃适合种植地"这一农业案例，引导学生将农业区位选择的方法迁移应用到其他案例中，锻炼学生的迁移应用能力，提升学生综合解决问题的能力和高阶思维能力，帮助学生实现自我能力和知识获得的反馈。	提升能力，突破难点。	10
学习总结，巩固练习	速配	对本节课知识进行梳理，归纳本节课的核心问题，总结农业区位的影响因素、主要因素的分析方法，以及农业的区位选择。完成评价量表中学生之间、师生之间的反馈与评价。	方法总结。	5

九、板书设计

板书设计见图10-1-3。

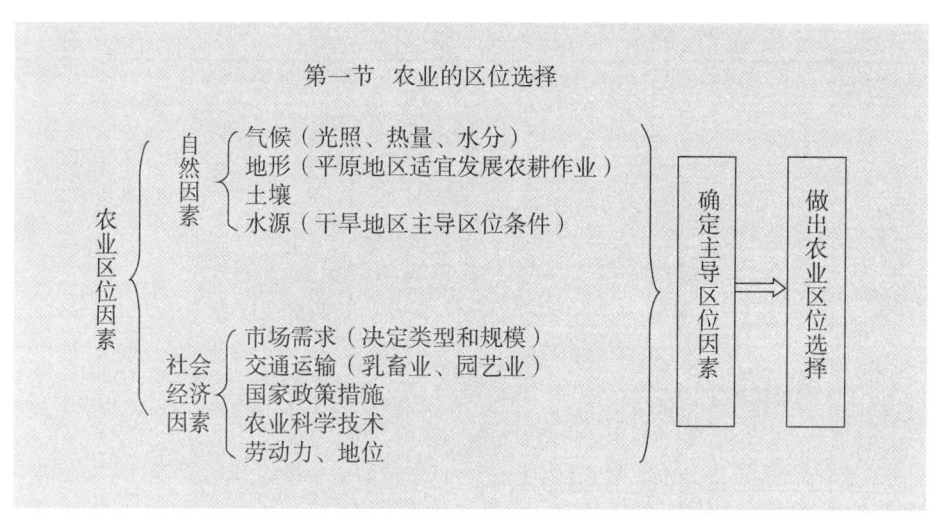

图 10-1-3　农业的区位选择板书设计图

● 教学反思

带着"实地调查"的切身体验走进真实的地理课堂
——以学生走进农田实地调研为例

一、案例背景

地理学是一门应用性很强的学科，认识地理环境、揭示地理现象背后的地理原因、阐述人与地理环境的关系，是地理学科的独特价值。离开真实世界的地理教学是空洞、枯燥、乏味的。常规的讲练式教学模式，以教师的单方面讲解、学生的被动接受为主，学生对所学知识的生成背景和情境并不熟悉，学到的多数是机械的、不容易被激活的、固定的地理知识。

课程改革要求学科教学指向学生的核心素养培养，需要学生能在真实而复杂的情境中运用地理规律解释地理现象，解决地理问题，提升真实问题的分析能力和解决能力。正因为这样，地理实践力成为地理学科核心素养的主要构成，到真实的地理环境中进行地理调查是提升学生地理实践力的有效途径。因此，如果地理课堂只停留在书本知识的传授，学生就难以对真实地理环境有深层次的理解，学生的学习兴趣就不高，学习就只停留在浅表层面。为了激发学生的学习兴趣，帮助学生认识真实而复杂的地理环境，学习真正有用的地理知识，本节课试着让学生带着问题走出课堂，走进农田，去认识身边真实的农业生产场景，从而帮助学生理解农民是如何进行农业区位选择的，帮助学生搭建地理规律与真实情境的桥梁。

二、情境再现

（一）教学设计思路再现

本节课尝试让地理调查走进地理课堂，克服传统课堂和素养培养之间的矛盾。具体做法如下：以北京市平谷区农业种植情况为真实的体验情境，在此基础上设计问卷，让学生以小组的形式，课前走进身边的农田去拜访农民，做和农业种植及农业区位因素相关的问卷调查。之后学生总结并分析问卷调查结果，将调查结果进行汇总，在课堂上做案例分享。结合各组学生的分享，各小组进一步归纳梳理影响农业种植的区位因素，教师引导进行完善，并将区位主导因素用于农业生产的区位选择中。进行教学设计时将野外调查带进地理课堂，以丰富学生的真实体验，让学生自主建构影响农业的区位因素及进行农业区位选择的一般原理，从而帮助学生在调研中落实区域认知和综合思维等学科核心素养。

（二）调研小组课堂分享场景再现

课堂上，有两个小组的学生参与了野外实践活动的分享，分别为草莓调研组和大桃调研组。

草莓调研组介绍了一个坐落在平谷区夏各庄的草莓大棚，面积大约为1亩，每年收入约1万元，小组成员刘同学提到大棚草莓一般在每年1—5月成熟，可以留作自己吃，也可以拿到市场上销售。该组成员还和大家一起品尝了采摘的草莓，在各组同学品尝草莓的同时，小组成员介绍了草莓的特点，并结合平谷区的自然特征分享了草莓种植的优势区位条件。在此基础上，教师引导学生思考在平谷区进行草莓种植的优势条件和不足条件，并引导学生对比大棚草莓和普通草莓的区别，以及草莓应该如何保存和运输。

参与大桃调研组的沈同学,分享了关于在平原地区种植大桃的调研结果。沈同学提及平谷的桃很有名,色泽鲜艳,品种多样,并且展示了小组成员拍摄的图片,介绍了 V 字形的桃树,还一一为大家分析了桃的生长条件。沈同学说,桃树不耐洪涝,平谷区土壤多含富钾火山岩,有独立水系沟河和汝河,为桃的种植提供了水源。在沈同学介绍后,一名家里有桃园的学生也站起来分享了自己家的桃树种植情况,丰富了学生们的农业学习情境。

在学生分享之后,教师请学生依据案例分享,说出影响农业分布的区位因素,并试着用思维导图绘制出自己了解的农业区位因素。

学生通过小组合作绘制完成了思维导图,并推选代表组进行分享。在师生共同讨论下,学生补充完善了农业分布的区位因素,不但建构了影响农业的区位因素知识,还更加理解了每个因素是如何影响农业生产和农业布局的。

三、聚焦分析

当地理调查走进地理课堂后,课堂发生了怎样的变化呢?

(一)学生主动参与、乐于分享的学习状态真实发生

通过课堂观察发现,学生的听课状态出现了变化。参与调查的学生迫切希望能分享自己调查中的所见所想,以及和农民沟通过程中遇到的问题;没有参与草莓调查的学生,通过品尝同伴亲自采摘的草莓,观赏同伴野外调查的场景图片,也很容易投入其中,参与讨论与草莓生长和选址相关的各种问题。大桃调查组在分享调查结果时,也激发了家中种桃的学生的深度参与和分享。学生们设身处地地把自己当成农民,认真思考应该如何权衡影响农业生产的各个因素,做出相对合理的农业区位选择。在分享的基础上,小组合作,轻松绘制出了农业区位因素的思维导图。在这个场面中能感受到学生将课内外的地理学习有机地融为一体,在更多的真实体验和地理术语间建立了有意义的联系。只有在学生已有的知识、经验基础上开展学习,学生才能真正成为知识的发现者和建构者,如此,有意义的学习真实地发生了。

(二) 学生对地理知识和原理的理解程度加深，思考的角度更真实全面

"农业区位因素"的学习是地理学科"区位理论"学习的重要组成部分，是关于地理原理的学习。以往这样抽象原理的学习主要靠教师讲解和举例分析，学生常常知其然而不知其所以然，这样的结果就是学生会将地理原理丰富的内涵干瘪成一个地理概念来机械地记忆和理解，将影响农业的区位因素整个记在大脑中而不理解其本质内涵。本节课借助地理调查，促使学生迫切希望解释其所见所闻：在哪里？怎么样？为什么在那里？为什么是那样？应该是怎样的？等等。一系列高阶思维的问题迸发出来，促使学生进入地理现象背后的学理分析。同时，学生真切地感受到任何一项农业生产、选址都不是一件简单的事情，都不是考虑一个主要因素就可以做出选择和决定的，而是需要反反复复进行比较、取舍，在放弃次要关注主要的思考过程中最终做出选择决定。这个真实的认识过程，恰是学生在思考农业区位因素和进行农业区位选择时关键而专业的思维品质，是全面而真实的地理学科思维及价值观念，最能帮助学生解决真实的地理问题，因此，对培养学生的地理学科核心素养意义重大。

(三) 教师的角色发生改变，教与学的方式都发生质变

整节课，教师在教学组织和课堂实施中的角色发生了改变，由原来教学组织的设计者、课堂教学的控制者转变为学生学习的设计者、课堂学习的引导者和帮助者，教师也更像是整节课的推动者。课堂中的核心问题链摇身一变，从教师的讲授提纲变成了学生合作学习探究的主线。

原来以教师讲授为主的问题提纲是：

什么是农业生产？我国的农业分布情况如何？什么是农业区位因素？影响农业的区位因素有哪些？怎样进行区位选择？

本节课学生合作学习探究的主线如下：

1. 在中国农业地图中建构出农业和农业部门的概念。

2. 选择家乡的某一个农业部门的代表作为研究案例，进行农业生产和农业选址的实地调查，收集证据并归纳总结形成调查报告（有的组选择的是种植业，有的组选择的是林业）。

3. 在分享调查报告的基础上，合作建构影响农业生产的区位因素思维

导图。

4. 在调查报告的基础上，分析特定农业生产在选址时应考虑的主导因素，以此建构出农业区位选择的一般方法。

当教师角色发生根本变化后，以学定教、以教促学才真正从口号转变为行动。著名教育家卢梭在《爱弥儿》一书中分析了人的发展与外部环境的关系，主张青少年应该在自然界接受教育，倡导自然教育和儿童本位的教育。卢梭认为，如果要学习知识，应通过做事情来学习。这种方式可以使学习者对知识的学习有直接的体验，留下深刻的印象。本节课基于这种在自然界中获取知识的方法，提出基于地理调查实践的教学方法，改进了课堂的教学效果。

地理调查走进地理课堂，表面上改变的是教师教与学生学的角色、状态、方式、深度和广度，实质上是教师的育人观、学生观、学习观、质量观的改变。结合本节课的经验，在后续的课堂中将继续尝试，也希望可以将农田的地理调查走进地理课堂的学习方式拓展到工业区位及交通区位的学习中，从而实现学生人地协调观、综合思维、区域认知、地理实践力等地理核心素养的培养。

专家点评

高中地理的学习要求学生能从综合的视角认识地理事物和现象，对地理各要素之间的相互作用关系有较强的分析能力。本节课让地理调查走进地理课堂的尝试，极大地改变了学生的学习方式和学习状态，是高中地理教学改革的方向，体现出高中地理新课标的要求。SCL教学工具的使用，充分调动了每一名学生的学习积极性。整节课在地理学科逻辑和核心概念引领下进行，学生得以自主建构知识，形成概念，是循序渐进地落实地理学科核心素养培养的成功实践。

案例 17

高一地理新授课"热力环流"

● 专家箴言

教学有法，教无定法，即不存在万能、普适的教学方法。在特定内容的教学中选择适合学生的教学方法，是教学成功的重要保证，也是教师进行教学研究的着力点。

● 教学设计

一、课标要求分析

本节课着重落实《普通高中地理课程标准（2017年版）》（简称《地理课标》）中的"运用示意图等，说明大气受热过程与热力环流原理，并解释相关现象"要求。大气受热过程是热力环流原理的核心内容，是后续大气学习内容的理论基础。按照《地理课标》要求，学生需要达到"能运用图表说明"的认知水平，需要在图表、文字等资料的基础上归纳、概括出大气的受热过程，建构热力环流原理模型。

二、学习内容分析

大气热力环流是大气运动最基本的形式（见图10-2-1），更是重要的地理原理，是学习大气水平运动的理论基础。该内容有以下几个特点。

第一，该内容理论性较强，学生学习起来比较抽象，趣味性不足。因此需要通过学习活动来降低难度，帮助学生体验抽象的内容，以增强学生对理论学习的兴趣和信心，并实现对原理的自主建构与深入理解。

第二，该节课涉及海陆风、山谷风、城市风等生活中的地理现象，这些现象与学生的生活经验密切相关。本节课希望通过学习活动来提升学生对理论的理解，并提高知识综合应用和阐释地理事物的能力。

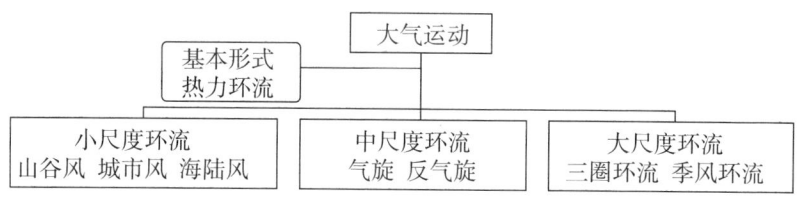

图 10-2-1 大气运动的基本形式

第三，作为"热力环流"的具体体现和知识延伸，"山谷风""城市风""海陆风""气旋""反气旋""三圈环流""季风环流"等，从局地尺度到海陆尺度再到全球尺度，空间跨越性较大，学生初学时不容易获得整体感观。从认知的角度看，"热力环流"是均质下垫面条件下的理想模型，但地球表层的实际状况是有海陆分布、地球自转、地球公转、地形起伏和城乡差异等多种影响因素，打破了理想状态下的热力环流模式，这个认知过程是从一般到特殊的过程。影响因素多且各种因素相互作用和叠加，造成大气运动的复杂性，这给学生理解大气环流运动带来很多困难。本节课通过一系列的学习活动来加强学生对地理原理的学习以及地理原理在复杂现实中的应用。

三、学生情况分析

"热力环流"对高一学生来说难度偏高。一方面，学生的相关知识储备不足，跨物理与地理两个学科整合知识比较困难；另一方面，学生对城市风、山谷风、海陆风等现象的生活体验较少，在立体空间中理解热力环流过程的空间想象能力不够，学生在相对较短的时间内建构起动态的、连贯的、不同空间类型的、跨越空间尺度的大气环流过程是比较困难的。因此，本节课在教学方法上体现"以学生为本"，使用活动或资料来激励、帮助和挑战学生，以丰富其感知、引发其深度思维，设计出全体学生积极参与的学习过程，以实现学生自主合作探究建构原理的学习效果。

四、学习目标

1. 在观察生活现象、观察演示实验的基础上，小组合作绘制大气受热过程示意图,在此基础上说出热力环流的形成过程并归纳概括热力环流的基本原理。

2. 运用热力环流的基本原理分析解释海陆风、城市风和山谷风等相关地理现象,从时空综合的角度分析大气冷热不均与大气运动之间的关系。

五、学习重点

本节课的学习重点有:

1. 合作绘制大气受热过程示意图,建构热力环流原理的模型。
2. 运用热力环流原理分析解释海陆风、城市风和山谷风等相关地理现象。

确定依据:热力环流作为大气运动最基本的状态与原理,是理解复杂大气运动的基础模型和基本前提。"大气的水平运动""气压带和风带""海陆热力性质差异对大气环流的影响""季风环流""天气系统""气候类型的成因""洋流的成因"等后续知识都是"热力环流"的具体体现和知识延伸,所以,热力环流奠定了大气、洋流等物质运动的基础,该原理的熟练掌握和拓展迁移应用能为后续地理知识的学习做好铺垫。

学习策略:来源于生活的、有切身感受的地理现象和素材更能激发学生学习的兴趣。通过观察空调机和暖气片的安装位置,让生活和地理学科知识之间发生联系。针对第一个学习重点,通过搭建小组学习平台和引入"问题接力"的竞赛机制,让学生在小组学习中展现自我、得到尊重,增强课堂学习中的参与度和获得感,促进科学思维的碰撞,产生科学探究热情。

针对第二个学习重点,本着让学生学地理、用地理的想法,设计了"大使出游"的闯关游戏活动,让学生合作学习,以互帮互学的形式分析和理解海陆风、城市风、山谷风,并尝试解释现实问题。当学生能把地理事实和原理之间的逻辑关系想清楚、说明白,学习的重点就能真正掌握,同类型的问题自然能迎刃而解。

六、学习难点

本节课的学习难点是:分析热力环流下近地面和高空中的气压变化特征。

确定依据:该难点是对热力环流原理的认识深化和思维提高,涉及地理知识和物理知识的融合,是从科学认知层面上理解和把握大气运动的动力机制和本质规律。由于涉及压强、温度、湿度、等压面等科学概念及其关系，需要在一个开放的三维立体空间中去想象不同点位的大气物理状态和运动趋势。教学上不太好进行直观感知和立体展现，给学生的理解掌握造成了障碍。

学习策略：针对该难点设计了"Bingo 游戏"小组探究活动，采用步步登高、层层构建的办法，引导学生学习概念和发现规律，鼓励他们大胆探究和发现，在相互学习、交流中发现科学的魅力，在轻松愉悦的游戏竞争氛围中享受学习的乐趣，以此降低学习上的畏难情绪。

七、学习流程

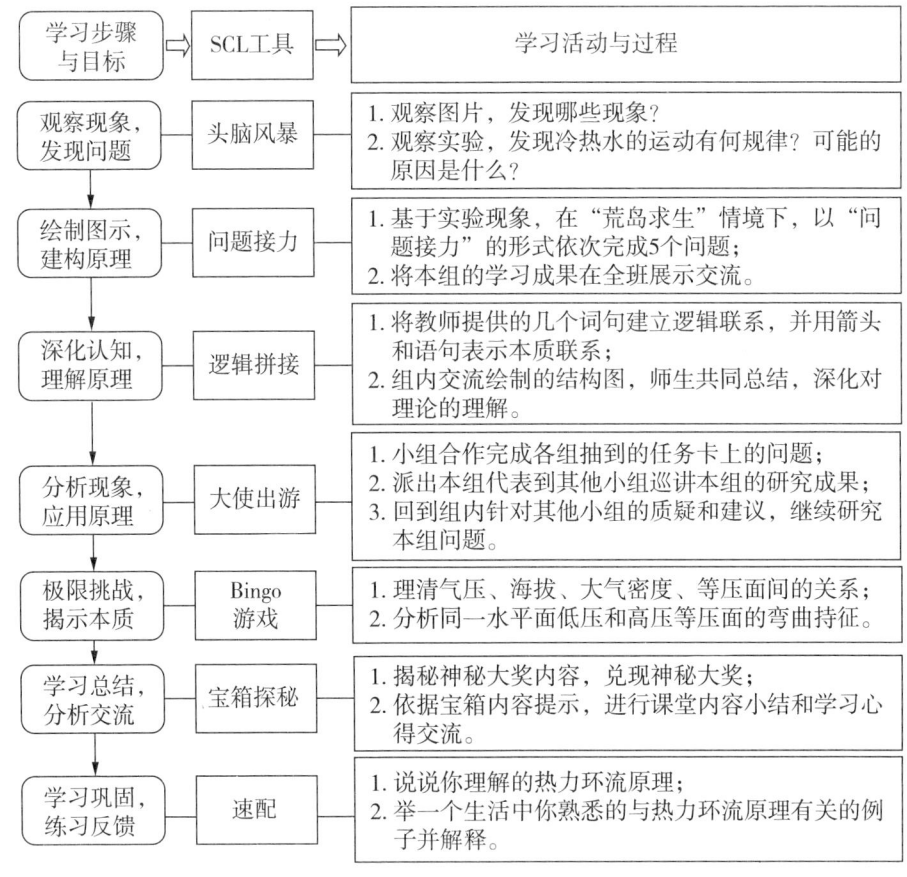

图 10-2-2　学习流程图

八、教学过程

表 10-2-1　教学过程表

教学步骤	SCL工具	教学过程	活动目标	时间安排（分钟）
观察现象，发现问题	头脑风暴	1. 观察图中的温泉、暖气片和空调（此处略），并思考：你能发现哪些现象？ 2. 观察模拟实验并思考：你发现了什么现象？	丰富感知，引发思考。	5
绘制图示，建构原理	问题接力	1. "荒岛求生"情境：假设现在全组成员被困荒岛，需要完成相关任务才能获得相关道具，逃离无人荒岛。 2. 活动规则说明：分组讨论完成问题接力，前一个问题回答正确后领取下一个问题任务，最快完成任务的小组获得一次抽奖机会，赢取神秘大奖。 3. "问题接力"任务： （1）在垂直方向上的不同温度的气（水）流是怎么运动的？在受热和遇冷条件下，气（水）流的密度和压强分别会发生什么变化？ （2）在不同高度处，气（水）流是怎么做水平运动的？推测其水平运动的动力是什么。 （3）气（水）流的水平运动在前还是垂直运动在前？造成气（水）流垂直运动和水平运动的原因分别是什么？ （4）推测气流的上升运动、下沉运动以及水平运动分别会带来何种天气现象（晴天/阴雨/大风），并说出你的判断理由。 （5）请根据以上分析完成热力环流的形成过程示意图。	自主发现，合作解决问题。	11

续表

教学步骤	SCL工具	教学过程	活动目标	时间安排（分钟）
深化认知，理解原理	逻辑拼接	1. 各小组将太阳辐射、地区间冷热不均、空气的垂直运动（上升或下沉）、同一水平方向上气压的差异、大气的水平运动等按照其本质联系关联起来。 2. 各小组将这种联系用连接符号和文字标注表达出来，并画在大白纸上。 3. 小组合作回答：热力环流形成的直接原因是什么？热力环流形成的根本原因是什么？	总结提升，深化理解。	4
分析现象，应用原理	大使出游	1. 游戏规则：现在有编号分别为1、2、3的三项任务卡，各个小组长到讲台抽取本组的任务卡，带回去和全组成员一块讨论并完成系列问题。完成本组的所有问题的小组，上交任务卡，待教师验收通过后，组长即可到其他小组去讲解自己小组的研究成果。 2. 任务奖励：最快完成任务的学习小组，获得一次抽奖机会，赢取神秘大奖。 3. 各小组代表到其他小组交流学习，获得有效信息后回来继续完善本组的结果。 任务卡1：海陆风及冬夏季风 任务卡2：城市风及城市热岛效应 任务卡3：山谷风和巴山夜雨	运用理论，解决问题。	16
极限挑战，揭示本质	Bingo游戏	1. 游戏规则：每组都有学习卡，各组先学习讨论教师预留的问题，3分钟后，教师在屏幕上出示这些问题的可能答案。每次出示3个，直到学生利用教师出示的词汇填出所有问题的答案为止。最先填完答案的小组可以齐喊"Bingo！"，然后提交本组学习卡，由教师检验所有答案是否正确。若正确，游戏结束，若有错误，则游戏继续，教师继续出示词汇，直至某一小组胜出。	方法总结，突破难点。	5

续表

教学步骤	SCL工具	教学过程	活动目标	时间安排（分钟）
极限挑战，揭示本质	Bingo游戏	2. 任务奖励：最先完成任务的学习小组，获得一次抽奖机会，赢取神秘大奖。温馨提示：每个词语并非只能填一次，也并非所有的词语都是你所需要的答案。 3. 学习卡： • 气压——该地单位面积垂直方向上延伸到大气层顶的空气柱的总重量。 • 等压面——大气中气压值相等的点所构成的面。 • 理想状态下，气压随着海拔高度的增加而_____。近地面的气压_____对应高空的气压。同一海拔高度处，气压相等，即等压面与海平面_____，大气处于稳定状态。 • 地面的冷热不均，破坏了大气的稳定状态，引起大气的_____运动。同一高度上，空气密度越大，气压值越大，称为_____；密度越小，气压值越小，称为_____。同一高度（水平面）上空气由_____运动。 • 某地受热后，空气膨胀上升，密度_____，气压值_____，该地的等压面在原有基础上_____，形成_____。该地对应的高空中空气密度_____，气压值_____。 • 某地遇冷时，空气收缩下沉，密度_____，气压值_____，该地的等压面在原有基础上_____，形成_____。该地对应的高空中空气密度_____，气压值_____。 • 由以上分析不难总结出，某地气压值的变化和等压面变化之间的对应关系可以用4个字表述为_____。	方法总结，突破难点。	5

续表

教学步骤	SCL工具	教学过程	活动目标	时间安排（分钟）
极限挑战，揭示本质	Bingo游戏	4. 答案词汇库：高高低低、高低低高、上下上下、上凸、下凹、垂直、平行、增大、变小、升高、降低、高压、低压、上升、下沉、高于、低于、高压向低压、低压向高压、向上凸起、向下弯曲。	方法总结，突破难点。	5
学习总结，交流分享	宝箱探秘	1. 请荣获神秘大奖的小组派代表到台前宣布神秘大奖内容，兑现神秘大奖。 2. 依据宝箱内容提示，进行课堂内容小结和学习心得交流。	整合认知，总结评价。	3
学习巩固，练习反馈	速配	1. 说说你理解的热力环流原理。 2. 举一个生活中你熟悉的与热力环流原理有关的例子并解释。	强化认识，灵活迁移。	1

九、板书设计

板书设计见图10-2-3。

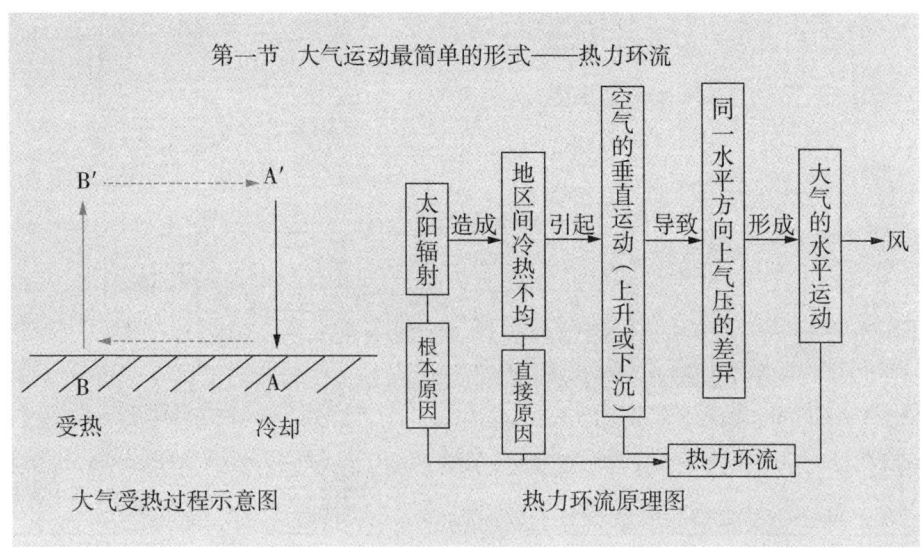

图10-2-3 热力环流板书设计图

⦿ 教学反思

"问题接力"让地理课"变"了

一、案例背景

在地理知识体系中,大气知识对学生来说是比较难掌握的。表现在以下三个方面:第一,学生的空间概念建立得还不牢固;第二,学生暂时还不能将物理知识迁移应用到大气知识中来;第三,学生短时间内不能将大气运动与地理环境联系起来。

"热力环流"一课是高一地理第一学期的学习内容,对刚上高中的学生来说,将物理学科和地理学科的内容结合起来不是一件容易的事情。"大气"又是地理学中大尺度空间的复杂问题,对高一学生来说比较抽象和难以理解。以往这部分内容的教学都是教师一个人唱主角,想尽各种办法力求给学生讲明白。但实际上,即使是教师充分准备、慷慨激昂、竭尽所能,学生仍处于被动学习状态,难以发生共鸣,教学效果不甚理想,有些学生认为这部分内容怎么学也学不明白,事实也是真的没有学明白。

"热力环流"这一知识点的理论性和实践性很强,却又比较抽象,传统的课堂讲授法很难让学生有深刻的体会和理解。为了取得更好的教学效果,本节课改变以往教师在课堂上唱独角戏的做法,把课堂还给学生,让他们沉浸到课堂学习活动中,使他们真正成为课堂的主人。为了让学生更容易参与到学习过程中并尽可能让他们经过自己的思考把大气运动过程想明白、说出来、析到位,本节课在"热力环流"原理建构的环节设计了"问题接力"的学习活动。之所以采用"问题接力"来替换以往教学中"教师提问—学生回答"的教学方式,是要将"提问为教师教学服务"转变为"提问为学生的学习服务",真正发挥提问将学生思维引向深入的功能,让学生有机会在课堂中深度思考,自主建构对知识的理解。

二、概念界定

"问题接力"是"以学生为本"教学法中的一个学习活动工具。教师需要在课前精心设计几个指向教学目标的、连贯而递进的问题,在课堂教学中将问题逐次发给各个小组合作完成。各小组从第一个问题开始讨论作答,在完成第一个问题后向教师示意,如果答案得到教师认可将会从教师那里获得第二个问题,以此类推,直到问题的讨论结果全部通过教师验收,该小组的本次学习任务完成。先完成学习任务的小组成员还可以到其他小组继续参与讨论和交流学习。

三、情境再现

本节课设计思路如下:在课堂导入环节教师设计一个课堂模拟实验,演示不同温度条件下水体的流动方向,以此来模拟不同冷热条件下大气的运动方向。学生观察完实验现象后,教师明示本轮学习活动的主要原则、方法和学习任务。

教师首先创设"荒岛求生"的问题情境:假设现在我组全体成员被困荒岛,需要获得食物、淡水、木材、绳索、风帆等各种急救物资并制作木筏,利用木筏逃离无人荒岛。

接着宣布"问题接力"的活动规则:各种急救物资只能通过完成五个任务卡来获得,每次只能完成一个任务,每个任务卡只能随机得到一种物资,上一个任务成功完成之后才能领取下一个任务,直到集齐所有物资,成功从荒岛逃生。最先完成全部任务的小组获胜,将获得一次抽奖机会,赢取一份神秘大奖。

然后给出"问题接力"的具体任务:请认真观察教师演示的热力环流实验,根据实验线索分组完成如下任务(此处略,见教学过程表),限时15分钟完成。

在上课之前心里还是比较忐忑的,担心学生从传统讲授式的教学方式中走不出来,怕他们会无所适从造成冷场,或者是为了给老师捧场而生硬地配合表演。完不成教学任务事小,学生在传统课堂上经常出现的枯燥沉闷和无精打采,是最不希望看到和最不情愿面对的。

让人万万没想到的是,课堂既没遇到冷场情况,也没有任何刻意表演的成分,学习的火爆场景让人感动。从接到学习任务的那一刻起,学生的兴趣就被点燃,各个小组的成员们或站或蹲,或写或画,或辩或争,再没一个是"安分"待在座位上的,真正成为课堂学习的主人。

四、聚焦分析

和以往的课堂情形相比,本节地理课彻底"变"了!

(一)学生的学习状态变了

在以往的教学中,教师提出问题后,学生总是想极力躲避回答问题,当被教师叫起来回答问题时,内心的胆怯、怀疑、不自信、不愿意等情绪通过面部表情显露无遗。本节课采用"问题接力"的活动形式后,每个学生的学习兴趣大增,争先恐后;各学习小组积极讨论,激烈争辩,快速写画;组内成员自觉进行角色分工,快速明确了组长、记录员、计时员、发言人、观察员等角色和分工。是什么让学生表现出这样的状态和变化呢?一是情境带来的兴趣和渴望;二是小组学习的安全与责任;三是问题连贯递进的挑战性;四是各小组间竞争带来的集体荣誉感和团队合作意识等。凡此种种,使学生在短时间内充满激情并信心爆棚,他们积极发表个人观点和看法,并自觉发挥出各自的特长和天赋,如组织协调能力、语言组织和表达能力、批判性思维与思辨能力、书写或绘画的特长等。

(二)学生的学习目标变了

以往课堂提问的目标是回答教师提出的问题,以获取正确答案为目的。"问题接力"的目标是让学生通过合作学习,分析和解决问题,以小组合力解决问题为结束。在"问题接力"的过程中,学习小组的每位成员都全程参与各个问题的学习,从问题的理解、讨论,到问题的解决,参与度远远高于传统课堂学生的表现,这样就保证每个小组都解决了所有问题。因此,目标的达成率也显著提高了。

(三) 学生的学习内容变了

以往学生围绕教师提问的内容来思考学习,没有按照教师的提问要求回答的被叫作"跑题"或者"答非所问",是要被否定的。在"问题接力"中,学生为了解决问题,讨论的内容边界不再是固定的、死板的,而是根据解决问题的实际需要重组学习内容。这些内容可能是来自书本或学生经验,也可能是客观的知识原理,还可能是主观的理解和观点。学生学习的内容边界被打破,然而每一次被唤醒的学习内容对学生解决问题都是有价值的,这也是牢牢吸引学生参与小组学习的原因所在。

(四) 学生的学习方式变了

以往课堂上学生面对教师的提问是被动的、不积极的,教师问什么学生想什么,教师何时问学生何时想,教师怎么问学生就怎么想,"步调一致",学生学习的自主性不强,参与度不高,获得感不足。在"问题接力"中,学生为赢  得神秘大奖爆发出强烈的责任心和求胜欲,和小组成员密切合作、全力以赴,为自己小组的学习结果负责。为了让自己小组的学习结果得到其他小组伙伴的认可,组员之间需要反复进行思维碰撞,并调用批判性思维来诊断和优化本组的结论。大家在讨论的过程中不是谁强谁弱的关系,而是谁的观点更能说服他人。因此,讨论是平等的、尊重的、建构的、生成的,正因如此,学生的学习方式才发生了质变。

(五) 学生的学习结果变了

以往的课堂提问,学生被动地跟着教师的节奏走,当教师提出下一个问题时,不管上一个问题是否想明白,学生都得被迫进入到下一个问题的思考中。由于学习和接受能力存在差异,很多时候有些学生还没有琢磨明白上一个  问题就被拽到下一个内容的学习中,疑点和盲点不断累积,致使很多内容理解不全,甚至出现学习障碍。在"问题接力"中,每个小组完成每个问题所花的时间是不同的,但都是在本组全部完成上一个问题的基础上才进入下一个问题的学习。这样的设计考虑到学生学习能力上的差异,让全体学生都参与到学习过程中,充分发表自己的观点,亲身经历每个问题的解决过程，小组内学习稍差的学生也能得到帮助，分享学习成果，达成学习目标。

（六）教师的课堂角色变了

在这节课上，教师的角色由内容讲授者、知识呈现者变成了课堂教学活动的组织者与协调者、学生认知建构的帮助者和促进者，以及学生学习动机唤醒的引导者，让学生想学、能学、会学、学得开心。

"问题接力"的教学方法适用于内容复杂、思维容量大、认知难度大的学习内容。实践证实，这一方法用于构建原理模型的知识新授课、量大面广的知识复习课，以及需要发散思维的习题练习课，都能极大地促进学生课堂思维的深度参与，显著提升课堂学习效率。这一教学方法的精髓在于：围绕教学目标，按照学生的"最近发展区"设计出连贯而递进的问题串，并通过"问题接力"的方式营造轻松、平等、尊重、倾听的学习氛围，建立起学生合作、探究的伙伴关系，从而实现学生自主建构认知、突破学习难点的学习效果。"问题接力"这一提问方式简洁且灵活高效，能极大激发学生的参与兴趣和求知欲望，真正实现形式与内容的活跃和探究与生成的深度参与相统一。同时也要注意的是，问题的设计应由浅入深、由封闭到开放，问题的提出顺序需要以学科逻辑和学科核心概念引领。因此，能使课堂教学取得事半功倍效果的不仅仅是"问题接力"的形式，更在于问题设计的质量。

学生容易受好奇心的驱使，对探究未知的结果表现出兴趣。在本节课的教学过程中，学生是积极的探究者。教师的作用是要创设一种能让学生独立探究的情境，而不是提供现成的知识。学习的主要目的不是记住教师和教科书上所讲的内容，而是要学生参与构建学科知识体系。"问题接力"就是很好的桥梁和纽带，它让这一伟大思想从理论走向实践，也让地理课真的"变"了！

专家点评

本节课的突出之处是,教师真正"由内容讲授者、知识呈现者变成了课堂教学活动的组织者与协调者、学生认知建构的帮助者和促进者,以及学生学习动机唤醒的引导者"(来自教师反思)。在教学过程中,教师通过演示实验和设计具有学科逻辑的不同层次的问题(或任务),创设学生主动发现、积极探索、密切合作从而深层理解并掌握和运用基本知识的学习氛围与学习方式,极大促进了学生课堂思维的深度参与,显著提升了课堂学习效率。另外,授课教师总结出"问题接力"的教学方法适用于内容复杂、思维容量大、认知难度大的学习内容,在教学方法上的研究难能可贵,值得提倡。

参考文献

彼得，赫尔，2013. 彼得原理［M］. 珍藏版. 闫佳，司茹，译. 北京：机械工业出版社.

陈隆升，2012. 从"学"的视角重构语文课堂：基于语文教师"学情分析"的个案研究［J］. 课程·教材·教法（4）：42-48.

陈友芳，2016. 情境设计能力与学科核心素养的养成［J］. 思想政治课教学（9）：4-6.

陈友芳，朱明光，2016. 核心素养本位的思想政治学科学业质量评价的策略与指标［J］. 中国考试（10）：32-37.

陈兆祯，2016. 高中思想政治生活化教学问题分析研究［J］. 考试周刊（78）：113.

程大海，2007. 高中课堂教学中新手型教师与熟手型教师化学学习情景素材的选择和呈现的个案比较研究［D］. 长春：东北师范大学.

杜洋洋，2015. 支架式教学在高一生物课堂教学中的设计与实践［D］. 扬州：扬州大学.

何克抗，1997. 建构主义的教学模式、教学方法与教学设计［J］. 北京师范大学学报（社会科学版）（5）：74-81.

胡金根，2001. 一个球棍模型串起一节课：谈教案设计的创新性［J］. 化学教育（7）：71.

胡田庚，2012. 中学思想政治课程标准与教材分析［M］. 北京：科学出版社.

扈中平，李方，张俊洪，2005. 现代教育学［M］. 北京：高等教育出版社.

姜小军，2012. 高校教师说课技巧刍议［J］. 教育与职业（3）：177.

李宝荣，2015. 以提升能力为本：基于学生研究的英语教学［M］. 北京：教育科学出版社.

里德利,沃尔瑟,2001. 自主课堂:积极的课堂环境的作用 [M]. 沈湘秦,译. 张厚粲,审校. 北京:中国轻工业出版社.

李爽,陈丽,2011. "以学生为中心"的教学原理与实践指南 [M]. 北京:中央广播电视大学出版社.

林小驹,李跃,沈晓红,2015. 高中化学学科核心素养体系的构成和特点 [J]. 教育导刊(5):78-81.

刘恩山,徐洪林,2003. 运用概念图进行生物教学对学生认知方式的影响 [J]. 学科教育(7):36-40.

刘红,2003. 高中化学教学中"情景素材"的开发和应用 [D]. 上海:华东师范大学.

刘伟,黄显敏,2017. 基于核心素养的科学思维培育探索 [J]. 中学物理教学参考(10):52-54.

吕传汉,汪秉彝,2006. 中小学数学情境与提出问题教学研究 [M]. 贵阳:贵州人民出版社.

彭小明,2007. 教学板书特征论 [J]. 教育评论(4):92.

皮连生,2009. 学与教的心理学 [M]. 5版. 上海:华东师范大学出版社.

邵晓枫,廖其发,2006. "以学生为本"教育理念内涵的解读 [J]. 中国教育学刊(3):3-5.

盛群力,褚献华,2004. 系统设计教学视野中的课堂教学结构 [J]. 教育科学研究(1):38-40.

斯莱文,2016. 教育心理学理论与实践 [M]. 吕红梅,姚梅林,等译. 10版. 北京:人民邮电出版社.

涂荣豹,杨骞,王光明,2011. 中国数学教学研究30年 [M]. 北京:科学出版社.

王本陆,2007. 现代教学理论:探索与争鸣 [M]. 合肥:安徽教育出版社.

王光明,2010. 数学教育研究方法与论文写作 [M]. 北京:北京师范大学出版社.

王葎,2016. 情境教学的教育价值意蕴:基于关怀伦理的视角 [J]. 思想政治课教学(11):4-7.

王秀红,李艳梅,2005. 中学化学教学情景的创设技术 [J]. 现代中小学教育（10）：23-26.

伍尔福克，2015. 伍尔福克教育心理学［M］. 伍新春，张军，季娇，译. 12版. 北京：中国人民大学出版社.

杨彰发，2010. 如何做好学情分析［J］. 贵州教育（16）：26-27.

叶澜，2002. 重建课堂教学价值观［J］. 教育研究（5）：3-7.

尹林，2016. "先行组织者"教学策略在高中生物概念教学中的应用［D］. 哈尔滨：哈尔滨师范大学.

余新，2004. 多元智能在世界［M］. 北京：首都师范大学出版社.

余新，2012. 教师培训师专业修炼［M］. 北京：教育科学出版社.

袁振国，2011. 当代教育学［M］. 4版. 北京：教育科学出版社.

张勃，2012. 以学生为中心：教学法分析及案例［M］. 北京：北京出版社.

张庆宗，2011. 外语学与教的心理学原理［M］. 北京：外语教学与研究出版社.

张燕，2011. 让提问成为数学课堂的引擎［J］. 数学大世界（教师适用）（4）：17.

朱明光，2016. 关于思想政治学科核心素养的思考［J］. 思想政治课教学（1）：4-7.

朱万新，2016. "问题链"在高中数学教学中的应用［D］. 呼和浩特：内蒙古师范大学.

Earl L, 2003. Assessment as learning: Using classroom assessment to maximize student learning［M］. Thousand Oaks, CA: Corwin Press.

出 版 人　李　东
项目统筹　闫　景
责任编辑　殷　欢
版式设计　宗沅书装　孙欢欢
责任校对　贾静芳
责任印制　叶小峰

图书在版编目（CIP）数据

以学生为本的教学设计．高中卷／余新，李春艳主编．—北京：教育科学出版社，2019.8
（以学生为本的课堂：教师学习指南丛书）
ISBN 978-7-5191-1965-2

Ⅰ.①以… Ⅱ.①余… ②李… Ⅲ.①课堂教学—教学设计—高中 Ⅳ.①G632.421

中国版本图书馆 CIP 数据核字（2019）第 185376 号

以学生为本的课堂：教师学习指南丛书
以学生为本的教学设计（高中卷）
YI XUESHENG WEI BEN DE JIAOXUE SHEJI（GAOZHONGJUAN）

出版发行	教育科学出版社			
社　　址	北京·朝阳区安慧北里安园甲 9 号	市场部电话	010-64989009
邮　　编	100101	编辑部电话	010-64981269
传　　真	010-64891796	网　　址	http://www.esph.com.cn
经　　销	各地新华书店		
制　　作	北京金奥都图文制作中心		
印　　刷	中煤（北京）印务有限公司		
开　　本	720 毫米×1020 毫米　1/16	版　　次	2019 年 8 月第 1 版
印　　张	16.25	印　　次	2019 年 8 月第 1 次印刷
字　　数	222 千	定　　价	48.00 元

如有印装质量问题，请到所购图书销售部门联系调换。